子どもの発達臨床心理

[新版]

岩川　淳
Jun Iwakawa

杉村省吾
Syougo Sugimura

本多　修
Osamu Honda

前田研史
Kenshi Maeta

昭和堂

まえがき

　本書『子どもの発達臨床心理［新版］』は、1984年に岩川淳、故堀内英雄、杉村省吾が『子どもの発達心理』として昭和堂から刊行したものを、このたび本多修、前田研史、大上律子、高橋泰子、糠野亜紀の5名が加わり、全面的に補筆・改訂したものです。旧版刊行の主旨のひとつは、子どもは大人の小型ではなく、独自の発達的特性をもっており、その発達の実相はどのようなものかを、明らかにすることにありました。もうひとつは、もしも不幸にして子どもたちが、遺伝的、環境的に発達を阻害されるような状況におかれた場合、どのような問題行動や症状を呈するのか、そして、それらの子どもたちに心理学的にどのような援助の手がさしのべられるのかの具体的で実践的な方法を提示することにありました。
　しかし、このわずか15年余のあいだに、子どもたちをめぐる諸問題は、目まぐるしい変貌をとげました。いじめによる児童の自殺、阪神・淡路大震災によるPTSDの発症、地下鉄サリン事件、神戸市児童連続殺傷事件、サバイバルナイフによる教師殺害、警官襲撃事件と、枚挙にいとまがないほどの事件が発生しました。そればかりではなく、不登校は5年で1.4倍に、刑法犯少年は4年で1.2倍に、校内暴力は13年で2.5倍にと、子どもの心の荒廃は、加速度的に悪化の一途をたどっています。このため、新版の刊行にあたっては、旧版の主旨を尊重しつつ、子どもの発達の実態を視野に入れながら、より具体的な援助方法を掲げることにしました。
　本書の旧版は、おもに4年制大学、短期大学での一般教養心理学、発達心理学、児童心理学、乳幼児心理学、臨床児童心理学などの講義用テキストとして使用されてきたばかりではなく、心理学用語がひととおり満載されているため、教員採用試験、保母試験の参考書として幅広く用いられてきましたが、新版でもそのような機能を重視しました。そのほかに本書を執筆するにあたって、次のような工夫をこらし特色をもたせました。

① まず、子どもの発達段階を乳幼児期、学童期、思春期に大別し、各発達段階における心身の発達的変化を身体・運動、知能、人格、対人関係などの主要な4つの側面を中心に、できるだけやさしく解説しました。旧版では、子どもの発達心理を胎生期、乳児期、幼児期、学童期に分けて記述していましたが、新版では人生早期を乳幼児期とひとまとめにし、学童期後半から中学生年代までを思春期として挿入したのが大きな特徴です。また当面する青少年問題への対応策をクローズアップする意味から、身体・運動と知能の発達領域のウエイトを縮小し、人格、対人関係に重点をおいて臨床心理学分野の充実をはかりました。この結果、ひとつの発達時期における心身諸機能の発達を相互関連的にながめながら、各時期の子どもの姿を総合的・全体的に理解することが可能になりました。また、各発達にまたがる心身諸機能の発達的な連続性をそこなうことがないように留意した記述内容になっています。いっぽう、心身の健常な発達を視野に入れながら、先述したように発達の各段階で発生しやすいさまざまな心身症や不適応行動にもふれ、それらの問題にたいする具体的な対処方法をとりあげました。

② 各発達段階の基本的特徴を柱として発達を理解し、それを促進するための重要事項について解説し、くわえて必要に応じて最新の研究成果をも紹介しましたので、これをヒントとしてさらに深い専門的研究への動機づけになると思います。

③ 各章の冒頭には、学習のひとつの目標にすることができるように、その章の内容の特徴を、まとめとして示してあります。また発達段階ごとにその領域のトピックス的な事項や、本文でふれられなかった重要事項を、枠組み（コラム）で記述し、発展的学習の一助としました。

④ 文章表現にあたっては、旧版よりもさらに平易でわかりやすいスタイルを心がけ、すこし難解な語彙にはルビを付し、また全体を視覚的にとらえやすいように、可能なかぎり多数の図版をとりいれました。このことで内容の理解が、より容易に明確になったと思います。図表の掲載は、講義での展開をスムーズにすることに有利であり、それを

もとに心身の発達過程について多面的な検討と議論の発展も可能になるはずです。

ところで旧版の著者のひとり、故堀内英雄氏は10余年まえ、過労のため急逝されましたが、氏が担当された旧版の第2・3・4章の子どもの身体と運動機能、知恵の発達などの領域は、氏が学会で発表された貴重なデータも収録されており、氏の遺志を尊重するために、氏が鬼籍に入られたあとも10余年にわたって現状のまま維持してきました。しかし「発達加速現象」の言葉が示すように、昨今の子どもの発達には目まぐるしいものがあり、データを更新する必要性もあって、同氏担当の部分を数名によって分担執筆しました。ちなみに全文の執筆の分担領域を列記すれば、つぎのとおりになります。

岩川　淳：第Ⅰ章（コラム含）、第Ⅱ章第1節、第4節、第5節第1項〜第3項、第Ⅲ章第3節、第4節のコラム
杉村省吾：第Ⅲ章第4節、第Ⅳ章第1節第1項、第2節〜第3節（コラム含）、第Ⅴ章第4節
本多　修：第Ⅴ章第1節〜第3節、第5節〜第7節（コラム含）
前田研史：第Ⅱ章第3節第1項、第3項〜第4項、第4節のコラム、第5節第4項、第Ⅲ章第1節、第2節第1項、第3項〜第4項
大上律子：第Ⅱ章第2節
高橋泰子：第Ⅱ章第3節第2項、第Ⅲ章第2節第2項
糠野亜紀：第Ⅱ章第2節のコラム、第3節のコラム、第Ⅳ章第1節第2項

本書の執筆者の多くは、永年、発達心理学と臨床心理学両面にわたって研鑽を重ねてきましたが、子どもの発達を論じるためには、専門分野が細分化しすぎていて、内外の研究者による真摯な研究成果を先行研究として引用せざるをえませんでした。これらの原著者にたいして、心より引用のお断りとお礼を申し上げたいと思います。また文末になりましたが、本改訂版が比較的短期間で上梓できたのは、遅筆の筆者らを励まし、細部にわ

たってご配慮いただいた昭和堂編集部の松井久見子氏のご尽力があったことを記して謝意を表したいと思います。

2000年3月1日

著者一同

も　く　じ

I　発達の基礎

1───ひとの子の発達 …………………………………… 2
1　ひとの子―その特殊な存在　3　　2　人間社会でこそ育つひとの子　4　　3　発達とは　5　　4　発達を規定する要因　6

2───発達の特徴 ……………………………………… 10
1　発達における分化と統合の相互作用　10　　2　発達における順序性と方向性　11　　3　発達における心身機能の相互関連性　13　　4　発達における逆もどり現象　13　　5　発達における個人差　13　　6　ジャーシルドの発達原理　14

3───発達と初期経験 …………………………………… 14
1　刻印づけ（imprinting）　15　　2　初期経験・初期学習　16

4───発達段階とその課題 ……………………………… 18
1　発達段階とは　18　　2　発達段階とその特徴　19　　3　発達の課題　20　　コラム　心身発達の神経生理的基礎　22

II　乳幼児期の発達

1───胎児から新生児へ ………………………………… 26
1　胎児の発育　26　　2　新生児の生活　29　　3　胎児・新生児期と発達障害　33

2───身体と運動機能の発達 …………………………… 37
1　身体の発達過程　37　　2　運動機能の発達　40　　コラム　健やかな成長を願って──乳幼児健診　46

3───認知・思考の発達 ………………………………… 48
1　知覚と記憶の発達　48　　2　言語の発達　53　　3　思考の発達　57　　4　認知・思考の障害　62　　コラム　相手の心に「気づく」こと　63

④──人格の発達 ……………………………………………………… 66
1 母子関係の成り立ちと社会化 66 2 情動・動機の発達 78 3 パーソナリティの形成 93 4 パーソナリティの形成と親と子のつながり 103 5 母子関係の障害 110 コラム 子どもの虐待（Child Abuse） 112

⑤──仲間関係の形成 …………………………………………… 115
1 仲間との出会い 115 2 仲間とのふれあいの世界へ 118 3 仲間関係と保育者 120 4 仲間関係に入れない子ども 122

Ⅲ 学童期の発達

①──身体と運動機能の発達 …………………………………… 126
1 身体の発達 126 2 運動機能の発達 127

②──認知・思考の発達 ………………………………………… 129
1 知覚と記憶の発達 129 2 言語の発達 131 3 思考の発達 135 4 認知・思考の障害 138

③──人格の発達 ………………………………………………… 142
1 情動・動機の発達と社会化 142 2 パーソナリティの発達 148 3 パーソナリティの発達と環境 151 4 性の発達 160

④──仲間関係の発達 …………………………………………… 162
1 学童期の仲間関係（ギャング時代） 162 2 学級集団での仲間関係 164 3 学級集団における「いじめ」 167 コラム 道徳性の発達 169

Ⅳ 乳幼児期と学童期の臨床心理

①──子どもの心と身体 ………………………………………… 174
1 心身症とは何か 174 2 身体と心 176

②──心身症の発生機序 ………………………………………… 178

③──心身症の治療 ……………………………………………… 181
1 環境の調整 182 2 子どもの心理療法 184

4 ── プレイセラピーとは何か ……………………… 185
1　子どもにおける遊びの意義　185　　2　プレイセラピーの効用　186　　3　プレイルームと遊びの特徴　190　　4　プレイセラピーの具体的技法　193　　5　プレイセラピーの展開過程　195

5 ── サイコセラピーの実際例（小児心身症の遊戯療法過程）
　　　　── 夜尿症、チック症を中心として ……………………… 198
1　緒　言　198　　2　事例の概要　199　　3　遊戯治療過程　200　　4　考　察　218　　コラム　カウンセリングと心理療法の諸相　223

V　思春期の発達と臨床

1 ── 思春期・青年期とは ……………………… 228
1　子どもから大人へ　228　　2　青年ということばの誕生　229　　3　思春期の設定　230

2 ── 身体と性の発達 ……………………… 230
1　大人の身体への発達と男女差　230　　2　大人の身体への性的発達と男女差　231　　3　思春期の性心理と行動　232　　4　思春期の性意識の各国比較　234

3 ── 思春期の心理的発達課題 ……………………… 235
1　わが身体との出会い　235　　2　同性同年代の友人　238　　コラム　DSM-Ⅳによる摂食障害の診断基準　236

4 ── 青年期の心理的発達課題 ……………………… 240
1　自我同一性と自己意識　240　　2　エリクソンの心理社会的発達図式　241

5 ── 思春期の非行 ……………………… 242
1　病める子ども心　242　　2　校内暴力　245　　3　家庭内暴力　248

6 ── 家族と学校のなかの思春期 ……………………… 251
1　思春期の親離れ子離れ　251　　2　学校のなかの思春期　254

7 ── 思春期の心の病とその治療 ……………………… 260
1　個人心理療法　260　　2　親面接から家族療法の試みへ　262　　コラム　思春期と学校臨床　263

I 発達の基礎

20世紀に産声をあげた子どもに関する多くの研究は、ひとの子の心身が成長・発達する姿の特徴やその特殊性を明らかにしてきた。この章では、ひとの子が誕生後すばらしく成長・発達し、高等な身体的・精神的な活動を営む人間性を獲得していく過程の基礎的事項を学ぶ。

1 ── ひとの子の発達

「子どもは、大人の縮図ではない」という見方は、現代では常識となっている。しかし、大人と対比させて子どもの独自性、異質性に注目した児童観は、昔からあったわけではない。18世紀ごろまでは、たとえばフランスにおけるデカルト学説に代表されるように、人間を理性的な存在とみる人間観が根強く、子どもは理性の未成熟なものとして軽視されていた。こうした児童観は、「子どもは、大人を小さくしたもの」との見方を生み、子ども像を描いた当時の絵画にもよく反映されている。図1-1は、聖母マリアが抱くキリスト像だが、大人の形態をほぼそのまま縮尺した姿の「みどりご」として描かれている。わが国の封建時代にみられる「元服の儀式」、農民や町民での「子は三界の首かせ」（子は親の思いどおりになるもの）という子ども観も、同様の見方を示すものである。

このような社会的、教育的思想の流れのなかで、1762年、ルソー（Rousseau, J. J.）は、名著『エミール』を著し、「人は子どもというものを知らない。子どもについてまちがった観念をもっている」「子どもの年齢、発育の程度に応じた扱い方をせよ」（桑原1969：47）など、当時としては画期的な主張を唱えた。以来、19世紀末から20世紀初頭にかけて、子どもを子どもとして見直し理解を深めようとの認識が急速に高まるようになる。その後、子どもに関する観察的研究、実証的研究が数多く累積され、科学としての児童心理学の確立をみるにいたる。

図1-1 みどり子「キリスト」を抱く聖母マリア（1499）
（注）ハンス・ホルバイン d. Ä、
　　　ドイツ・ニュルンベルグ博物館蔵。

1 ひとの子 ── その特殊な存在

スイスの生物学者ポルトマン（Portmann, A.）は、高等哺乳類のなかで、ひとの子はその出生時から独自の存在であることを示した（ポルトマン1961）。表1-1は、ポルトマンが子の出生時の状態に着目して哺乳類を分類したものだが、その結果からひとの子の独自性について、つぎの諸点を指摘している（ポルトマン1961：72、61、51、52）。

①二次的＝就巣性（巣に坐っているもの）

ひとの新生児は、脳髄や身体の基本的構造の発達段階からは離巣性だが、他の高等哺乳類にくらべ、とくに運動機能を中心に未成熟、無能力の状態で生まれる。そのために、親の長期にわたる養護と注意が必要となる。こうした発達経過は、表面的には就巣性に類似するというわけである。

②生理的早産の状態で出生

ひとは、生後最初の1年をかけて、ようやく直立姿勢、言語など、ひと特有の行動系を獲得する。他の高等哺乳類は、その種のもつ固有の行動系を母胎内で発達させて出生するのにたいし、ひとの子はおよそ1年早く生まれ、母胎の外で生きる（「子宮外胎児期」）。他の哺乳類なみに発達するには、ひとの妊娠期間は現在よりもおよそ1年延ばされることになる。

表1-1 哺乳類の個体発生的分類

分類	例	1胎ごとの子の数	妊娠期間	誕生時の状態
就巣性動物群「巣に坐っているもの」	ネズミ・ウサギ（齧歯類）イヌ・ネコ（食肉類）	多い（たとえば5～22匹）	非常に短い（たとえば20～30日）	目・耳は閉じられている（まぶた・外耳の先端ゆ着）。毛なし、四肢衰弱、自力で動けない（無能力）
離巣性動物群「巣立つもの」	シカ・ウマ・ウシ（有蹄類）クジラ・サル・チンパンジー（霊長類）	少ない（たとえば1～2匹）	長い（50日以上）	開いた目、発達した感覚器官、発達した四肢、誕生第1日目から、自力で運動する能力をもつ（完成）

（注）ポルトマン（1961）の資料をもとに筆者作成。

③重い体重と緩慢な発達

　ひとの新生児の体重は、類人猿のどの種類よりも2倍ほど重い（オランウータン1500g、ゴリラ1500～1800g、チンパンジーは1890g）。このことは、ひとの脳髄が誕生時すでに類人猿のそれより約3倍も重いことと相関関係にあるといわれる（出生時の脳髄の重さ　オランウータン・ゴリラ・チンパンジーは約130g、ひと370～400g）。さらに、体重および脳重量の増加は、生後1年間にきわめて著しいが、それ以降はゆるやかな発達速度となる。これは、類人猿や他の離巣性動物にはみられないひと特有の発達経過である。精神的諸機能の発達も、それが成人域に達するには20～25年を必要とする。

　ひとの子は、母胎内でその基本的構造が形成され、他の動物にはない中枢神経系の発達をもとに、出生後著しく発達する可能性を秘めた存在だということができる。

2　人間社会でこそ育つひとの子

　「人間は、教育されなければならない動物である」。これは、オランダの教育学者ランゲフェルトの言葉である。ひとの子が人間性を獲得し、人間社会に適応しうる身体的、精神的な態度、心性、技能を学習し発達させるために、人間の手による人間教育の重要性を示唆したものである。

　人間として生まれながら、その幼少期を人間社会で育つことができなかったために、人間性の獲得に失敗したひとの子の貴重な事例がある。それは、隔離性白痴（isolation amentia）とよばれる野生児や社会的隔離児に関する資料である。野生児として有名なものに、アベロンの野生児ヴィクトール（1799年、フランス医師イタール）と、オオカミに育てられたというカマラとアマラ（1920年、インド、アメリカ心理学者ゲゼル〔Gesell, A.〕報告）がある。

　表1-2は、多数の野生児に共通に認められた特性を、また表1-3は、野生児カマラが人間社会に復帰してからの発達概要を、運動・精神機能について領域別にまとめたものである（ゲゼル1967）。カマラ、ヴィクトールともに人間的環境にもどり、いずれも熱心な教育を受けたが、終生健常な発達レベルに到達せず、人間性の回復には困難をきわめたという。これらは、

表1-2 野生児の特性

（言　語）	1. 口がきけない。人間らしい発声なし。
（運　動）	2. 四つ足（二本足で直立不能）。
（感　覚）	3. 嗅覚、聴覚、視覚は動物並みに鋭敏。夜目が効く。
（習　慣）	4. 食習慣は動物並み（生肉常食、臭をかぐ、口で直接食べる）。衣習慣は裸体でも羞恥心がない。
（情　緒）	5. 泣く、涙を流す、笑うなどの情緒表現はみられない。しかし、はげしい怒りの表情（攻撃的表現）は認められる。
（社会性）	6. 人間との接触回避（社会的関係をもつこと困難）。

（注）40例以上のまとめ、ジング（1978）の資料をもとに筆者作成。

表1-3 野生児カマラの人間性回復

経過年数	ひととの交渉	ことば	感情機能	運動機能
1920.10（8歳位）	人間社会へ復帰、ひとを寄せつけない			
1年	シング夫人への親しみ芽生え		アマラ死亡、表情変化なし 涙を2つぶ落とす	支えて両足で立つ（直立姿勢）（1年5か月で徴候）両手を使って食べる
2年		片言出現		自力で両足で立つ
3年	大人への親しさ増加	「イエス」「ノー」意思表示を身振りで、ごはんを「バー」	暗やみをこわがる	
5年		30語・二語文出現		両足で立って歩く
6年	子どもへの関心、親しみ芽生え、交渉増大	理解語増加、簡単な言語伝達、使い走り45語	喜び、自慢、恥らい示す 自分の物、所有欲出現	
7年	赤ちゃんへの関心、いたわり行動	使用語の意味を理解し、自由会話	悲しみ、泣く表現	
8年	（死亡　1929.11）			

（注）ゲゼル（1967）の報告資料をもとに、発達の概要を筆者がまとめたものである。

ひとの子にとって、生後の人間的な経験的要因が、その発達に重要な影響をもたらすという種の独自性を示している。また、発達初期における社会的・文化的刺激の剥奪（social and cultural deprivation）が、のちの発達に重大な障害を招く可能性を示唆するデータでもある。

3　発達とは

安らかに眠る新生児から、一点の汚れもなく魅惑的なまなざしを返す乳児、無邪気でいたずら好きな幼児、知識欲の旺盛さをみせる児童、若さで

理想に立ちむかう青年、円熟さをみせる成人、老練の域に達した老人にいたるまで、その間における心身の発達的変化はめざましいものがある。この節では、心身の発達の全般にかかわる基本的な事項を学ぶ。

発達（development）とは、出生から死亡まで、その時間的経過にともなう心身の構造、または機能の変化を意味する。その変化は、主として一定の方向と順序をもつ漸進的、連続的な過程である。

心身発達は、たとえば、身体（身長、体重など）の量的な増加、運動能力の増大、語彙の量、読み書き能力、記憶など知的な面の進歩、さらには社会的能力の発達などに代表されるように、年齢の推移にともなう量的変化としてとらえられる。この発達過程は、「成長（growth）」ともよばれる。心身の量的変化の過程は横軸に時間または年齢の推移を、縦軸に発達量を配置した成長曲線（growth curve）または発達曲線（developmental curve）で表示することができる。

これにたいして、心身の発達には、同じ次元での量的な増大という面からでは説明不可能な発達過程がある。これを質的転換（質的変化）による過程という。この過程では、ある特定の時期（発達段階）にはその時期特有の発達内容が認められ、つぎの段階では、内容を質的に変化させながらの発達がみられる。たとえば女子の初潮現象など、第二次性徴がある時期に現れる性的成熟過程がそのひとつであり、精神機能では、ピアジェ（Piaget, J.）が指摘した思考の発達段階（後述）、道徳的判断の発達的変化などをあげることができる。

4 発達を規定する要因

子どもの心身のいろいろな機能の発達過程にかかわる要因は、複雑多岐にわたるが、ここでは、成熟と学習とに二大別して扱うことにする。なお、この両要因は遺伝と環境の問題としても論じられている。

◉ **成熟（maturation）とは**

ひとの内部にもつ遺伝的潜在可能性の発現を可能にする「神経生理学的な機構の整備状態、あるいはその結果としての行動の発現」と定義される

（東ほか1973：216）。いいかえると、生得的な能力が時間の経過とともにいわば自然に現れてくる過程を重視したとらえ方である。外からの刺激や環境の影響とは無関係とされる。

　成熟の要因に強く依存するとみなされる、いくつかの具体的な証拠がある。たとえば、インディアンのホピ族の乳児は、1日のほとんどを板にしばりつけられて育つ。座る、はう、立つなどの運動が極度に制限された状態で生後1年間を過ごすわけだが、歩行開始年齢は、われわれの文化に生育する乳児とほぼ同時期であるという。このように、生後1年間にわたる全身運動の発達は、生育条件や特殊な経験などとは直接には関係なく、一定の順序でそれぞれの資質が発現の時期を迎えることを示している。また、一卵性双生児間で類似度の高い発達経過をみる特性として、身長や短距離走をはじめ知能（知能検査結果）などが指摘されており、いずれも遺伝的要因の影響力が大きいことを見出している。

◉ **成熟優位説**

　アメリカの心理学者ゲゼルは、行動発達の基礎は、内的な成熟過程に強く規定されるとの生得説の立場を主張した（Gesell and Thompson 1929）。図1-2は、彼が行なった双生児統制法（co-twin control）による階段のぼりに関す

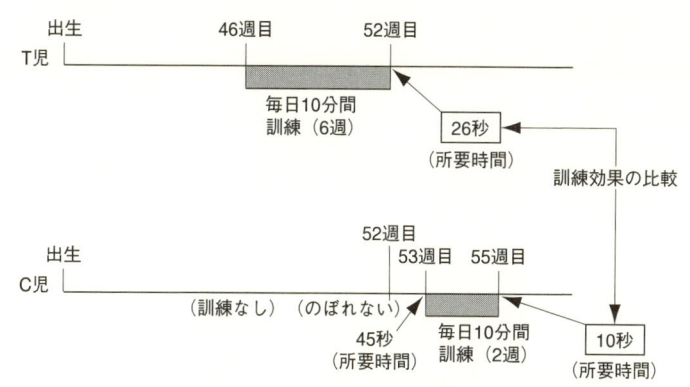

図1-2　一卵性双生児（T児・C児）の階段のぼりに関する実験

（注）1）53週ごろ：階段のぼり訓練に適切な時期。
　　　2）Gesell Thompson（1929）の研究資料をもとに筆者作成。

る有名な研究である。この実験では、あとで（生後53週目から）訓練を開始したC児のほうが、早期に訓練を行なったT児にくらべ、短期間でより大きい訓練効果が得られた。ゲゼルらは、階段のぼりの訓練にとって訓練開始の適切な時期があること、また、訓練効果を上げる前提条件（レディネス readiness）として、神経系統諸機能の成熟による発達水準が整うことが重要であることを指摘した。ゲゼルらは、ボタンはめ、スキップ、三輪車乗り、ボール操作、言語の初期発達および数の記憶などの課題においても、あとになって訓練をはじめた双生児に同様の効果を修め、成熟の効果を主張した。

　しかし、さきの野生児の直立歩行の開始の遅れなどに思いをいたすとき、また、生育環境が異なる一卵性双生児間で知能の類似性が変動する（表1-4）ことや精神分裂病の発病率が低下するなどの事実は、生後の環境条件の影響が無視できないことを示唆している。

● 学習（learning）とは

　学習とは、生後の環境条件のもとで「経験の結果生じる比較的永続的な行動の変容」と定義される（東ほか1973：216）。広い意味では、胎内・出生時要因を含め、生後の環境要因（自然物理的・社会文化的要因）の影響による行動の変化の過程といえる。さきの野生児の事例や、その国の話し言葉、読み書き言葉を身につけることをはじめ、各種のスポーツ技能の発達などにとって、学習が大きな役割を果たすことは明らかである。また発達における環境の影響は、心身発達にとって促進作用だけでなく阻害の方向に作用するという二面性をもつことが知られている（16ページ参照）。

表1-4　一卵性双生児の知能の類似性

生育環境(組数) 知能	いっしょに育てられた (95)	別々に育てられた (53)
集団式知能検査	0.944	0.771
個人式知能検査	0.918	0.863

（出典）Burt 1966.

● 学習優位説

あらゆる行動の発達の原動力となるのは、ときに遺伝的要因を超えて経験の影響が大きいと主張する立場である。ワトソンは1930年行動主義を提唱し、彼がこの立場から「12人の健康な赤ん坊を、その子の親がどのような人であろうと、それぞれ望みどおりの人間に育ててみせる」という主旨の発言をしたことは有名である。

乳児院在園中の乳児について、乳児の見る世界（視覚的環境）を多様化（たとえば、多彩な色でプリントした動物・花模様のカーテンの部屋、自由な運動が可能なようにベッドを平坦にするなど）することで、行動発達への影響を調べた実験がある（White, B. L. 1968）。実験群の乳児たちは、対照群にくらべて行動が活発化し、微笑や声を出して笑うことが増加、また対照群の約半分の時間で眼の前の物体に手を伸ばすことを学習するなど、知的・情動的機能や運動能力に効果が見出された。実験にたずさわったホワイトは、「環境を豊かにするという手続きが誕生直後の早い時期の発育に顕著な効果を生むことが明白になった」とのべている（White 1968: 143-169）。

近年では成熟優位説をしのいで、学習や教育条件の効果を重視する教育観が優勢になりつつある。たとえば環境条件として、特に文化的遺産を重視し、大人との交わりのなかでの子どもの積極的・能動的な「獲得（占有）活動」が発達にとって重要であるとするヴィゴツキー学派のデ・ベ・エリコニンによる発達論がある（デ・ベ・エリコニン1964）。同じく文化の影響を高く評価し、認知発達における教育過程を重視したブルーナー（Bruner, J. S.）の発達説は、従来の固定した成熟によるレディネス観を厳しく批判したものである（ブルーナー1963）。彼の教育観は教育万能主義ともいわれる。

● 成熟と学習の相互作用

心身の発達に関与する要因は「成熟（遺伝）か学習（環境）か」、この論議は古くて新しい。どのような心身機能も成熟（学習）のみに規定されることは、現実にはありえない。したがって、いまでは「成熟も学習も」という両要因の相互作用だとする見方が主流である。

たとえば、言語行動の発達では、音韻形成には発声器官その他の機能の

成熟が必要だが、言語内容（国語）の獲得は子どもの生育環境に左右される。伊藤隆二は、音韻形成の基礎となる遺伝的素質を「神経細胞のネットワークと見れば、そのネットワークは、発達初期の感覚受容器にインプットされた刺激情報の質量によって変化させうることがわかってきている」とのべている（伊藤1981a：25）。これらの諸事実から、発達は遺伝と環境との交互作用における均衡化であるとの見解——相乗説——が妥当だとみられている。

2 ── 発達の特徴

心身機能の発達は個人差や機能ごとの特徴をもつが、一方で、諸機能の発達に共通した発達の原理・法則性が見出される。子どもの行動発達への理解を深めるためには、まず発達の法則性を基礎にして個人の特質を理解するという両面からのとらえ方が必要である。つぎに、発達の法則性について、おもなものをみてみよう。

1　発達における分化と統合の相互作用

発達初期では、心身の構造や機能は充分に分化せず、いわば、かたまりの状態といってよい。発達はこの未分化な状態からしだいに特定の機能に分化し、独立してはたらく方向に進むとともに、目的に応じてひとつのまとまりをもってはたらくようになる。これを分節化された統合という。

新生児期での未分化で全身的なかたまり運動は、成長するにつれて手足の機能が分化し、目的に応じた独自の動きが可能となる。これは、運動機能にみられる一例である。また、情動発達（53ページ参照）や認知機能の発達過程にも具体例をみることができる。図形認知の発達では、たとえば、図形を構成する部分的特徴を認知する3、4歳児の段階から、5、6歳児の全体的特徴を認知（知覚的認知）する段階へ、さらに小学校3年生ごろから部分的要素と全体的枠組とを相互に関係づけて認識する総合的把握（操作的認知）の段階へと進むことが明らかにされている（田中1968）。

2 発達における順序性と方向性

発達は無秩序に進むのではなく、一定の順序と方向性が認められる。たとえば、身体機能では発生学的に「頭部から尾部へ」および「体躯の中心部から末梢部へ」の2方向性が知られている（Shirley 1933）。表1-5は、自我機能および精神・行動系の発達過程と、その神経生理学的基礎である大脳皮質の発達の様子を対応させたものである（伊藤1979、1981b。台1979）。大脳機能の発達においてもリズム性・順序性のあることが明らかになってきている。また、さきの野生児カマラが人間性を回復していく過程をみても、対人関係・運動・感情機能の領域（表1-3）において、健常な人間社会に育つ子どもと同じ経過・順序で発達が進行していることがわかる。ピアジェおよびエリクソン（Erikson, E. H.）は、それぞれ論理的思考や心理社会的発達における順序性を強調し、年齢による変動、個人差による速い遅いはあるものの、発達段階（表1-6）での順序性は崩れないという。

表1-5 発達の順序性

年齢段階		自我機能	精神・行動発達	大脳皮質の発達
I	出生〜4か月	生物的存在（自分の世界）	反射―探索（でたらめ運動）	・運動野発達顕著 ・体性感覚野・視覚野の発達
II	5か月〜6,7か月	情動的段階 母・感情的共生	見る―つかむ（積極的）（目と手の共応）	・運動野・感覚野ひきつづき発達 ・後方連合皮質（連合野）の活動暗示（目と手の共応）
III	7,8か月〜1歳	物の世界への関心 自分以外の世界への認識	既得の動作（知識）を新場面に応用（目的・手段の発見）	・側頭葉の聴覚野発達（聴覚弁別）
IV	1歳〜2歳	感覚運動的段階	歩行・言語の習得	・新皮質統合機能活発化、前頭葉・後頭葉の髄鞘化進む。前頭葉成熟度増す。 ・きき手半球の優位性の徴候（2歳前後）
V	3歳〜7,8歳	高次の人間関係出発（自―他の世界） 社会性・学習の基礎	イメージ表現、理解、文章（手先の発達）	・頭頂葉・後頭葉連合野発達顕著 ・側頭葉の表層急速活動開始（6〜12歳）
VI	9歳〜12歳	創造的な自己 抽象的思考活動	言語の世界 （9歳の壁） 論理的な世界	・前頭葉連合野の機能（言語機能） ・前前頭葉連合野発達（論理的操作）

（注）とくに大脳皮質の発達は、伊藤（1979、1981b）、台（1979）を参照し、筆者がまとめたものである。

表 1-6 発達段階の区分

区分の観点	研究者 \ 年齢（歳）	0	1	2	3	4	5	6	7	8	9	10	11	12	13	14	15	16	17	18	19	20
社会的慣習	ハーロック	新生児・乳児期			児童前期				児童後期					思春期				青年期				
身体的発達	シュトラッツ	乳児期		第一充実期			第一伸長期			第二充実期（男）（女）					第二伸長期（男）（女）			第三充実期（男） 第三充実期（女）		成熟期			
精神構造の変化	クロー	幼児期				第一反抗期				児童期					第二反抗期				成熟期				
	牛島義友	身辺生活時代					想像生活時代			知識生活時代								精神生活時代					
	ピアジェ	感覚運動的段階			前概念的段階			直観的思考段階			具体的操作段階						形式的操作段階						
特定の精神機能	ブルーナー	行動的段階							映像的段階						記号的段階							
	フロイト（生物的）	口唇期		肛門期			男根期			潜伏期					性器期							
	エリクソン（社会的）	基本的信頼感形成期			自立心形成期		自発性・良心形成期			勤勉意欲形成期							主体性形成期						
	シアーズ	基本的行動的段階			二次的動機システム 家庭中心学習段階				二次的動機システム 家庭外学習段階														

（注）発達段階の区分について代表的なものを掲載。

3 発達における心身機能の相互関連性

人間の心身機能は、便宜上、身体的形態、生理的・運動的・知的・情緒的・社会的機能などに区分して考察される。しかし、本来これらの諸機能は大脳皮質の統制下に組み込まれており、相互に密接な関連をもちながら発達していく。たとえば、歩行が自由になるなどの運動機能の発達は、探索活動を活発に広げ経験を豊かにし、知的機能を促進する。また対人的情動の発達は、音声の言語化過程に促進的にはたらくことがわかっている（岡1968）。他方で、運動機能の障害が社会性の遅滞や情動の不安定性を招くこともある。岡宏子は、新しい運動技能を習熟中である時期は、言語行動が一時的に退行または停止するとの観察事実を報告している（岡1968）。このように心身機能は、促進または停滞（干渉）という二面性のもとに相互に関連しながら発達していく。

4 発達における逆もどり現象

一般に子どもの成長過程は、楽しみ（誘引）と苦痛（脅迫）が同時に存在する過程といえる。新しい世界へ出発する喜びとともに、その世界で出会うかもしれない困難にたいする不安・葛藤を体験し、それを克服していかなければならない。これに失敗したとき、しばしば以前の幼稚な段階の行動へあともどりする現象が認められる。この現象は、子どもが新しく学習した行動を充分身につけていない段階とか、つぎの高次の発達レベルへ飛躍しようとする段階で発生しやすいといわれる。このとき、大人の援助を必要とし、さらに子ども自身の努力も加わって新しい段階へと出発する。このように発達は、けっして直線的上昇ではなく、いわば波動的上昇過程としてとらえることができる。

5 発達における個人差

子どもの心身発達の程度や型には個人差があることも見逃せない。とくに、幼児期は年間あたりの身長・体重の増加率が低く、発育エネルギーは、

出生からの14年間でもっとも少ない時期である。このことから、身体的・精神的にも個人差がより鮮明に現われる。一般に個人差には、早熟児・晩熟児といわれるように、子ども相互間の差異（個体間差異）と子ども本人がもつ内的な機能での発達差、たとえば言語的課題には強いが図形的課題には弱いなど個人内差異による側面がある。この意味でも、幼児期における教育・保育活動は画一的ないっせい保育に終わることなく、ひとりひとりの子どもの個性を理解した保育のあり方が肝要である。

6　ジャーシルドの発達原理

ジャーシルド（Jersild, A. T.）は、子どもの教育指導上有効な発達の原理をあげている（ジャーシルド1952）。そのおもなものに、①自発的使用の原理、②専心（熱中）転移の原理、③発達的修正の原理、④予行の原理などがある。

③ 発達と初期経験

「三つ子の魂百まで」とのことわざがあるように、乳幼児期の体験が、その後の人格形成に重大な影響をおよぼすことを指摘したのは、フロイトをはじめとする精神分析学派であった。ここ50数年来、この仮説をはじめ、生体の早期体験とあとの行動との因果関係を検証する実験的研究は、ひとの子を対象にするには限界があるため、動物を用いて多くの知見を集積してきた。

たとえばヘッブは、発達のごく初期に与えられる適切な感覚刺激を受けて脳内に細胞集成体（cell assembly）が形成され、それを基礎につくられる位相連鎖は、多様な感覚刺激が与えられるほど複雑となり、さまざまな環境に適応できる行動を発達させると仮定した（Hebb, D. O. 1949）。ヘッブとその弟子らの研究で明らかにされたことは、①発達初期の視知覚による豊かな経験は、成長後の複雑な学習をするために効果をもつ、②とくに、認知能力と情動性の発達の重要な要因となる、③初期の視知覚の経験は、そのものを扱う運動をともなうほうが、より効果的である、④しかし、視知覚的

経験のみでも、たんなる運動の経験よりは成長後の学習に効果的にはたらき、とくに、物を弁別する学習に大きな効果をもつ、などである（依田編 1976）。

　初期経験の重要さについて新たな角度から貴重なデータを提供したのは、ローレンツ（Lorenz, K.）をはじめとする比較行動学の領域である。出生初期にみられる刻印づけの現象、初期経験の臨界期（critical period）や非可逆性（irreversiblity、—初期の経験が、その後の行動に変更不可能な影響を与えるということ）の問題である（Lorenz 1952）。

1　刻印づけ（imprinting）

　自然界で生まれるヒナは、その多くが母鳥のあとを追う。しかし、あと追いの対象は、母鳥に限ったことではない。ガンやカモなどの大型鳥類の卵を人工孵化したヒナ鳥を、生後ごく初期の一定時間内に仮親（模型鳥、動く風船、人間など）につけて育てたところ、ヒナ鳥は仮親を実の親であるかのように追尾する習性を獲得する現象が明らかにされた。これがローレンツによって発見された「刻印づけ（刷り込み）」の現象である。その特徴について、ローレンツは、①出生直後のごく短時間内だけ（臨界期）に生じる学習に似た現象であり、②ほとんど瞬間的に形成され、③その後の習慣や行動型にたいし、非可逆的で決定的な影響を与える現象とのべている（Lorenz 1952）。こうした一連の研究から、ローレンツは、ひとつの行動を学習するための最適の時期、すなわち臨界期の重要性を指摘した。動物における刻印づけの臨界期は、種により長短があることがわかっている。

　　ヘスはマガモやヒヨコでは、刻印づけの強力に起こるピークが孵化後13～16時間にあることを（Hess, E. H. 1959）、モルツらも、12時間経過した群に仮親への追従行動が強力であったことを報告している（Moltz, H. and Stettner, L. J. 1961）。他方、29～32時間を経過した場合は、刻印づけは起こらず（Hunt 1965）、一般に鳥類のこの種臨界期は24時間以内とされる。
　　動物の社会行動に関する刻印づけの研究は、最近は哺乳類についても行なわれている。ハント（Hunt, J. McV.）によれば、母子関係成立の臨界時期について、ヒツジ・ヤギは2、3日、サルで10日～2週間、チンパンジーは約2か月であり、ひとは5、

6か月以上を要すると推定している（Hunt 1965）。

人間の場合、刻印づけの現象や臨界期の状況についてはっきりした事実はわかっていない。しかし、野生児の観察訓練記録（表1-3）、先天性白内障の開眼手術結果、絶対音感を身につける過程などは、臨界期現象を思わせるものである。また、クラウスとケネルによれば、母親が子どもへの愛情を抱くのは、出産後の数分、数時間、数日での初期の母子接触が出発点となる。この間の母子の交流が、のちの母子の結びつきを強いものにするという（Klaus and Kennell 1982）。こうした事実は、少なくとも臨界期現象の存在を示唆している。

そして、人間に刻印づけの現象があるとすれば、つぎのような特徴をもつものと考えられる。①瞬間的に形成されるような行動は考えられない。②行動の変容は状況に応じ不可能ではない（可逆性）。③臨界期は短期ではなく、長期間にわたる（系統発生での高次な動物ほど、臨界期はひきのばされる）。いずれにしても、初期経験が多くの行動の発達にとって重要な要因として深くかかわることは見逃せない。

2　初期経験・初期学習

「初期」とは、生後ほぼ1年ないし1年半の時期をさし、この時期のあらゆる学習を初期学習といい、乳児が外部刺激にたいして積極的・選択的に活動をしかけることが初期経験である。人間にとって、外部から豊かな刺激を受けること、そして積極的に環境にはたらきかけることが、中枢神経系の機能の発達にとって重要である。

ここでは、発達初期における感覚刺激あるいは社会的・文化的刺激の遮断・剥奪（sensory or social and cultural deprivation）が、発達におよぼす影響を調べた代表的な実験例をあげてみよう。

● 体性知覚遮断実験

ニイセンらは、生後1か月からチンパンジーの手足に円筒型のボール紙をはめ、動きは自由だが、手足で直接物や身体にふれることができないなど、

感覚刺激が与えられない状態で2歳7か月まで育てた。このチンパンジーは、体性知覚の発達に障害を受けており、正しく物をつかめない、歩く・座るなどの姿勢に異常が認められた。また、体性知覚テストでは、左手、右手に与えられた触刺激の方向に正しく向くことができない、目かくしでつねられた痛みの部分に的確に手をもっていくことができないなど、障害は深刻で、健常に育ったチンパンジーにくらべ著しく劣っていた（Nissen, H. W. et al. 1951）。この実験は、体性知覚・皮膚感覚の発達への初期経験の影響を明らかにしたものである。

● 感覚・社会的剝奪の実験・事例

① ハーロウらは、暗室に隔離した状態で6か月以上育てたアカゲザルの乳児が、成長後も正常な社会的行動や性行動を獲得できない事実を報告した（Harlow, H. F. et al. 1962）。孤独ザルは、独りぼっちで頭をかかえ込むようにうずくまる（図1-3）、仲間が近寄ると攻撃する、自分の手を嚙む、全指をむしゃぶるなど異常行動が目立つ。とくに、メスザルの場合は悲劇的であった。産んだ子に見向きもせず、けとばすなど育児行動は異常で、授乳、保護（とりもどし——サル特有の子を手許に引き寄せる行動）などの母性愛は

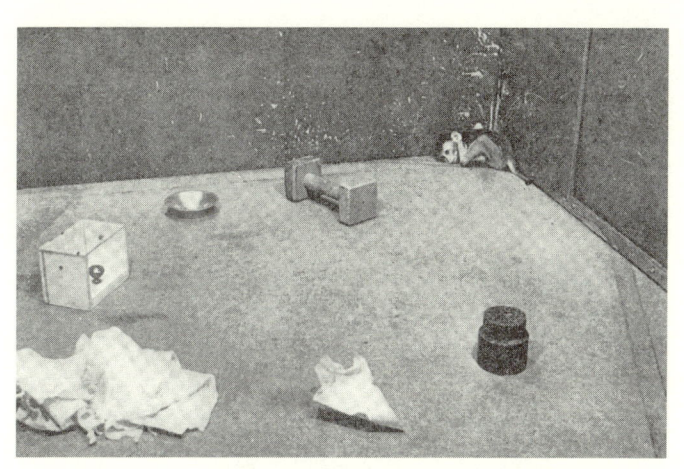

図1-3 ハーロウの実験：孤独状態で強い不安反応を示す子ザル
（出典）Harlowほか1959：178.

まったく示さないという。

② ひとの子の事例。生まれてから2歳ごろまで、母親の母性愛に満ちた養育行動がきわめて乏しく、適切な視・聴・触覚的な刺激が与えられない感覚遮断状況におかれていた女児（3歳半）の事例がある（三宅1974）。実母とは2歳ごろ離別し、母親は消息不明である。父親から得た乳児期における母親の行動はつぎのようである。母親は朝ミルクを与えると外出、昼ごろ一旦帰宅しおむつ代えやミルクを与える。母親はふたたび遊びに出かけ夕方まで帰宅しなかったという。この子は、母親からのタイミングのよい応答や感覚的刺激を与えられることもなく、乳児期のほとんどをひとりぼっちで過ごしたわけである。相談での初対面のときは、無表情で、玩具や菓子類を与え、やさしい声がけなどのはたらきかけにはまったく応じる様子はなく、ことばもしゃべらない。密度の高い遊戯治療的試みがなされ、わずかながら喜怒哀楽の表現、仲間との交渉、言語表現に進歩は認められたが、全般にその発達は微々たるものであった。この事例は、発達初期における感覚・運動的刺激の制限された状況が、すでに、その後に与えられる刺激効果を失い、とり返しのつかない知的・情動的発達の遅れを招いたのではないかと考察される（三宅1974）。

このように、とくに乳児期を中心とする初期経験、初期学習の問題についての貴重な事実が明らかにされつつある。

4──発達段階とその課題

1 発達段階とは

子どもを観察していると、たとえば、歩きはじめるとさかんに歩こうと試みたり、新しく覚えたことばをしきりに使ってみるなど、成熟してきた機能や新たに獲得した能力を自発的に思う存分使用し熱中する時期が認められる。しかし、やがて、その機能や能力に習熟すると、ふたたび新しい事柄に関心を移しかえ、新たな経験学習を求めてつぎの時期へと歩んでい

く。このように、発達の過程は内容を異にする前・後の時期に区分でき、この間の変化は、「ちょうどカエルの発達のようなもの」（E. クラパレード）だといわれる。つまり、すでにのべた質的転換の過程であり、いわばつくりなおしながらの進歩の過程といえる。したがって、各時期に特徴ある身体的（生理的）・精神的な機能や構造がみられるわけである。一方で、身長や淋巴腺（りんぱせん）などの分泌組織、生殖腺をはじめ脳中枢神経系などの諸機能の発達速度は、それぞれの機能で、また成長する時期によっても異なり、急速に発育する時期と比較的ゆるやかな安定期がみられる（図2-9）。

　このような観点から、ひとの生涯の発達過程を、発達の変化期、いわば発達の節をめやすにいくつかの特徴的な段階に区分することが試みられる。この区分された段階を発達段階（developmental stage）という。発達段階は、日常的、教育的な面からも、それぞれの発達時期にある子どもの全体的な特徴をとらえるうえで便利であり、有用である。

2　発達段階とその特徴

　発達段階は、何を手がかりにして段階を区分するかによって多様なものになる。各研究者の発達観や心身機能のどの側面に注目するかで、年齢の区切り方をも含めて発達段階のとり方にちがいが出てくる。表1-6は、分類基準の観点別に発達心理学者が示した発達段階を例示したものである。とくに、特定の精神機能欄には、フロイトの性心理発達説を含め、現代の主要な発達理論にもとづく発達段階説である認知理論（ピアジェ）、エリクソンの心理社会的発達説および学習理論（シアーズ）をあげてある。

　一般的には、年齢を基準とした胎児期・新生児期・乳児期・幼児期・学童期（児童期）・青年期・成人期・老年期の8時期を区分する発達段階がある。表1-7は、この段階区分による各段階の特徴をまとめたものである。本書はこの区分をもとに青年期（前青年期）以前の段階を扱っている。ただ、発達段階は年齢で区分されるが、精神発達は一方で連続的なものであり、きっちりとした区切りはもともと無理であり、各時期はある程度重複する部分をもつとの見方が必要であろう（黒田1975）。

表1-7 人生の発達段階からみたひとの成長・発達の姿

生涯の時期区分 （発達段階）	各時期の特徴
胎児期	ひとの一生のなかで、最大の発育をとげる時期 ＊受精卵→成熟児──大きさ：2500倍 　　　　　　　　　　重　さ：7億5000万倍
新生児期	安らかに眠る時期（発育エネルギーを蓄える時期）
乳児期	一点の汚れもなく魅惑的なまなざしを返す時期 ＊世界、ひととのつながりの基礎づくりの時期
幼児期	無邪気でいたずら好きの時期 ＊世界を自分のものに、ひととしての能力の基礎を獲得する時期
学童期	知識欲の旺盛さをみせる時期 ＊勤勉性、有能感を獲得する時期
青年期	若さを発揮し理想に立ちむかう時期
成人期	心身の円熟さをみせる時期
老人期	老練の域に達する時期

3 発達の課題

　それぞれの発達段階には、その時期において身につけるべき課題があり、子どもは、その課題を達成することで幸福で健全な発達をとげることができる。このように発達の過程を、その時期ごとに要求される発達課題の連続としてとらえたのはハヴィガースト（Havighurst, R. J.）である。この「課題」という見方は、それぞれの発達時期における発達的特徴（一定の成熟現象）を人間形成過程のひとつの目標、いわば教育目標として価値づけた点に意義をもつ。

　三宅和夫は、発達課題をそれぞれの発達期における臨界的問題としてとらえ、「発達の各時期における臨界的な問題が明らかにされるならば、われわれは発達にとって最善の刺激条件を準備することができるであろう」とのべている（三宅1968：19）。この観点から、表1-8に示すように、それぞれの発達時期における主要な臨界的問題をあげている。こうした発達課題の考え方は、子どもの発達の理解とその指導のうえでひとつの指針を与えて

表1-8 各発達段階における臨界的問題

発達段階	臨 界 的 問 題
乳児期 (出生～1歳6か月)	(1) 授乳の行為と関連して子どもに与えられる生理的な満足と母親（あるいは、母親の代理）という人物との関係を子どもが学習すること。つまり、母親が報酬価（reward value）をもつということを子どもが学習すること。 (2) 空腹などの状態にもとづく生理的不快感が生じた場合には母親（あるいは、母親の代理）がその状態をとりのぞくべく世話をしてくれるものであるという期待を子どもがもつようになること。 (3) 母親（あるいは、母親の代理）からの分離にたいする不安が子どものなかに生じてくるということ。
幼児前期 (1歳6か月～3歳)	(1) 知覚、運動の発達がいちじるしく、それによって子どもが環境にたいして積極的にはたらきかけることができるようになること。 (2) 言語の発達がいちじるしいこと。 (3) 母親（あるいは、母親の代理）から、いわゆる社会化（socialization）の圧力が加えられること。 (4) 母親の愛情を失うことにたいする不安が生ずること。
幼児後期 (3歳～6歳)	(1) 両親との同一視がはじまること。 (2) さまざまな行動基準の獲得と行動基準からの逸脱にたいする不安の出現。 (3) 不安にたいするさまざまな防衛の出現。 (4) 攻撃行動・依存行動・達成行動の発達。 (5) 認知的な発達、とくに象徴的活動の出現。 (6) 仲間との密接な交渉関係の出現。
学童期 (6歳～10、11歳)	(1) 知的技能達成に関する問題。すなわち、知的技能達成をめぐっていろいろな態度や基準が形成されること。 (2) 仲間との交友関係の問題。とくに社会的行動において積極性、消極性などそれぞれの子どもに特徴的なものが現れること。 (3) 教師との関係の問題。家庭で親により与えられる行動基準と教師によって与えられる行動基準との関係など。 (4) 性役割基準の獲得の問題。それぞれの性にふさわしい行動基準を獲得すること。これと知的発達との関係。

(注) 三宅（1968）の資料をもとに筆者作成。

くれる。

　発達課題は、また子どもにたいする社会的・時代的要請や期待のあり方と深く関係するものであり、社会の進歩、価値観の変動をつぶさに反映する側面をもつ。この意味で、発達課題は子どもの教育を考えるうえで、この社会的な視点を一方におきながら心身発達の姿を見つめていくことが大切であることを示している。ただ、パーソナリティの発達過程における臨界期の問題やハヴィガーストのいう先行の課題達成が後続の課題に効果をもたらすなどの現象に関しては、かならずしも充分に実証されてはいない現状である。

コラム　心身発達の神経生理的基礎

　すでに古く、「人は脳によってのみ、歓びも、楽しみも、笑いも、冗談も、はたまた、嘆きも、苦しみも、悲しみも、涙のでることも知らねばならない。とくに、われわれは脳あるが故に、思考し、見聞し、美醜を知り、善悪を判断し、快・不快を覚えるのである……」（今裕訳）と指摘したのはヒポクラテスである。

　現代、ひとの神経系のひとつ、中枢神経系（脳・脊髄）は、身体や精神をつかさどる部位としてさまざまな活動を統合し、また協応させる重要な役割を担うことが解明されてきた。こうした脳のあらゆるはたらきの基礎となるのは、それを構成しているニューロン（neuron・神経細胞）である。ニューロンは、いわば「生きた小型の電池」に相当し、自己放電により電気的な信号として情報を伝達する機能をもつ細胞である。大脳皮質だけでも約140億（エコノモ推算）ともいわれるニューロンの数は、出生時すでに整っているが、個々のニューロンのはたらきはその多くが未熟である。その積極的な活動は、生後の発達にゆだねられ、個々のニューロンの発達（細胞体の星形化、樹状突起、軸索の成長、髄鞘化など）とともに、ニューロン相互間の連結が進行し、複雑なニューロン回路（神経回路網）

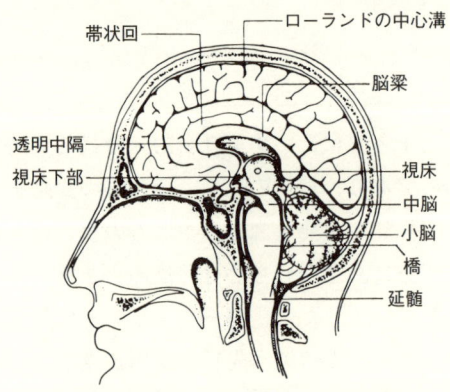

図1-4　脳のしくみ：横からみた脳の矢状断面
（出典）ジンバルドー1983。

が構築される。こうして情報をより早く伝達し、あらゆる行動を適切に処理するなど、脳の高度なはたらきが可能になる。

　脳の主要なしくみとニューロンの発達の様子を図1-4、1-5、1-6、1-7に示した。

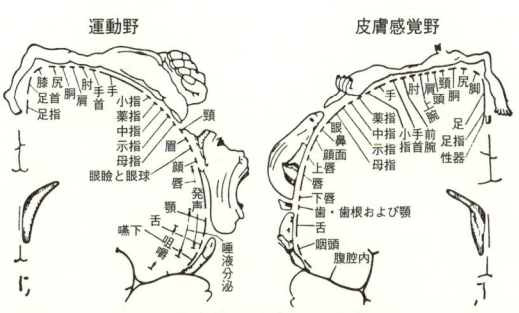

図1-5　ひとの運動野と体性感覚野（皮膚感覚野）の分業
（出典）時実 1973a。

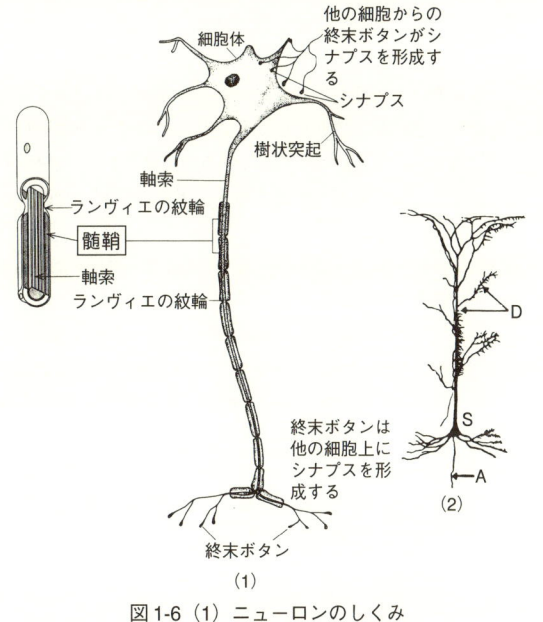

図1-6（1）ニューロンのしくみ
　　　 （2）大脳皮質の錐体細胞

（出典）ジンバルドー 1983。

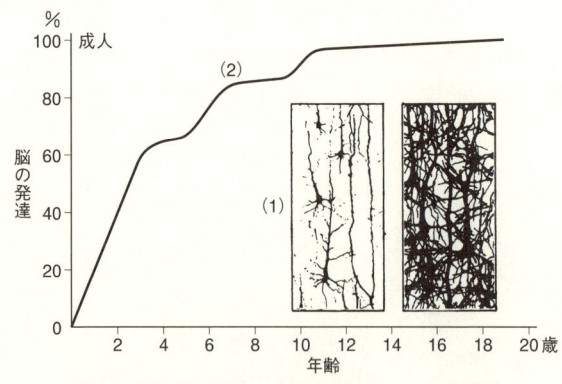

図 1-7 （1）脳のブローカ領野のニューロンの発達
　　　　（2）脳の発達曲線
（出典）ジンバルドー 1983、時実 1973。

[図 1-4・1-5 解説] ひとの脳・神経系は、そのはたらきから脳幹・脊髄系（生命を保障し生きているはたらき）、大脳辺縁系（古皮質・旧皮質系、間脳の視床下部、たくましく生きていくはたらき、動物の脳）と大脳皮質（新皮質系、ひととしてうまく、よく生きていくはたらき）に分けることができる。とくに大脳皮質は、人間らしい意識や高次の精神活動に関与し、感覚野、運動野、連合野に区分され、それぞれの領域特有に機能することがわかってきている（分業体制）。新生児の脳は、主として脳幹や大脳辺縁系のニューロンに発達がみられる。

[図 1-6 解説] ニューロンは、S＝細胞体、D＝樹状突起（情報を受けとる）、A＝軸索（情報を運ぶ）、終末ボタン（他のニューロン、あるいは効果器と接合し、情報を受け渡す）からなる。

[図 1-7 解説] 1）脳のブローカ領野のニューロンの発達：左が生後 1 か月、右が生後 2 年目の脳（ゴルジ染色）。右のほうが一段と配線が進み、ニューロン間の結合が認められる。
　　　　　　2）ニューロンの配線からみた脳の発達：第 1 段階―出生から 3 歳ごろ、第 2 段階―4 歳から 7 歳ごろ、第 3 段階―10 歳前後までの 3 段階に分かれる。

II 乳幼児期の発達

　人間の一生は受精からはじまる。誕生後の高度な活動への基礎装置を整える胎児。持ち前の個性と優れた感覚機能を駆使し、新しい環境に働きかけをはじめる赤ちゃん。2本足でしっかりと大地をふみしめ「ひとらしく」積極的に活動する幼児。あらゆる面で人間として歩む基礎づくりの時期特有の発達の特徴を探る。

1 ── 胎児から新生児へ

ひとの子の誕生は受精にはじまる。その生命の誕生である。直径約0.2mm、重さ約0.00004mgにすぎない受精卵は、母体内でのほぼ280日間に、大きさは2500倍、重さでは7億5000万倍と驚異的な発育を続け、成熟児（身長平均50cm、体重約3kg）としてこの世に生を受ける。これほどの発育は、人間一生のどの時期にもみあたらない。一個の単細胞であった受精卵は、複雑微妙にその内容と形を変えていくが、とくに受精後ほぼ7週までの変化には、人間誕生の不思議さ、神秘さを思わせる観がある。このわずか30日ほどの間に、魚類の胎芽に似た、およそひとらしいとは思えない時期を経過するなど、原生動物のような単細胞動物から人類へという進化──系統発生──の足どりをたどるという。

本節では、このような急速な発育のなかで、ひととして必要な諸器官が発生し、その基礎構造が形成され出生にいたる胎児から新生児への道筋をたどる。また、この過程では、心身の発達を妨げる種々の原因が作用することも多い。このことについて子どもの発達を理解し、適切な養護と指導上必要な基礎的事項を学ぶ。

1　胎児の発育

受精から出生までの胎児が母胎内で生活する期間を在胎期間という。受精成立の日また子宮内膜への着床日は、個人差があるので、便宜的に最終月経初日から起算した日数280日を平均在胎期間としている。母胎内で生育した胎児の85〜95％は、266日から294日の間に出生することから平均日数の前後14日間が標準的な出産範囲であり満期産とされる。この時期は、受精卵から胎児へと構造上重要な変化が進むが、その発育の様子から3期に分けられる。

● 卵体期（period of the ovum）
受精後おおむね2週間までの時期。卵管内で受精した卵は、ほぼ24時間

表2-1 胚葉と器官の発生

胚葉	器官（例）
外胚葉	中枢神経、上皮層、感覚器官、毛・爪
中胚葉	真皮層、筋肉、骨、循環器、性器、腎臓
内胚葉	消化器、呼吸器、肝臓など各種内臓、甲状腺など各腺

後に最初の2つの細胞に分裂したあと、きわめて活発な細胞分裂をくり返しながら卵管内を子宮へむけて移動する。子宮に入るころの細胞は、桑実胚とよばれる球形のかたまりであり、小さな「人間の種」（ニルソンほか1982：39）として、やがて子宮内膜に着床する（受胎）。受精後2週目、完全に子宮内膜へ侵入した細胞球は、母体の血液をとおして栄養をとりながら本格的な成長をはじめる。

● 胎芽期（period of the embryo）

発育を続ける生命体が、ひとらしい形態を整え胎児となる、受精後7、8週ごろまでの時期。細胞は、外胚葉・中胚葉・内胚葉の三層に分化し、各胚葉からは定められた諸器官が発生する（表2-1）。神経系をはじめ身体の主要な器官の基礎的形成が急速に進む。

ここで、胎芽期および胎児期のおもな発達について、子宮内胎児の成長を撮影したスウェーデンの医学写真専門家ニルソンらの胎児成長の記録（ニルソンほか1982）を参照し、その成長をみてみよう。

【おもな発達】
受精後3～4週（妊娠5～6週）〔体長は約6～7mm大〕——胎芽は、頭・胴・尾部をもつ形をなし、口の近くにハート形の心臓が明瞭になる。3週の終わりごろから神経系が発育しはじめる。胴の側面には盛り上がった手・足の原基が認められる。全体の容姿には人間らしさはなく、この時期の脊椎動物に共通した形態をみせる。

受精後5～6週（妊娠7～8週）〔約10～15mm大〕——顔・胴・手足がより成長する。頭部には、将来大脳になる膨らみが生じ、6週目には前頭部に大脳半球が認められるようになる。腕の発育は脚部にくらべ早く進み、5週の終わりには5本の指が分化しはじめる。足は舟をこぐかいのような形にとどまる。このように頭部から下部へ

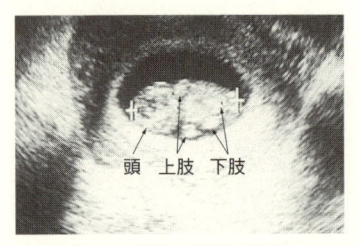

図2-1 胎齢8週目の胎児
（超音波診断）
(注) 吉田レディースクリニック提供、1999。

と発育が進む。

受精後8週（妊娠10週）〔約4cm大〕——すでに胎芽期を過ぎて胎児を形成、ひとのそなえるべき諸器官は確立し、頭部は身長の2分の1を占め、2頭身となる。

図2-1は、子宮内の胎児の状態を超音波診断写真でとらえたもである。

● **胎児期（period of the fetus）**

胎芽期に続く出生までの約30週間、ひととしての形態が整う時期である。すでに主要な器官は完成し、それに付随する諸器官の発生と形成が行なわれる。体つきの比率は、妊娠初期ほど頭部の占める割合が大きいが、この期の初期では、頭部が身長の約3分の1（妊娠13週、ニルソンほか1982）になる。その後、出生までにほぼ4分の1の比率（図2-8）になるが、このことからも、胎児期は頭部以外の身体部分が著しい発達をみせることがわかる。

【おもな発達】

受精後11～12週（妊娠13～14週）〔約7～9cm大〕——胎児の体型は、出生時と同じとなり、手指と足指の先端に個性的な指紋が形成され、外性器の男女差が現われ、16～19週ごろには明確になる。

受精後16～20週（妊娠18～22週）〔約16～25cm大〕——目は閉じている（受精後28週目にはふたたび開く）。耳が機能しはじめ、母親の声、テレビの音、音楽、交通騒音などかなりよく聞こえるという。とくに、母親の声の抑揚や話し方のテンポの特徴が胎児に植えつけられ、生後母親の声で安心感を抱くようになる。手足は完成し、親指が口付近にくると頭が回転し、口唇と舌で吸う動きがみられる（吸引反射）。運動は活発となり、母体は胎動を感じはじめる。

妊娠32週〔身長40～43cm、体重1500g〕——特別な保護のもとで母体外で生存可能な身体上のしくみが発達し整備される。運動は36週ごろからリズム的運動となる。

妊娠40週〔身長48～50cm、体重3000g〕——嗅覚・触覚・味覚などの近感覚が発達、聴・視覚の遠感覚もかなり発達し、出産を迎える。

2 新生児の生活

ほぼ40週にわたり母親の胎内ではぐくまれた成熟児はよく発育し、大きく力強い産声とともに人間社会誕生の第一声をあげる。へその緒が脱落するまでの約2週間は、医学的管理が必要であり、この時期を臨床医学の分野では早期新生児期という。発達心理学の領域からは、一般に出生後の約4週間（生後1か月間）を新生児として扱う。この時期は、ひととして成長し新しい世界へ適応するための、生命・生理的諸機能を調整する準備段階、いわば生物として生きる時期といえる。

◉ 新生児の体つき

ひとの子は、他の高等哺乳類の仔とは異なる独自の身体的プロポーションをもって出生する。表2-2には、出生時の体の各部位の計測値が、また、

表2-2 新生児の身体部位計測値（パーセンタイル値）

パーセンタイル	男			女		
	25	50 (中央値)	75	25	50 (中央値)	75
身長cm	48.6	49.9	50.8	47.8	49.0	50.0
体重kg	2.9	3.2	3.4	2.8	3.1	3.3
胸囲cm	31.0	32.2	33.3	30.9	32.0	33.0
頭囲cm	32.5	33.5	34.5	32.3	33.0	34.0

(出典) 厚生省1994。

表2-3 新生児の生活環境の変化

	胎内生活	外界生活
温度	温度変化は少ない (羊水内保温)	温度変化激しい（生後低体温、2～3日で36.5℃～37.5℃で維持）
呼吸	胎盤に依存、臍帯血行をつうじ酸素と炭酸ガス交換	自力呼吸・肺呼吸への切り換え 胸式呼吸→腹式呼吸（1日目）
栄養摂取	臍帯血行による物質交換、吸収	自力摂取、自分の内臓で消化吸収・排泄、生理的体重減→2週目ごろから回復、体重増加、哺乳力増加（自力で生命の維持）

そのプロポーションは図2-8に示されている。これをみると、誕生時には頭部の割合が大きく、胸囲をしのいでおり、成体をほぼ単純に縮尺した高等哺乳類の子とは対照的である。この特徴は、誕生後脳髄を中心にすばらしく発達する「種」としての特殊性をそなえていることを示している。

● 新生児の生理的営み

「誕生」とは、たんに胎児が母体内から外界に出ることを意味するのではない。誕生という瞬間から子宮内とは異なる激しい環境の変化に対応し、表2-3にみられるような生命を維持するための生理的な諸機能の切り換えが行なわれる。

● 眠り中心の生活

新生児は、こうした新しい世界への適応にそなえる意味でも、その1日の7割から8割の時間を眠る（図2-2）（園原1936）。睡眠時間には個人差があるが、概して20時間前後の眠り中心の生活である（岡1958）。しかし、1日の生活のなかで眠りっぱなしではなく、空腹などの生理的な興奮によって目ざめては泣き、哺乳し満腹するとふたたび眠ることがくりかえされる。ほぼ2時間の眠りの後ほぼ30分の目ざめという、睡眠—目ざめのリズムパターン（図2-3）が比較的規則正しく現われる。この時期の目ざめは、哺乳という生理的リズムによって引き起こされるものであり、真の目ざめにつながる各種の興奮や情報を処理する脳髄機能が未熟であることによるといわ

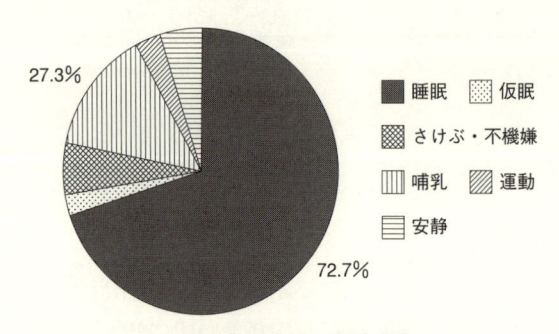

図2-2 新生児の生活時間

（出典）園原1936。

れる（岡1970）。やがて、新生児期の終わりには、この睡眠―目ざめのリズムは崩れはじめ、生後4週目には「目ざめらしい目ざめ」が現われ、積極的なひとらしい精神活動が開始されるわけである。

◉ 新生児の行動

新生児・乳児の行動をさぐる研究は、1960年代以後急速に発展し、とくに最近の25年間には、乳児の有能さを示す新しい知見が数多く見出されてきた。

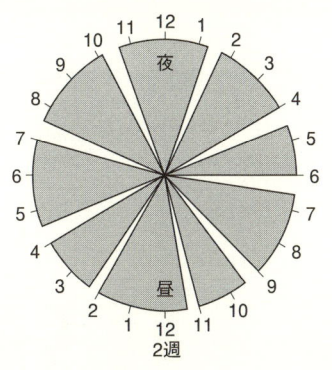

図2-3　1日の睡眠―目ざめのリズムパターン
（出典）二木1979。

表2-4は、行動観察でとらえた新生児のいろいろの行動だが、その行動は、眠りから目ざめにいたる意識の程度と深い関係をもち、一定の規則性をもって現われている（三宅・黒丸1971）。また、図2-4は、新生児期に観察される代表的な3種類の自発的運動が目ざめの程度に応じてどのように現われるかをみたものである（高橋・藤田1977：251）。これらの運動は、いずれも生得的なものであり、おもに赤ちゃんの身体内部から生じる刺激により発生

表2-4　新生児の行動（原始行動）と意識水準との関連

意識の水準	呼吸	目	行　動
Ⅰ. 規則的な睡眠状態 reguler sleep	規則的	閉	抱きつく行動（両手をひろげ、足を屈曲、両手を合掌する）、吸飲運動（口をもぐもぐさす、とがらす）
Ⅱ. 不規則な睡眠状態 irreguler sleep	不規則	閉	手足の軽い屈伸運動、手指の開閉、吸飲運動、表情運動（微笑、しかめ面など）
Ⅲ. 覚醒して動かない状態 awake inactivity	やや 不規則	開	わずかな手足の運動、吸飲運動、反射的眼球運動
Ⅳ. 覚醒して活動的な状態 awake activity	不規則	開	四肢の運動、頭、躯幹運動、全身運動
Ⅴ. 泣き叫ぶ状態 crying	まったく 不規則	開か閉	強い四肢の運動、全身運動、泣き声

（注）三宅・黒丸（1971）の資料をもとに筆者作成。

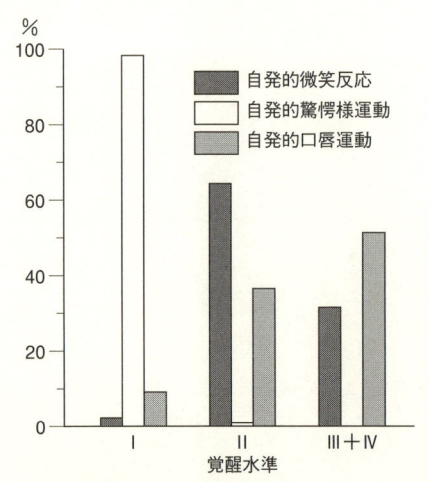

図2-4 各覚醒水準10分間あたりにおける自発的反応の出現率
（Ⅰ：規則的睡眠　Ⅱ：不規則的睡眠　Ⅲ＋Ⅳ：覚醒）
（出典）高橋・藤田1977。

するとみられている。

① 自発的微笑運動（口の両端がともにゆるやかに上方に向け引っぱられるような自発的なほほえみ反応で、目が笑いの形ではないのが特徴）は、おもに不規則な睡眠時に集中して現われている。また、②自発的驚がく様運動（自発的に全身をびくっと震わせ四肢を曲げ、上肢を前に伸ばし、抱きつくような反応）は、規則的睡眠時によくみられ、目ざめ時にはみられないのにたいし、③自発的口唇運動（母乳を吸うときの口唇運動と同じ形の反応）は、目ざめ時によく生じる。こうした「新生児の自発的反応は、まったくデタラメに生起する行動ではなく、一定の中枢神経活動による内部刺激の反映として生ずる」といわれる（高橋・藤田1977：251）。

泣き声もまた、誕生後すぐ活動を開始する生得的行動のひとつと考えられる。周産期をつうじ健常で出産した乳児の泣き声のもつリズム性について、サウンドスペクトログラムによる発達的分析によると、生後2週目までの泣き声は同じ発声がきわめて規則正しくくりかえされている（二木1979）。ところが、この泣き声のもつ一定のリズム性は3～4週ごろから乱れはじめ、5～6週目には大きく崩れる。このことは、新生児期後半になると、泣き声がたんなる生物的シグナルから社会的な色合いを帯びた泣き声に変わることを示している（80ページの表2-14）。

このような新生児にみられる種々の行動は、おもに脳の原始中枢（間脳、脳幹部）の営みから生じるもので、初期ほどリズム性が強く現われる。しかし、大脳新皮質の発達とともにこのリズム性はしだいに崩れていく。さら

に、新生児が誕生後早い時期から、一時的記憶、刺激を見分ける能力や学習する能力をそなえていることを推定させる興味ある知見が明らかにされてきている。

3　胎児・新生児期と発達障害

　母体内ではぐくまれる胎児、元気に出生した新生児の多くは順調な成育をとげるが、一方で種々の条件から心身の発達に障害をもたらすことがある。近年、母子保健衛生の立場からも、周産期（胎児期の29週から出生後7日までの期間）医学がめざましく発展し、障害を引き起こす原因が数多く明らかにされてきている。ここではその重要なものをとりあげる。

◉ 遺伝要因による影響

　新しい受精卵は、同形で大きさの等しい22対（44本）の常染色体と、2本の性染色体（男性XY、女性XX染色体）をもつ。それぞれの染色体はその大きさと形を基準に一定の順序で「対」にして配列、分類することができる（図2-5）。染色体のなかには遺伝子があり、その成分である遺伝情報を伝達する物質DNA（デオキシリボ核酸）は、二重のラセン構造のなかに規則正しく配列している。理論的には、遺伝子のなかに「人は誰しも8個ぐらいの発達障害の元となる有害な劣性遺伝を隠しもつ」といわれる（藤木1977：84）。

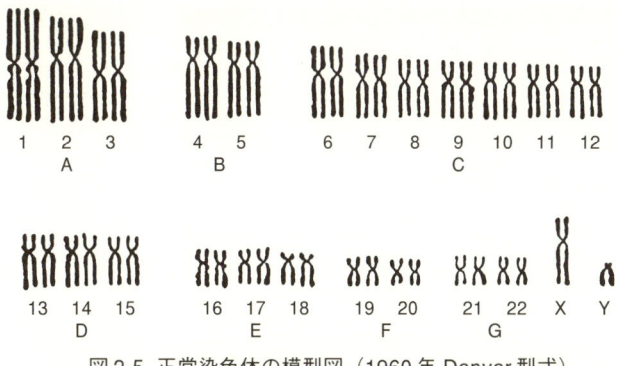

図2-5　正常染色体の模型図（1960年 Denver型式）
（出典）竺原ほか1980。

表2-5 劣性遺伝病と近親婚

病　名	劣性遺伝病出生の危険率 他人結婚	いとこ結婚	いとこ結婚の危険は他人結婚の……
先　天　聾	1：11,800	1：1,500	7.8倍
フェニールケトン尿症	1：14,500	1：1,700	8.5倍
小　口　病	1：32,000	1：2,600	12.2倍
全　身　白　子	1：40,000	1：3,000	13.5倍
全　色　盲	1：73,000	1：4,100	17.9倍
小　頭　症	1：77,000	1：4,200	18.3倍

（出典）田中1960。

　表2-5には、いとこ婚などの近親婚に発生しやすいおもな障害をあげた。この場合、両親から受け継ぐ劣性遺伝子が共に一対を形成しやすいことが、障害の発生率を高くするおもな要因とされている。

　染色体異常による障害で代表的なものにダウン症候群がある。さきの図2-5に示されるD、G群および性染色体に異常を生じた場合は死亡せずに生育する。このなかで、ダウン症候群はG群21番目の常染色体の異常により発症し、その多くは47個の染色体数をもつという。このうち21番目の染色体数が3個となる21トリソミー型が約90％を占める（肥田野編1970）。この型の出生頻度は、一般には0.2〜0.3％だが、母親の高年齢出産との関連が深く、40歳前後から相対的に高くなることが明らかにされている。大倉興司の資料では、母体年齢20〜24歳の発生率は1500分の1、25〜29歳1200分の1、30〜34歳900分の1、35〜39歳300分の1、40〜44歳100分の1、45〜49歳40分の1となる（大倉1974）。その原因は充分明らかになっていないが、発生が母体の年齢と深く関係していること、また、染色体不分離現象などから、内分泌障害と関連する証拠が積み重ねられている。ダウン症候群の症状は知能および身体の発育が遅れ、特有の身体的症状として容貌は万国共通となる。情緒反応はよく、人まねをしたりひょうきんな動作をするなど社会性の発達は良好とみてよく、愛すべき存在である。

● 環境要因による影響

　一般には、母体の疾病や条件の変化が胎児の発育にマイナスに作用する場合が多い。

　①胎内期への影響

　とくに、妊娠初期の神経系をはじめ主要な諸器官の基礎が形成される胎芽期への影響は大きく、その結果胎児の発育に異常をきたす可能性を高めることが、1950年代から指摘されてきた。胎内環境を害する条件として、風疹、流行性耳下腺炎などのウイルス、薬品、大量の放射線などが、おもなものとしてあげられている。

　図2-6は妊娠月に応じて風疹の感染が器官の形成に障害をおよぼす様子を示したものである。なお、妊娠6か月以降の風疹による影響は、否定されている。

　大量の放射線照射・放射能物質の影響は、近年とくに注目されるところだが、自然出産にくらべ小頭症・白血病・染色体異常などが多く発生することが明らかにされてきた。広島・長崎への原爆投下後、被爆妊婦と胎児への影響との関連を究明した調査資料は数多い。たとえばプランマーは、原爆投下時、中心付近に在住した妊婦からの出産児11人中7人が、小頭症でかつ重度の知能障害をともなうことを報告している。また最近では、妊婦の喫煙習慣が低出生体重児（在胎期間が37週未満で生まれ、体重が2500g以下の新生児）の出生率を高め（吸わない母親のほぼ2倍）、また幼児期の呼吸器障害を起こしやすいこと

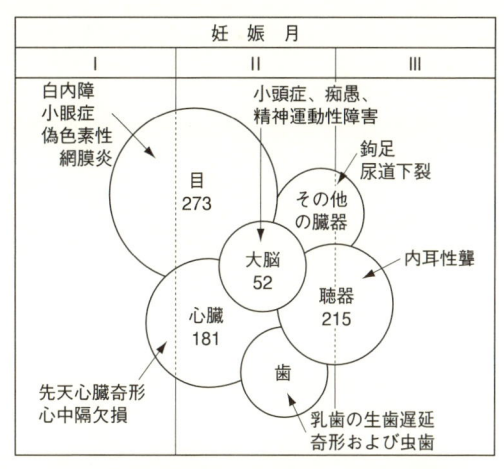

図2-6　風疹感染時期（妊娠月）と奇形の種類
（出典）山下ほか1977。

が指摘されている。この時期における母体の管理には充分留意することが大切である。

②出産時への影響

出産前後における種々のトラブルは、後の心身発達に深刻な影響をおよぼすことがある。とくに、活発な新陳代謝を行なう脳組織は、多量の酸素をとりいれることが必要である。したがって、出産前後における酸素の欠乏は脳細胞を傷つけ脳障害につながりやすい。なかでも大脳皮質は耐性が弱く、酸素欠乏症（低酸素症、無酸素症）が問題となる。酸素欠乏を起こしやすい出生時のおもな要因として、胎盤の早期剝離、へそのう巻絡、墜落・鉗子・骨盤位分娩などによる仮死出生がある。これは、出産後1分以上過ぎて心拍動は微弱ではあるが呼吸運動がみられない状態であり、仮死の程度を判定する方法としてアプガー指数が知られている（表2-6）。指数の得点は0～10点にわたるが、0～2点が重度と判定され、酸素欠乏につながる。酸素欠乏による脳障害では、刺激にたいする反応の鈍さなど神経系の障害をはじめ知能遅滞をもたらすことが見出されている。

表2-6 仮死の程度の判定基準

程度	指標					得点
	心拍数	呼吸	筋緊張	鼻腔内カテーテルにたいする反応	皮膚	
Ⅰ	100以上	整	自動運動あり	咳、くしゃみ	全身ピンク色	2
Ⅱ	100以下	不整～緩徐	四肢屈曲位	顔をしかめる	四肢のみ蒼白	1
Ⅲ	(－)	(－)	(－)	(－)	全身蒼白	0

（出典）隠岐 1979。
（注）1）判定の時期は娩出1分後とする。
　　 2）鼻腔内カテーテルにたいする反応は咽頭の吸引物を排除したあとに試みる。
　　 3）判定には指標とする5項目についての得点を合計する。
　　　　0～2：不良　　3～7：やや不良　　8～10：良

2 ── 身体と運動機能の発達

1 身体の発達過程

　子どもの身体はたんに大人の身体を小さくしたものではない。まず、図2-7から身体の成長をみてみることにする。これは新生児期から幼児期までの身長、体重および頭の加齢にともなう変化である。この表より新生児期から乳児期にかけての発達が著しいことがわかる。なかでも身長や体重は15歳まで増加するが、頭囲は6歳でほぼ大人の水準に達する。頭部の発達がなぜこんなに早いのであろうか。図2-8をみると、頭部の身長にたいする割合は、2ヶ月の胎児では約2分の1、新生児で約4分の1、6歳で約6分の1、そ

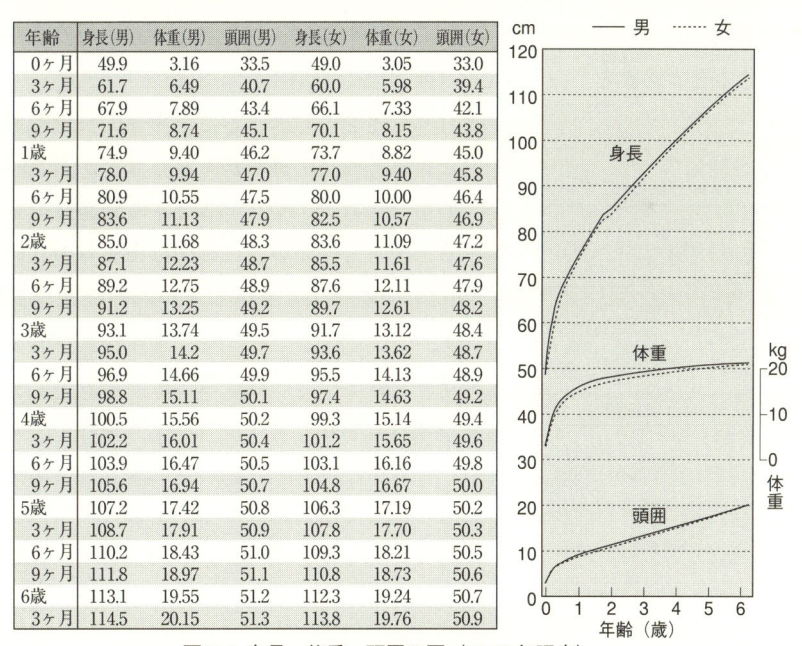

年齢	身長(男)	体重(男)	頭囲(男)	身長(女)	体重(女)	頭囲(女)
0ヶ月	49.9	3.16	33.5	49.0	3.05	33.0
3ヶ月	61.7	6.49	40.7	60.0	5.98	39.4
6ヶ月	67.9	7.89	43.4	66.1	7.33	42.1
9ヶ月	71.6	8.74	45.1	70.1	8.15	43.8
1歳	74.9	9.40	46.2	73.7	8.82	45.0
3ヶ月	78.0	9.94	47.0	77.0	9.40	45.8
6ヶ月	80.9	10.55	47.5	80.0	10.00	46.4
9ヶ月	83.6	11.13	47.9	82.5	10.57	46.9
2歳	85.0	11.68	48.3	83.6	11.09	47.2
3ヶ月	87.1	12.23	48.7	85.5	11.61	47.6
6ヶ月	89.2	12.75	48.9	87.6	12.11	47.9
9ヶ月	91.2	13.25	49.2	89.7	12.61	48.2
3歳	93.1	13.74	49.5	91.7	13.12	48.4
3ヶ月	95.0	14.2	49.7	93.6	13.62	48.7
6ヶ月	96.9	14.66	49.9	95.5	14.13	48.9
9ヶ月	98.8	15.11	50.1	97.4	14.63	49.2
4歳	100.5	15.56	50.2	99.3	15.14	49.4
3ヶ月	102.2	16.01	50.4	101.2	15.65	49.6
6ヶ月	103.9	16.47	50.5	103.1	16.16	49.8
9ヶ月	105.6	16.94	50.7	104.8	16.67	50.0
5歳	107.2	17.42	50.8	106.3	17.19	50.2
3ヶ月	108.7	17.91	50.9	107.8	17.70	50.3
6ヶ月	110.2	18.43	51.0	109.3	18.21	50.5
9ヶ月	111.8	18.97	51.1	110.8	18.73	50.6
6歳	113.1	19.55	51.2	112.3	19.24	50.7
3ヶ月	114.5	20.15	51.3	113.8	19.76	50.9

図2-7　身長、体重、頭囲の図（1990年調査）
（注）1990年厚生省調査より筆者作成。

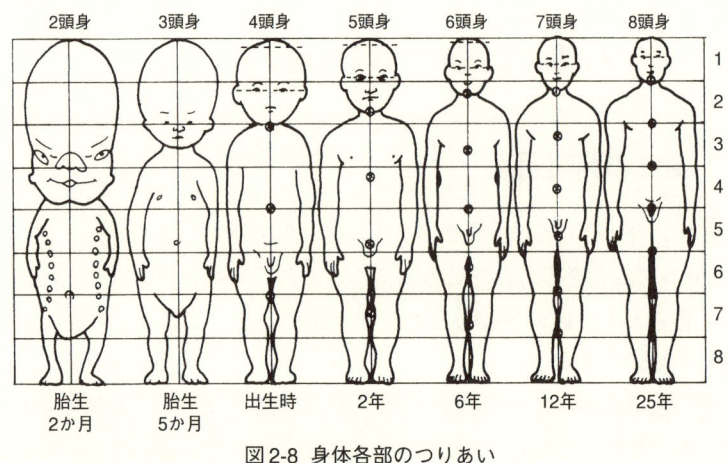

図2-8 身体各部のつりあい
（出典）Stratz 1922.

して大人では8分の1である。このことから脳の入れ物が早くから用意されていることがわかる。

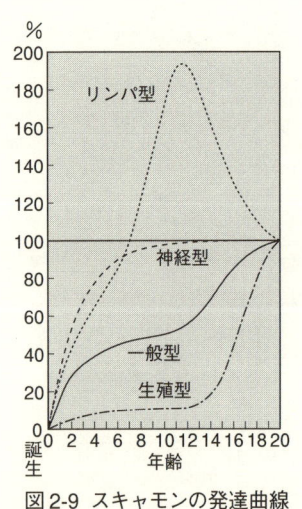

図2-9 スキャモンの発達曲線
（出典）Harris et al. 1930.

　身体発達をよく調べると、身体の部分や器官によって成長の過程がちがうことがわかっている。これについては図2-9の発達曲線をみると理解しやすい。この図は出産時の状態を0％、成長の到達年齢（20歳）の状態を100％として示したもので、発達の基本的な型が4つ示されている。乳幼児期にもっともめざましく発達しているのは①の神経型である。神経型とは脳、脊髄、頭部などの計測値にもとづいて示したもので、10歳ごろにはほぼ大人と同じ値となっている。大人の脳重量が1200〜1400gであるのにたいし、新生児の脳重量は370〜400gで、大人の脳重量の25％に達しているが、2歳では大人の50％になり、

6歳には90%、10歳では95%となることから、神経型の発達が早期に大人の水準に達することがわかる。これは、高度に発達した脳をもつ準備が早期から整えられていることを示している。

つぎにめざましく発達するのは、②リンパ型に示される胸腺やリンパ腺である。7歳で100%、12歳近くで200%となる。大人の2倍にもなるこの年齢は、免疫機構がもっとも活発にはたらいていることを示す。表2-7より死亡率が10〜14歳の時期にもっとも低い値を示すことからも、関係があると考えられている。

③は一般型で身体全体の重量（頭部を除く）である。一般型は2相性の発達曲線を示す。ひとつめ

表2-7 年齢別（5歳ごと）にみた死亡数と死亡率（人口10万人対）

年齢	死亡率	死亡数	人口(×10万人)
0〜4	102.9	6,087	5,913
5〜9	15.6	946	6,059
10〜14	13.2	915	6,933
15〜19	37.1	2,876	7,743
20〜24	49.6	4,537	9,138
25〜29	52.4	5,000	9,543
30〜34	65.2	5,412	8,296
35〜39	90.6	7,006	7,729
40〜44	140.0	11,038	7,883
45〜49	243.3	23,674	10,104
50〜54	358.6	33,383	9,308
55〜59	523.1	44,401	8,488
60〜64	834.8	64,101	7,679
65〜69	1,327.9	90,751	6,834
70〜74	2,033.2	111,765	5,497
75〜79	3,347.6	123,056	3,676
80〜84	6,064.1	149,299	2,462
85〜89	10,293.1	42,868	1,388
90歳以上	18,657.1	08,585	582
総数	747.7	936,480	125,252

（注）1998年人口動態統計月報年間の概況から筆者作成。

は胎児期から新生児期にかけての急な発達である。その後の増加はゆるやかで、2つめの急な発達は13歳ごろに起こる。この発達には性差が大きい。とくに10歳ごろから12歳ごろまで女子のほうが先に急増するので、同年齢の男子より高くなるという現象が現われ、交差現象とよばれている。

④は生殖型で、男女とも生殖器官は生まれたときから12歳ごろまでほとんど変化はないが、児童期後半から生殖機能は急に増大し、一気に完成する。また、男子と女子の性差がはっきりしてくるので、これを第二次性徴期ともよんでいる。

このように身体の各部分の発達過程にはちがいがあり、子どもをたんに大きくしたのが大人というわけではないといえる。

2 運動機能の発達

生まれたばかりの新生児の感覚はかなり機能しており、胎児期の早い段階から光の刺激を感知し、子宮内で母親の心拍音や子宮内血流音などを聞いている。しかし、運動機能は未熟な発達段階で生まれ、自発的な運動ができるのは生後1、2か月以上たってからである。ポルトマンは、「新生児は子宮胎外児に相当し、さらに1年後にやっとサルなどの赤ちゃんの誕生児の状態になる」と指摘している。つまり、充分な成熟を待って生まれるとすれば、個体重量は増し、通常の出産は危険である。そのために人間は約1年も早く生まれてくるとし「生理的早産」とよんだ（ポルトマン1996）。

● 神経の発達と運動

脳重量が乳児期から幼児期にかけて急速に増加することをのべたが、たんに重さや大きさだけでなく、脳の発育は非常に早い段階から進行しており、胎生6か月ごろから新生児まで神経伝達経路の髄鞘化（ずいしょう）が進む。この時期

表2-8 新生児の神経発達（おもな反射の特徴）

反射の種類	反射中枢	特徴
吸啜反射 (sucking reflex)	脊髄	乳首や指が口のなかに入ってくるとそれに吸い付いて吸おうとする。
手の把握反射 (grasping reflex)	脊髄	子どもの手掌に指や細いものをもたせると反射的に指を曲げてつかむ。
陽性支持反射 (positive supporting reflex)	脊髄	新生児を腋窩部で支え、台上に足底をつけるように立たせると、体重を支えるようにつっぱり首がすわったようになる姿勢をとる。
モロー反射 (Moro reflex)	脊髄から橋	仰臥位の子どもの頭を急に下げたり、ベッドの端をたたくなどの刺激により、両手および指を開き、肘の関節を伸ばす。その後手を閉じて肘を曲げ抱きつくようなしぐさをする。
非対称性緊張性頸反射 (asymmetric tonic neck reflex)	脊髄から橋	仰臥位の子どもの顔を右（左）の一方に向けるとき、顔のほうの上下肢つまり右手（左手）と右足（左足）が伸展し、頭側の上下肢が屈曲するという原始反射が優位に現れる。これは生後4〜6か月まで存続する。一般にATNR姿勢という。
頸立ち直り反射 (neck righting reflex as segmental rotation)	中脳	仰臥位から頭を一方に向けるとき、頭が向いた方向に肩、つぎに体幹、つぎに腰部と順番に回転していく。
パラシュート反射 (parachute reflex)	中脳	子どもを腋窩（えきか）部（上腕のつけ根、わき）で抱き垂直位に保ち、その後前方に倒すとき両上肢を伸ばし指掌を開き身体を支えようとする。

Ⅱ 乳幼児期の発達

を神経発達の成熟期とよぶ。この時期に観察される反射は脊髄と橋を反射中枢とする反射である。たとえば吸啜(きゅうせつ)反射や手や足の握り反射などは脊髄反射で、モロー反射や非対称緊張性頸(けい)反射（ATNR反射）などは脊髄から橋での反射である。こうした反射の存在は胎児から観察され、新生児期まで続いていることが確認されている（表2-8参照）。この脊髄や橋での反射を原始反射とよぶ。中枢神経の中脳や大脳皮質の発達が進むにつれて姿勢反射が生まれ、運動機能を発達させる基礎となる。また、原始反射を抑制するはたらきが生まれてくると、新生児は反射という不随意運動から解放される。したがって、この反射が消失するはずの時期になっても反射が残存している場合は、脳の発育が正常でないという可能性があり、注意深く経過を観察したほうがよいとされている。

● **発達の方向**

乳幼児の発達にとって大脳の発達は非常に重要である。一般に、身体発達は「①頭部から尾部へ (cephalo-caudal direction)」、「②中心部から周辺部へ (proximo-distal trend)」の方向をとるといわれているが、運動発達にもあてはまる。

①では、たとえば反射的運動の制御が可能になると頭を随意的に動かすことができ、自発的運動が出現し、首がすわり、腹這い状態でしっかり頭が支えられるようになって、寝返り、お座り、ハイハイができるようになる。生後1年もすればつかまり立ち、そしてつたい歩き、自立歩行という順序で、一連の運動が出現する。

乳幼児の移動運動の発達の様子を新版K式発達検査（生澤ほか編1985）にしたがって出現する順序を調べてみよう。

この図2-10は、ある年齢層の乳幼児のうち75％が示す行動を図示したものである。仰臥位、腹臥位、座位および立位に分けて示してある。手の運動も、大きな筋肉を動かす粗大運動から手や指の筋肉を使う微細運動へと進む。手の動きは日常生活での身のまわりの作業を行なう上で必要な能力である。たとえば服を脱ぐ、服を着る、手を洗うなどさまざまな日常生活は手の動作を必要としている。また手の動きは、精神発達との関係が深いといわれている。

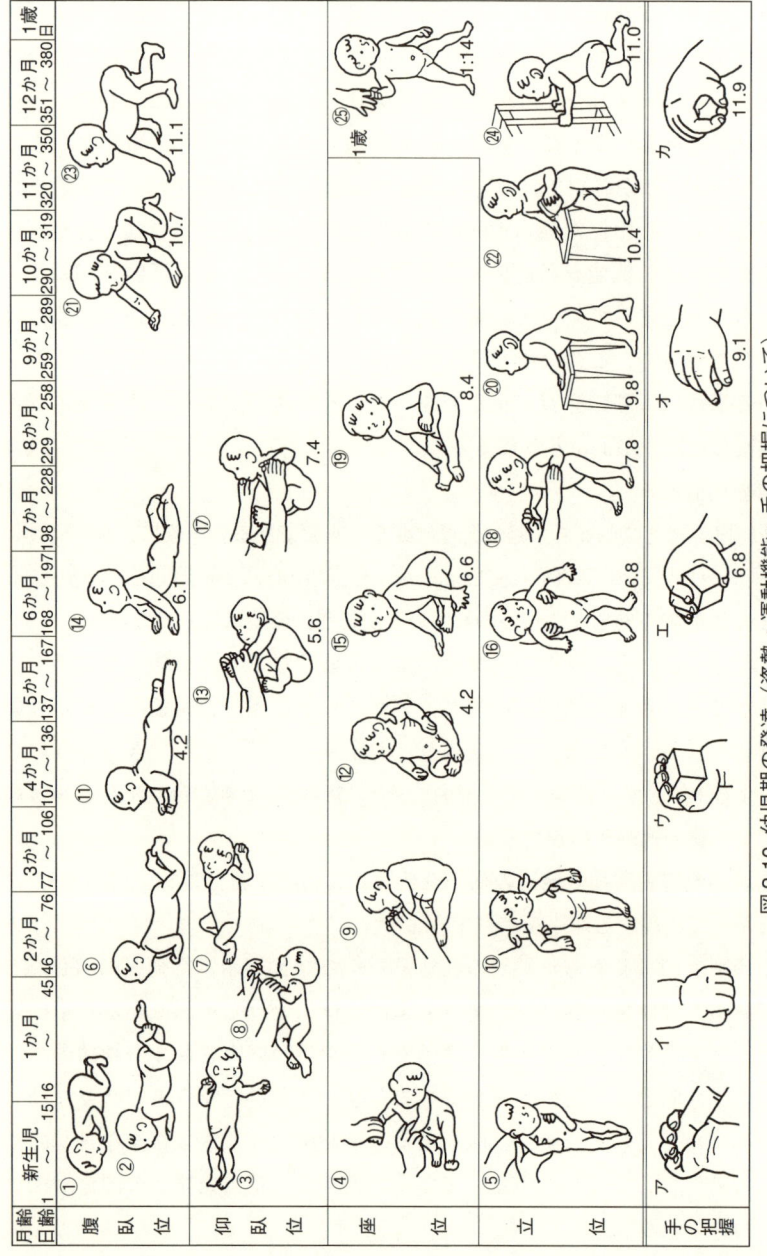

図2-10 幼児期の発達（姿勢・運動機能・手の把握について）

II 乳幼児期の発達　43

(注) 1) 1歳までの姿勢や運動が変化していく様子を新版K式発達検査の通過率をもとに筆者が作成。図①〜㉕の下に記した数字は新版K式発達検査の75%通過年齢 (月数) を示す (㉕の数字は年:月)。
2) 新版K式発達検査 (生澤ほか編1985) は、0歳ごろから13歳ごろまでの子どもの精神発達の状況から診断や発達的観点から発達検査を行うための精密発達検査法である。検査項目は324項目からなり、京都市および周辺地域の1,562名の資料にもとづいて標準化された。

(解説) 新生児から1歳までの姿勢と運動

新生児〜1か月：新生児は屈曲優位である。腹臥位では頭は片側に向け腕の下もしくは体側にある。臀部は屈曲し尻上がりになっている①。仰臥位では頭を逆に変えるように変えることで、短時間頭を持ち上げる②。仰臥位では首が非常に不安定なので立たせるときは手と首を支えるか仰臥位にする。その他多くの原始反射をもつ（表2-8参照）。（注：新生児期は首が非常に不安定なので立たせるときは手と首を支えるか仰臥位にするなど充分に注意する）。
2〜3か月：腹臥位では頭を上げることができ、体幹より頭が遅れて引き起こされる⑧。そして体幹が垂直まで（45度以内）⑨。腋窩で支え立たせると陽性指示反射が入り、体幹を示すように屈曲する⑩。手を握って引き起こすと、体幹より頭が遅れて引き起こされる⑧。そして体幹が垂直までくると（45度以内）⑨。腋窩で支え立たせると陽性指示反射は日をおって減少し仰臥位では対称姿勢をとることが多くなる①。手を握って引き起こすと、体幹より頭が遅れて引き起こされる⑧。そして体幹が垂直までくると（45度以内）⑨。腋窩で支え立たせると陽性指示反射は日をおって減少し、まだ支えられない⑩。
4か月：首がすわる。腹臥位では手で支えて胸を床から持ち上げ、両腕を伸ばしている。仰臥位から引き起こすと体幹と身体をまっすぐにして頭を上げる⑪。
5か月：寝返りができるようになる。仰臥位では体幹を伸ばして両手を上げる。首を体幹に関係するように、体幹を支えて身体を上げる⑫。
6か月：腹臥位では、両腕を伸ばして身体を支え床におくと、頭を持ち上げる姿勢となり頭の方向に身体を変えるような動作をする⑬。
7か月：座位として引き起こすと、腋窩部で支えて体をおいて、屈曲させて自分から上がる⑭。
8か月：座位が安定し、30分以上ひとりで座っていられる⑲。みずから腹臥位になれる。
9か月：桌棚などにつかまらせて立たせると、そのまま立っていられる。しかし、片手を離し、その手で玩具などをもつことはできない⑳。
10か月：四つ這い（手事と膝）で進むことができる⑳。また、座っている状態から自分で腹這いになるなど自由に体位を変えることができる㉒。
11か月：四つ這い姿勢から自分で立ち上がりつかまり立ちができる㉓。側臥位でつかまり立ちをしてつたい歩きをする。両手を支えてやれば、3歩ならば歩くことができる。つかまり立ち状態から自分で座ることもできる㉕。

1歳1か月では支えなくても数秒ならひとりで立つことができ、片手を支えれば歩くことができる㉕。
1歳からの姿勢と運動
1歳2か月：階段を追い登る。
1歳2か月：ひとりで2、3歩、歩くことができる。
1歳4か月：片手を支持すれば、歩いて階段を登ることができる。
1歳5か月：片手を支持すれば片手をもつ階段を登り降りする。
1歳11か月：ひとりで手すりをもつ階段を登り降りする。
2歳2か月：その場で両足で跳び上がれる。
2歳7か月：飛び降りることができる。
3歳：手すりを支えなしで片足ずつ交互に出して階段を登ることができる。
3歳5か月：片足跳び（ケンケン）で少し前に進める。

手の把握（積木や小鈴のもち方、反射的な把握から意図的な把握へ）
新生児：手のひらに何かが触れると指が閉じてそれを握る（ア）。
1か月：親指を包むようにその他の指が開いている（イ）。
4か月：積木をもたせると、手全体で包むように握る（ウ）。
6か月：座位で積木を目の前におくと親指と人差し指と中指の3本の指では
もようとする（エ）。
9か月：座位で小鈴を目の前におくと、親指と人差し指と中指の腹面ではしようとする（鋏状把握）（オ）。
11か月：座位で小鈴を目の前におくと、親指と人差し指の指でつまむようにもつ（釘抜状把握）（カ）。

● 発達の個人差

　ここで発達に影響を与えている要因をとりあげてみよう。第1は遺伝的影響である。民族や人種によって、身体的な発達の経過や大人になったときの状態はちがう。また背の高い親から背の高い子どもが生まれるといった遺伝的要因も無視できない。第2に対人関係や地域性を含む生育環境や生活環境や社会環境などの影響である。また一口に環境といっても、発達のどの時期どのような経験をしたかなど、さまざまなちがいによって発達の状態が変わる。第1・第2の要因が相互に関係して個人の発達の状況をつくりあげ、個人差を生んでいると思われる。

　運動発達の個人差の様子を表2-9からみてみると、運動発達の順序や方向は一定していると考えられる。しかし個々の運動をみると、できる時期は子どもによってちがうことがわかる。たとえば、「ねがえり」が4か月でできる子から8か月でできる子、「ひとりで歩く」が10か月でできる子から1

表2-9　運動発達の時期

月〜月未満	頭を直立安定	寝返り	座位完全	つかまり立ち	四つ這い	歩く2・3歩	両足跳び	飛び降り	交互に足を出す	ケンケン
3〜4	45.5%									
4〜5	85.9%	10.9%								
5〜6	98.1%	37.7%	5.7%	5.7%						
6〜7		83.6%	21.8%	29.1%	9.1%					
7〜8		85.9%	47.4%	42.3%	17.9%					
8〜9		95.0%	85.0%	72.5%	35.0%					
9〜10			93.0%	86.0%	60.5%					
10〜11				80.6%	8.3%					
11〜12				92.6%	22.2%					
1歳0〜3				94.9%	54.4%					
1歳3〜6					91.4%	2.9%				
1歳6〜9						18.0%	6.0%	6.0%		
1歳9〜12						56.5%	43.5%	28.3%		
2歳0〜3						76.7%	66.7%	35.0%		
2歳3〜6						96.5%	94.7%	63.2%	15.8%	
2歳6〜12								81.7%	63.4%	
3歳0〜6									92.2%	

(注) 新版K式発達検査より筆者作成。
(項目説明) 頭を直立安定：首がすわった状態。頭がぐらつかない／寝返り：上を向いて寝かせた状態から腹部を上にすることができる／座位完全：30分以上1人で座っていられる／つかまり立ち：身体を支持して側棚をもたせると立っていられる／四つ這い：手と膝で身体を支えて這える／歩く2・3歩：1人で2〜3歩前進できる／両足跳び：その場で、両足で跳び上がれる／飛び降り：階段の最下段（15〜20cm）から飛び降りることができる／交互に足を出す：交互に足を出し各段を片足で跳んで階段を登れる／ケンケン：ケンケンしてとにかく前進できる

歳5か月でできる子まで数か月の巾に分布する。これは、発達の時期には個人差があることを示すものである。その他の運動発達でも同じことがいえるが、影響する要因は多様である。

　運動発達には個人差があることは当然であるが、その個人差の実態と背景を理解したうえで発達の進み方をみてもらいたい。発達が早いといって喜ぶこともいらないし、遅いといって過度の心配をする必要はない。大切なのは、子ども自身がその子自身の環境といかにかかわり調節し適応していくかである。また、その子の発達が他の子どもとちがっていても、その子の自己表現としての個人差であるならば、それも発達上意味があるものとして、のびのびと育ててもらいたいことをつけ加えておく。

◉子どもの個性

　ハイハイせずにいきなりつかまり立ちをして歩きはじめる子どもがいるという話を聞くとき、せまい住居環境などが問題になる場合がある。ハイハイしている子どもを観察すると、腕と脚を調節させ協応させることにより移動が可能となり、ますます筋肉を鍛え身体のあらゆる部分を鍛錬させていることがわかる。ハイハイしない子は、この発達段階を経験せずにとび越しているとも考えられる。

　子どもをベビーベッドに入れたままにするなど、せまい環境しか与えないことでハイハイが獲得できないのであれば、それは子どもにとって損失である。這う経験によってさまざまな運動能力や知的能力を発達させることなしにつぎの段階に移ってしまった場合には、何らかの問題が残る可能性がある。しかし、這える環境や精神的支えがあるにもかかわらず這わない子どもの場合は、個性と考えてもよいのではないだろうか。動くことがことさら好きな子と、その場でじっくり遊ぶ子がいるのは厳然たる事実であり、子どもの個性としかいいようがない。

　同様の現象は、運動の発達のみならず精神発達にもいえることである。とくに幼児期の遊びの形態や子育て環境が時代とともに変化するなかで、本来の身体的および精神的な発達がふつうに進んでいるのかどうかを長期的な展望をもって見守りつつ、子どもの能力を可能なかぎり発揮できる環

境を充分与えているかどうかを検討したうえで、子どもの個性をみていかなくてはならない。

●現代の運動発達の問題点

近年、身体の状態や運動発達にたいして問題があると指摘されている（日本子どもを守る会編1990）。衛生面や食生活の向上により、健康的な養育環境が与えられ、体格は非常によい。しかし、子どもの生活はこの10年間でもずいぶん変化している。TV、ビデオ、パソコン、ゲーム類などの屋内遊びの増加や戸外の遊び場の減少など、遊び方の変化によって運動する機会を減らしている。身体の発達を促す機会の減少は、学童期の体力測定結果が悪い、基本的生活習慣の獲得ができていない、すぐ疲れる、脊柱傾湾症や骨折しやすいという子どもの増加と関係があると思われる。また、集団で遊ぶことが減ったことにより対人の関係性にも変化が現われている。

身体発達と実質的体力の低下は非常にアンバランスである。このことは身体の発達上の問題のみならず精神発達上にも影響を与えている。自立の遅れや自発性の欠如そして意欲の低下など、さまざまな精神活動の低下にも関係し、また、それが身体発達にも影響していくことは、たいへん問題である。

コラム　健やかな成長を願って——乳幼児健診

子どもたちが、母親や家族に手を引かれて、健康診査にやってくる。おそるおそる健診会場をのぞく子や、おもしろそうなオモチャに飛びついていく子、何だかいつもとちがう雰囲気に戸惑っている子どももいる。

1994年に「地域保健対策強化のための関係法律の整備に関する法律（地域保健法・母子保健法）」が改正され、1997年度より施行されたことにともなって、乳幼児健診などの母子保健事業は、1997年度から市町村に移管されることになった。それによって、それまで保健所（都道府県）で行なわれていた「妊産婦・乳幼児・3歳児健康診査」「妊産婦・新生児訪問指導」が市町村に移管された。市町村は基本的な母子保健を、保健所

表2-10 母子保健事業などの市町村への一元化

都道府県（保健所）	市町村（保健センター）
【技術的・広域的機能の強化】 ①市町村職員の研修・技術的援助 ②市町村相互間の連絡調整 ③地域の保健問題に関する調査・研究 ④小規模町村への人材確保支援計画の策定 【専門的母子保健サービス】 　ア．未熟児訪問指導 　イ．療育医療 　ウ．慢性疾患児への療育指導	【基本的母子保健サービス】 　ア．母子健康手帳の交付 　イ．健康診査 　　①妊産婦 　　②乳幼児 　　③1歳6か月児（法定化） 　　④3歳児 　ウ．訪問指導 　　①妊産婦 　　②新生児

（出典）厚生省1998。

はより専門的母子保健サービスを担うこととなった（表2-10）。

　乳幼児健診の目的は、「子どもの身体的、精神的、社会的発達を援助すること」と考えられる。では、「健診」とはどのようなことをするのだろうか。ある健診の風景を追ってみる。——受付をすませると、記入された問診票の内容について保健婦と話をする。保健婦は母親と話をしながら、日ごろの様子を聞く。つぎに身長や体重を測定する。1歳半健診では、服を脱がされるからか、こわがって泣いてしまう子どもがたくさんいる。母親や保健婦にあやされながら、何とか測定を終える。隣りは心理士による発達検査である。まだ涙を浮かべた子どももいるが、真っ赤な積木に興味をもったようで、ひとつ手渡されて、しっかりと握っている。絵カードやお絵かきなどをして、子どもの発達をみていく。つぎは、ドクターによる医学的診断である。おむつだけになって、母親といっしょに診察ブースへ入る。身体の形態・皮膚の様子・心音・腹部の様子・運動機能など、ていねいに先生が診てくれる。歯科検診もある。1歳半では、母親の歯の問診がある市町村もある。全部の検診を終えて、保健婦との相談では、1日の結果をもとに話をすすめる。

　子どもは1歳を過ぎたころから、自分で歩いたり言語を使いはじめるようになる。神経機能が、脊髄反射レベルから大脳皮質にまで発達し、「自立歩行」と「言語」を獲得することが可能になるのである。動物的存在であった乳児が人間としての存在に変わるcritical monthと考えられている。そういう意味において、この時期に行なわれる1歳6か月健診は重要な意

味をもつ。1歳6か月健診では、発達障害の一次スクリーニングの役割があり、発達障害を見逃すことをできるかぎり避けなければならない。そのため、より多くの視点から子どもをみていく必要がある。一方、この時期の子どもは、発達の個人差が非常に大きい時期でもある。そこにスクリーニングのむずかしさの一端があるのだが、ていねいにみて、場合によっては経過観察を行ない、子どもの発達を「その日・その場」だけでなく、日常生活での状態も含めてみていく姿勢をとっていく。

　3歳児健診になると、多くの子どもが順調に健診をすすめていくことができる。泣いて計測ができなかった1歳半のときにくらべると、ずいぶんとスムーズである。視線もあい、聞いたことに言葉で返事をしてくれるようになり、名前が言えたりもする。粗大運動・微細運動が可能になり、鉛筆で○が描けるようになったりしている。反面、恥ずかしがり、内気などの性格特性が現われたり、自己主張して「イヤ！」ということも出はじめる。母親や健診に来ている他児とのかかわり方なども、この時期の子どもをみる重要なポイントとなる。

　問診票はあくまでも「一般的な状況」についての「親からの情報」で、子どもの状態を正確に把握できるとは限らない。多面的に子どもを理解するため、自治体によって発達検査が導入されたりしている。細かなシステムは市町村によって異なるが、基本的なところは変わらない。大切なことは、機関として、子どもの健康を見守り、健やかな発達と子育てを支える援助であることだ。そして、養育者が気軽に頼れ、相談できることもまた、大切な機能のひとつといえるだろう。

③────認知・思考の発達

1　知覚と記憶の発達

　知覚とは、視覚・聴覚・味覚・嗅覚・触覚など、私たち人間が周りの世界をとらえ理解するときの窓口となる重要な機能である。ただこれらの機能は、

乳児期のはじめから大人と同じような能力を示しているわけではない。

新生児には、生得的な新生児反射とよばれる自発的運動が知られているが、外界を知覚する能力については非常に乏しいとされてきた。そして、これらの反射は徐々に消失し、生後5か月ごろには知覚情報相互の協応や知覚―運動の協応が可能になるという点で、新たな水準に達するといわれている。しかし、最近の発達心理学者による研究により、胎児期から新生児期・乳児期にかけても、さまざまな知覚能力をもっていることが明らかにされてきている。それによると、味覚や嗅覚は新生児でも敏感であり、痛みの感覚はやや遅れるけれども早期からはたらいている。聴覚は、胎児期においてすでによく発達しているといわれている。フィールドほかにより、新生児の段階ですでに音のする方向へ顔面をむけることが示されている（図2-11）（Field, J. et al. 1980）。また、適当な対象にたいする視覚的な定位は生後2〜3時間でも認められるようになる。

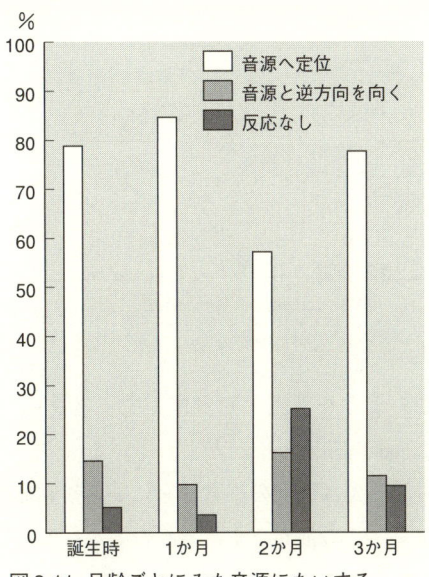

図2-11 月齢ごとにみた音源にたいする反応の割合
（出典）Field et al. 1980.

● 無様式知覚

メルツォフとボートンは、生後26日目から33日目の乳児に2種類のおしゃぶり（図2-12）のいずれか一方のみを、部屋の明かりを消してそれが見えない状態で与えてしゃぶる経験をさせた（Meltzoff, A. N. and R. B. Borton 1979）。その後、おしゃぶりが見える条件下でその2つを同時に提示したときの、乳児のそれぞれへの凝視時間が比較された。すると、しゃぶる経験をもったおしゃぶりのほうを、有意に長く見つめることがわかった（表2-11）。つまり、

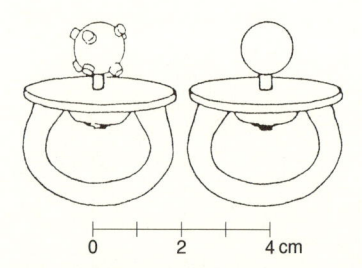

図2-12 実験に用いられたおしゃぶり
（出典）Melzoff and Borton 1979.

乳児は、触覚的な体験内容を、視覚的には経験していないにもかかわらず、視覚的な体験内容に結びつけていると理解できる。

このことは、乳児は、ただ個別の感覚様相における知覚体験にとどまらず、異なる感覚様相の間の体験を組み合わせて知覚する能力をも生得的にもっていることを示していると考えられる。

このような乳児の知覚能力を、スターン（Stern, D. N.）は、「無様式知覚（amodal perception）」とよんでいる（スターン1989）。そしてこのような知見から、乳児は個別の感覚器官による知覚体験をばらばらに経験しているのではなく、この世界をまとまりのあるものとして体験しているとしている。

◉ 形の知覚

ファンツは、生後2～3か月の乳児と3か月過ぎの乳児に6種類のパターンでできた刺激図版を提示し、それぞれを凝視する時間を測定した（Fantz, R. L. 1961）。その結果、いずれの時期においても人間の顔に似たパターンをもった図版をもっとも長く見ることがわかった（図2-13）。この特定のパターンを他よりも好んで見る傾向が早期からそなわっていることで、日常場面では、身近にいることの多い母親の顔をより多く注視することとなる。このような傾向が、その後の母親との間におけるアタッチメント（愛着）の形成を進行させる大切な要因のひとつとなる（71ページ参照）。

表2-11 視覚的に示された2つのおしゃぶりにたいする乳児の注視時間の比較

	人数	あらかじめ触覚的経験のあるおしゃぶりをより注視した数	あらかじめ触覚的経験をもっていないおしゃぶりをより注視した数	P (binomial test)
実験1	32	24	8	0.01
実験2	32	22	10	0.05

（出典）Melzoff and Borton 1979.

そして、幼児期になると、たとえば写真によってでも人の顔を見分けることができるようになる。これは、個々の人の顔から、より抽象的な次元での視覚的情報を抽出してそれぞれのイメージを形成し、写真のなかの人物の顔の視覚的情報と実際の人物の顔のそれとを照合することができることによる。

● **上下左右の知覚**

5〜6歳の幼児では、文字を左右逆転して書く「鏡映文字」がみられる（図2-14）。田中（1976）は、この時期の幼児は、神経生理的な未発達さのために、対象の視覚的走査が上下方向に限定されがちで、左右を自由に走査することがまだできず、そのために、左右反転したものを同じ文字としてとらえてしまうことになるとしている。

また、自分の身体を基準にしたとき、ふたつの対象のどちらが上か下かがわかるようになるのは、2歳半ごろからであるといわれる。これにたいして自分自身の左右がわかるようになるのは4歳前後であるが、この年齢では、まだ向かいあった相手にとっての左右を理解することは困難である。つまり、たとえば自分の右側が、相手にとっても右側だと思ってしまうのである。

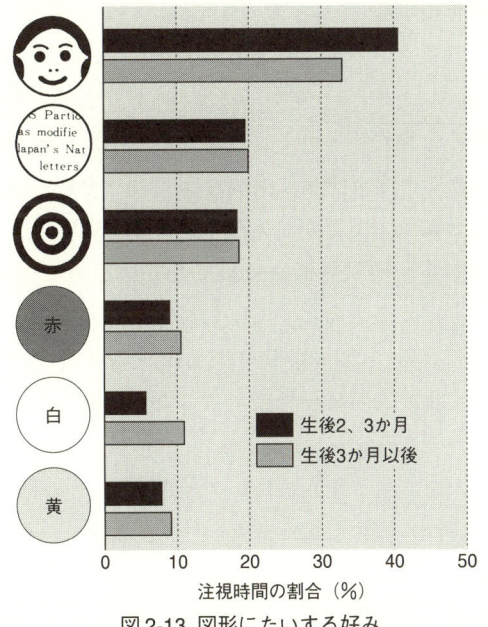

図2-13 図形にたいする好み
（出典）Fantz 1961.

> たぬきつねの
> ばけっこくらべ

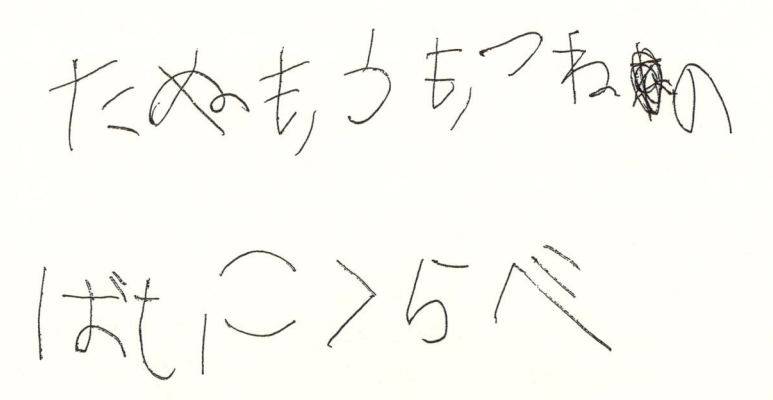

図2-14　6歳児の書いた鏡映文字を含む文章
(解説)「たぬき　と　きつねの　ばけっこくらべ」と書いている。

● 記憶の基礎と発達

　生後4～5か月までの乳児は、いままで目の前にあった哺乳ビンが急に隠されてもさがそうとすることがなく、哺乳ビン自体への関心を失ってしまう。しかし、6～7か月ごろから後になると、哺乳ビンを何とかさがそうとする行動がみられるようになる。また、乳児の前にトンネルを置き、そのなかを一定の方向にミニチュアカーを走らせる。すると、車がトンネルのなかに入って姿が見えなくなると、驚いたように入り口のほうを見ていて、トンネルの反対側から出てきてはじめてそちらに注意を向ける。その後、入り口から入るとすぐに反対側に目をやり、出てくることを予期できるようになる。これは、車の姿が見えなくなっても、子どもの心のなかに、車の記憶がある程度保持できるようになっているから可能となると考えることができる。

　ただ、生後9か月ごろの子どもに、その目の前で、2枚のハンカチの一方（場所A）におもちゃを隠し、つぎに見ている前でもう一方のハンカチ（場所B）に移して隠してみせる。すると、子どもは、場所Aから場所Bに移されるのを注意深く見ていたにもかかわらず、場所Bをさがさず場所Aをさがしてしまう。この現象はA$\bar{\text{B}}$エラーとよばれているが、この誤りは、子どもの

年齢が低いほど、物が移されてからさがすまでの時間が短くても生じてしまうことがわかっている（Diamond 1985）。つまり、ただ、物がそこにあるということの記憶だけでなく、そのものが隠されている場所を、物と関係づけて記憶する力は、1歳前後になって伸びてくるのである。

2　言語の発達

◉ 産　声

それまで約10か月間子宮で過ごしてきた胎児が子宮外生活に適応するための第一歩として、肺呼吸がある。胎児の肺は肺胞がつくりだす液体で満たされていたが、産道を通るときに胸が圧迫され、この液体の一部が胎児の鼻や口から圧出される。そして胸が産道から出るとその圧出がとれ逆に空気が少し鼻から入る。さらに全身が出ると数秒のうちに大きく息を吸い込んで「オギャー」と声を出すわけである。これが産声である。

この最初の息を吸い込むときは、ふつうの呼吸の数倍の力がいるといわれており、これがうまくできないと酸素をとりいれたり炭酸ガスを排出できなくなり、心臓は弱り、脳には重大な影響を与えることになりかねない。一生を左右するといっても過言ではない一大事、すなわち最初の肺呼吸を、おおかたの赤ちゃんは難なくやってのけるのであるから、じつに見事なことである。

◉ クーイング

その後、新生児は呼吸に合わせた発声、つまり泣き声をあげる。この泣き声は、しだいに不快や空腹などの生理的欲求を示すようになるが、それ以外に生後1か月半〜2か月の段階になると「エー」とか「ウー」といった柔らかな声を出しはじめる。よく眠り、空腹も満たされ、おしめもぬれていない快適な状態で目覚めているときに、ひんぱんに発せられる音声である。これをクーイング（cooing）という。

このクーイングを発する赤ちゃんに対して、母親はかなりの頻度で話しかけをする。しかし、赤ちゃんはそう諾々とは応答してくれないが、一見一方的にみられる母親からの話しかけを繰り返すことによって、いかにも

会話をしているかのようなやりとりが聞かれるようになるのである。これをプレジャーサイン（pleasure sign）とよんでおり、このときの母親の話しかけを正高（1992）はマザリーズ（motherese　母親語と訳される場合もある。mother + eseの造語）とよんでいる。この赤ちゃんのプレジャーサインを生起させるマザリーズを音響分析してみると、不思議と、どの母親も終わりを上昇する調子で話しかけをしている。そして、その調子を模倣するかのように、赤ちゃんもプレジャーサインを発しているのである。

◉ 喃　語

　生後6か月ぐらいになると、口の開閉、声帯の振動の変化、舌の動きなどの組み合わせにより「パー」「マー」「ババババ」などの発声が聞かれるようになる。これを喃語といい、相手をしてくれる大人の音声をさかんに反復模倣するようになる。しかし9か月ごろからその反復喃語は減少し、「アプアプ」「アバアバ」「ニャンニャン」などの音節を組み合わせた音声を発するようになってくる。また、音声だけでなく、さまざまな簡単な動作の模倣がみられるようになる。

◉ 初　語

　これまでに発してきた音声は、地域や文化、言語のちがいを越えた人類全体に普遍的だったものが、生後10〜12か月くらいになると、日本語文化にもとづく、限定された場面で使われるようになる。たとえば「ニャンニャン」を四つ足の動物（犬、猫、キリン、ライオンなどの実物やぬいぐるみなど）に使うようになり、日本語としてはじめて意味のある言葉、初語が出現する。ただ、明確に限定された場面にのみ使用するのではなく、お気に入りの「白い毛製のスピッツのオモチャ」に「ニャンニャン」と言っていたかと思えば、白い毛布や白い毛のついた靴下などにも「ニャンニャン」と言い、子どもの意味づけにしたがって語が広い範囲で使用される。

　12〜18か月ごろになると、例にあげた子どもは、猫には「ナーン」、犬には「ナンナン」、牛には「モー」など個々の動物にたいして特定の語が用いられるようになり、「ニャンニャン」の使用は毛を素材とするものに限定されるようになる。子どもは外界の事物にたいする理解が進み、それぞれに

語があることを理解しはじめていくのである。

◉ 一語文

　最初の誕生日前後に初語が獲得されるが、それから半年間は2〜3語ぐらいで、それほどいちじるしく語彙は増加しない。しかし、たった一語の内容はさまざまな意味を含んでいる。たとえば「マンマ」という言葉では、「ご飯食べたい」「お菓子があったよ」「ジュースが飲みたい」などのようにさまざまな内容を表わしコミュニケーションをとろうとしている。

　ひとつの言葉でありながら文章のような意味が含まれていることから、一語文とよんでいる。たしかに、意味上からは文の機能をもっているが、文法上、ふたつ以上の語が結合したものではないので文とはよべないという理由で、一語発話とよぶ場合もある。

◉ 語彙の形成

　1歳6か月ごろから語彙は急速に増加し、5〜6歳ごろには日常生活に困らない程度にまで語を獲得する。2歳で100〜300語、3歳で900〜1000語、4歳で1500語、5歳で2000〜2500語くらいになるといわれている。しかし、獲得語彙数は、個人差が大きく、語の数え方が研究者間で一致しておらず、さらには語によって以前使用していたものが使用されなくなるなどの問題点があり、どの程度の語彙数を子どもがもっているのかを確定することはむずかしい。

◉ 文法の発達

　言語を獲得していくスタイルは、ネルソンによって、ふたつのタイプがあることが指摘されている（Nelson, K. 1973）。ひとつは対象指示群と名づけられ、「ブーブー」「ワンワン」といった一般名詞を多く占める子どもである。これにたいして、もう一方は表出群と名づけられており、「バイバイ」「ハイ」といったあいさつ語などの社会的慣用語の占める割合が高い子どもだと報告されている。また、ネルソンは、子どもは、獲得している語彙が10語に達したころ、「ワンワン　イタ」「ブーブ　キタ」などの二語発話が出現するとしている。

　二語発話期に入っても、子どもが使用している動詞は時制の一致がなく、

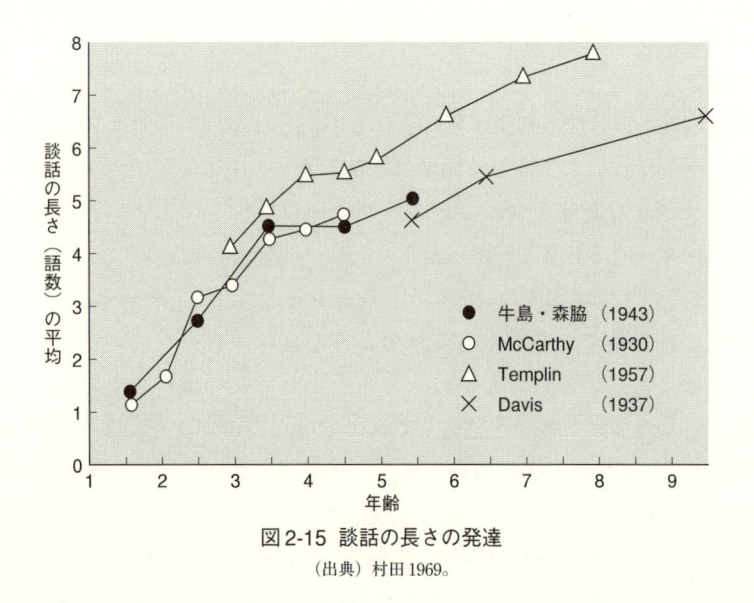

図2-15 談話の長さの発達
（出典）村田1969。

ある動詞は過去形で使用し、また別の動詞は現在形で用いるといった具合である。しかし、助詞のなかでも、語の最後につけて、話し手と聞き手の間に一定の心理・感情を共有・伝達する終助詞の獲得は比較的早い。「食べようね」の「ね」や、「行こうよ」の「よ」、「痛いの」の「の」などがある。さらに、「僕のもの」を意味する「僕の」の所有格の助詞や、「ママはどこ？」を意味する「ママは？」の係助詞などの多岐にわたる文法項目をこの時期に獲得していく（図2-15）。

● **構音の発達**

話しことばの音声を正しく作り出すことを構音（調音）という。すべての音が正しく構音できるようになる時期は5〜6歳ごろといわれているが、図2-16が示すように、比較的早い時期に正しく構音できる音と、ある程度の年齢にならないとできない音がある。幼児期の後半に獲得される音/s/、/ʃ/（サ行音）、/dz/（ザ行音）、/ts/（「ツ」）、/r/（ラ行音）は、構音障害のなかで多く認められる子音といえる。

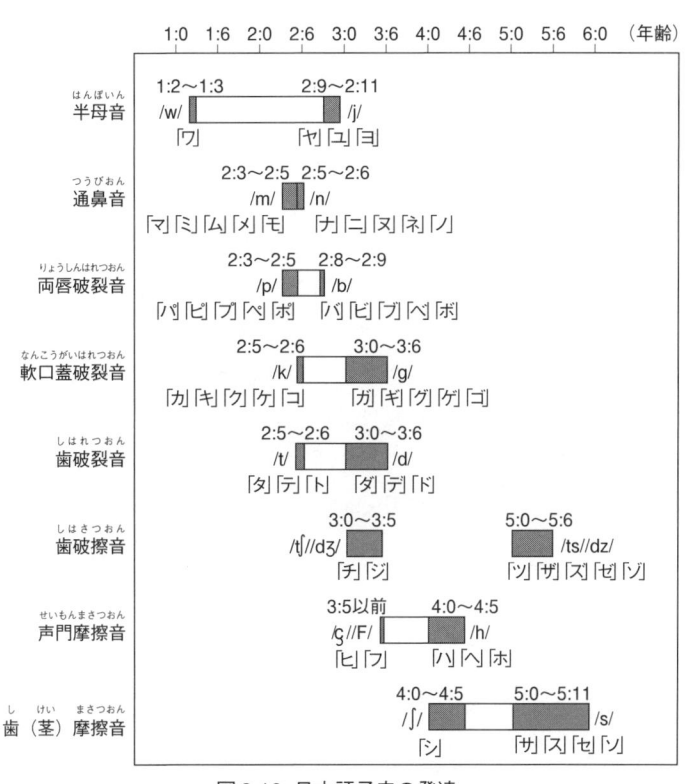

図2-16 日本語子音の発達

(注) 1) ■は単語のなかに含まれる当該の子音を75％以上正しく発音することができるようになる年齢。
2) 中島ほか（1962、1969）の資料より筆者作成。

3 思考の発達

●試行錯誤から洞察へ

　児童心理学者のピアジェ（Piaget, J.）は、誕生から生後1歳半ないし2歳ごろまでを「感覚—運動的操作期」とよび、6つの下位段階に分ける（ピアジェ 1936）。この時期の子どもと周囲の世界とのかかわり方は、感覚レベルでの外界刺激の把握と運動活動によるまわりへのはたらきかけとが、しだい

に協調し多元的になっていく過程である。

なお、ここでの月齢の区分はおおまかな目安であり、実際には個人差が大きい。

①第1段階——原始的反射の段階（誕生～生後1か月ごろ）

新生児にみられる反応として、新生児反射（原始反射）がよく知られている。これは、生まれついてそなわっている本能的行動であり、特定の刺激にたいして特定の反応パターンが自動的に生じるものである。

②第2段階——学習された行動の出現（1～4か月ごろ）

原始反射は、徐々に新たに獲得された行動に統合され消失していく。たとえば、最初は偶然口に触れただけであった指や手の甲を、しだいに繰り返し吸う行動を示すようになり、指や手の甲と吸うという行動との間に新しい結びつきができる（第1次循環反応）。

③第3段階——興味のある光景を繰り返そうとする行動の出現（4～8か月ごろ）

自分の運動の結果生じた外界の変化を持続させようとするようになる。たとえば、ガラガラを見つけると手を伸ばしてつかみ振ることを繰り返せるようになる。つまり、自分の行為と外界の変化との間に関係づけが可能になってきているのである（第2次循環反応）。

④第4段階——別々の行動の協応と新しい事態への適応（8～12か月ごろ）

たとえば、おもちゃの上にかぶせて隠してあるハンカチを手

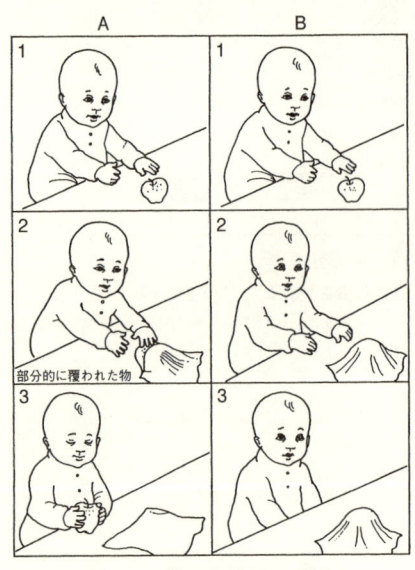

図2-17 物の永続性の理解

(出典) バウアー 1974。
(解説) 第3段階では、部分的に覆われた物はとることができる（A）が、完全に隠された物はとれない（B）。第4段階になると、Bの場合もとることができるようになる。

で取り除いてから、隠れていたおもちゃを手に入れることができるようになる。いいかえれば、目標と手段が分化してきたことを示し、物は目の前から見えなくなっても、まだそこにあるということの理解（物の永続性の理解）が可能になってきたことを意味する（図2-17）。

⑤第5段階——試行錯誤による新しい手段の発見（1歳～1歳6か月ごろ）

これまでの自分のやり方だけでなく、新しいやり方（手段）を見つけ出そうとして試行錯誤する。たとえば、手にした物を落とすことに関心を向けると、つぎつぎと別の物を落としてみたり投げてみたりする。

⑥第6段階——心的結合による新しい手段の発明（1歳6か月～2歳ごろ）

実際に行動のうえでいろいろ試さずに、心のなかのイメージをたよりに新しいやり方を思いつくことが可能となる。たとえば、手のとどかないところに置いてあるおもちゃを取るために、じっと周囲を見回し、適当な台を見つけてもってきてその上にあがり、おもちゃを手に入れることができるようになる。いわゆる洞察とよばれる能力がみられるようになるわけである。

● **幼児期の認知・思考の特徴**

幼児のものごとの理解のしかたには、限界や特徴的な偏りが観察できる。ピアジェは、この時期をその認知・思考の特徴から「前操作的思考の段階」とよんでいる。たとえば、テーブルもコップも、星も太陽も、みんな自分と同じように生きているととらえることがある。そのためテーブルにぶつかると自分と同じようにテーブルも痛がっていると思ったり、太陽が暖かいのは楽しいからだと考えたりする。このような理解のしかたを「アニミズム的思考」という。

また、アニミズム的思考と類似したものに「相貌的知覚」がある。幼児は、自分のまわりにある物を見るとき、すべての物に顔があり、いろいろな表情をもっているように認知することがある。たとえば、青空に浮かんだ雲を見て、笑っている顔だとか怒っている顔だと言ったり、自動車の正面を見て、自動車が笑っているなどと言ったりする。

● 因果推論の発達

　幼児でも、物理的できごとにはかならず原因がある（決定論）とか、原因は結果より時間的に先行するか同時に起きる（優先論）、あるいは原因は何らかの力が伝達したことによってもたらされる（機械論）といった原理を認識していることが知られてきている（湯沢1997）。そして、4歳の子どもでも、人為不介入の原理にもとづく説明をすることが観察されている。人為不介入の原理とは、生物や自然物などの特性が形成されることに人間は何らの役割も果たしていないという原則である。

　ゲルマンとクレマーによると、子どもに、太陽などのスケールの大きい自然物や犬などの身近な自然物、カップなどの人工物を人間が作ったのかどうか尋ねたとき、4歳児でもカップなどの人工物は人間が作り、太陽や犬などの自然物は人間が作ったのではないと答えたという（Gelman, S. A. and K. E. Kremer, 1991）。ただし、4歳児は年長児にくらべ、犬などの身近な自然物より、太陽などのスケールの大きい自然物に関して人間の関与を否定する傾向が強かった。しかしながら、学童期の子どもにくらべると、幼児ではものごとの起源を、人間が作り出し操作しているのだとする「人工論」によって説明する傾向がある。

● 自己中心性

　「三つの山問題」を用意し、その一方の側に幼児を置いて、その位置から山がどのように見えるかを描かせたのち、もし反対側にまわればどのように見えるかを想像させてみる（Piaget and Inhelder 1948）。すると幼児では、反対側にまわっても、自分が実際に正面から見たのと同じように見えると回答する（図2-18）。幼児の段階では、自分が見た主観的な見え方に対象を同化してしまっているために、自己の視点と自己以外の視点に気づき、互いに変換し協応させることができないのである（杉村1997）。

● 描画能力の発達

　幼児の描画は、はじめ画面を引っかいたり叩くようにするだけである。しかし、しだいに「なぐりがき」とよばれるように、まとまりのある形にはならないが、描くこと自体を喜んでいる様子が認められるようになる。

図2-18 「三つの山」問題

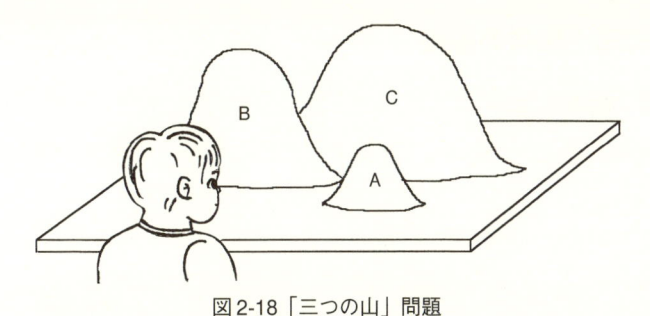

(注) Piaget and Inhelder (1948) にもとづき、筆者が修正を加えたもの。
(解説) 手前にいる幼児には山Aが見えるが、反対側にまわったときにも山A
は見えると答えてしまう。

　さらに、グルグルと円を何重にも描くような「円錯画」の段階になり、その後、円の始点と終点をつなごうとする意図の認められる描画の段階となる。これは、子どもが物の形や輪郭に気づきはじめることと関連している（佐々木1983）。
　人の顔における目や鼻・口を描けるようになるのは、2歳以降といわれている。また、胴体によって頭と脚をつなぎ構成することができるようになるまでの3〜4歳ごろの時期には、顔と足が直接つながった人物画が見られ、このような人物画を「頭足画（頭足人）」とよんでいる。その後、身体の各部分を分化してとらえたうえで身体全体のイメージを再構成する能力が発達してくる（図2-19）。

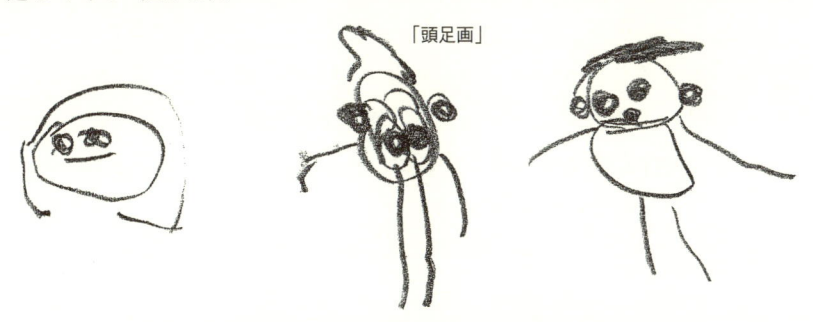

図2-19 同じ幼児における人物画の発達
(解説) 左より3歳、3歳終わりごろ、4歳半すぎのときのもの。

4 認知・思考の障害

◉ 自閉症（自閉性障害）

　自閉症は、カナー（Kanner, L.）によって1943年に「早期幼児自閉症（early infantile autism）」として報告されたのが最初であり、「小児自閉症（childhood autism）」あるいは「自閉性障害（autistic disorder）」とよばれることもある。その主要な症状は、①社会的な相互作用における障害（視線が合わない、仲間関係をもとうとしないなど）、②意志伝達の質的な障害（話しことばの遅れや欠如、常同的で反復的な言語の使用、ごっこ遊びや模倣遊びの欠如など）、③行動や興味の限局ないし、反復的で常同的な行動様式（常同的で反復的な奇妙な動作、対象の一部への持続的な興味など）からなり、3歳以前からこのような症状が認められる。

　この障害の発症原因について当初は、乳児期の母子関係における相互作用の障害が原因であるとされてきた。つまり、母親の乳児にたいする応答的態度が非常に乏しいために、情緒的結びつきが成立しない結果として生じると説明された。しかし、その後1960年代後半になり、一次的な原因としての母子関係の障害は否定され、脳の何らかの機能的な障害を原因として想定する研究者が多くなってきている。ただし、明確な原因を特定できるところまでにはいたっておらず、おそらく、単一の原因によるのではなく複合的なものであろうと考えられている。

　自閉症児の症状は、特定対象への愛着が確立し有意味語が増えてくる時期に気づかれることが多い。はじめは、視線が合わない、話しかけても「オーム返し」の言葉になってしまう、他の子の遊びに関心がむかない、特定の行動・動作を繰り返し続けるなどといったことから、親に連れられ児童相談所などに来所する場合がある。

【3歳の男児の事例】
　　ことばの遅れを主訴に来所。二語文レベルの発語は聞かれるようになっているのだが、親のほうから話しかけても返事をせず、自分の好きな限られた種類のおもちゃに夢中になっている。同年齢の子どもたちと公園などでいっしょになってもほとんど関

心なく、いつもひとりで公園のすみに行き、排水溝に砂を落とし続けることに熱中している。また高い所を好み、ジャングルジムの頂上で両手を離して立ち上がり、ひとりで手を打ち合わせていたりする。

屋内遊びでは、積み木を一列にきっちり並べ続けることにこだわったり、ミニカーの車輪を目の前でクルクル回してじっと見続けるといったことを繰り返す。まわりの者が本児の関心の幅を広げようと積み木の並べ方を変えると、ひどいカンシャクを起こしパニック状態に陥り、自分の手のひらをかんだり頭を床に打ちつけたりなどの自傷行為を示す。

日常の生活習慣の面では、偏食がとてもきつく、ほとんどの野菜類を嫌い、母親が本児の好きなハンバーグに細かく刻んで混ぜても敏感に気づいてしまう。衣服の着替えは一応自分ですが、好きな服が決まっており、それ以外のものは絶対着ようとしない。

母親による本児の乳児期に関する回想では、おとなしい赤ちゃんで、寝かせておくといつまでもひとりで静かにしていたことや、抱っこしたとき自分から抱きついてくるという感じがなかったという印象が思い起こされた。

本児は、心理学的アセスメントおよび児童精神科医による診察の結果、自閉症と診断された。そして、相談所の紹介で、発達障害の子どもたちの療育施設へ定期的に通うことになった。そこでは、集団遊びを行なうなかで、他児や大人とのかかわり体験を促し広げることを目標にしたはたらきかけが行なわれた。それとともに、両親に自閉症児の行動特徴をよく理解してもらうこと、そして、日常生活のなかで自閉症の子どもをどのように受けとめていけばよいのか、あるいは、基本的な生活習慣をひとつひとつ獲得していくためのはたらきかけ方はどのようにすればよいかなどについて、具体的な助言が継続的に行なわれた。

(付記) ここで紹介した事例は、個人のプライバシー保護のため、筆者がこれまでかかわってきた複数の事例にもとづきながら、新たに再構成したものである。

コラム 相手の心に「気づく」こと

——少し想像してみよう。

あなたは、喫茶店で友達と向かい合わせに座ってお茶を飲んでいる。昨日のドラマの話、さっき買った鞄の話……、つきることはない。すると、彼女の後ろから良子さんがやってきた。よく様子を見てみると、人差し指

をたてて唇に当て、足音をさせないようにそっと近づいている。「驚かそうとしているのかな？」そう思ったあなたは、良子さんには気づかないふりをして、話を続けた。良子さんは「わっ！」と後ろから声をかけて驚かした。成功したかどうか？……それはみなさんの想像におまかせしよう。

相手の感情や考えなどを推測したり、予測したりする。この場合だと、良子さんの様子から「驚かそうとしているのかな？」と予測することだが、私たちが何気なくしている「他者の心を理解する能力」は、いつごろから身につくのだろうか。

「心の理論」の研究の出発点は、霊長類の「あざむき行動」の観察から端を発している。チンパンジーなどが、他の仲間の心の状態を推測しているかのような行動をとるという事実に注目して、このような行動を「心の理論」という考え方で解釈することを提唱したといわれている（子安 1997）。

図 2-20 サリーとアン課題
(出典) ハッペ 1997
(注) Axel Scheffler 画。

「心の理論」の代表的な実験に「アンとサリー課題」がある。実験者が子どもにアン人形とサリー人形を使って話を展開する。図 2-20 の左側がサリーだ。「最初、アンとサリーはいっしょにいました。サリーはバスケットを持っていて、アンは箱を持っています。サリーは自分のビー玉をバスケットのなかにしまって外に遊びにいきました。サリーが出ていってから、アンはそのビー玉をバスケットから自分の箱に移してしまいます。アンが立ち去ったあと、サリーがもどってきました」という話で、「サリーはビー玉を

取り出そうとして、どこをさがすでしょうか？」といった質問をする。サリーはアンがビー玉を移したことを知らないので、「バスケットをさがす」というのが正解である。誤った信念を理解できるかどうかをみるこの実験で、3歳までの子どもたちはこの課題にたいしてほとんど正解することができない。話を聞いて、アンが動かしたことを知っているので、ほんとうに入っている「箱」を答えてしまう。4〜6歳の間で正しく答えることができるようになる。

　さて、この「心の理論」だが、実際の子どもについて考えてみよう。さきに紹介した実験では、4〜5歳ごろに「心の理論」を獲得するといわれている。つまり、相手の感情や意志を考えたり、想像したりする能力がそなわってくるのは、そのころからと考えられるだろう。また逆に、そのころまでは、まだ相手の感情を理解するのはむずかしいともいえるだろう。3歳までの子どもを注意するとき、「そんなことしたら、太郎君はどう思うの!?」という表現では、子どもの心に届きにくいということにもなる。直接的な表現で「○○してはダメだよ」と、行為そのものについて注意するほうが効果的といえるだろう。

　私たち「大人」があたりまえのように考えたり思ったりしていることが、けっしてあたりまえではないということが、いろいろあるようだ。それぞれの子どもの発達にあった言葉かけやはたらきかけが必要であるということを、私たちは忘れてはならない。

【心の理論の研究について】
　「アンとサリーの課題」を紹介したが、ほかにも数多くの「心の理論」の研究がなされている。興味のある人はぜひご一読を……。
参考文献
　丸野俊一・子安増生（編）『子どもが「こころ」に気づくとき』ミネルヴァ書房
　秦野悦子・やまだようこ（編）『コミュニケーションという謎』ミネルヴァ書房
　フランシス・ハッペ著『自閉症の心の世界』石坂好樹ほか共訳、星和書店、ほか。

4 ── 人格の発達

1 母子関係の成り立ちと社会化

● 初期母子関係の重要性

　生後ほぼ1年ごろまでの時期における乳児にとって重要な人、母親との相互交流の様子が、のちの社会的・情動的発達、人格の発達に大きな影響をもつことが近年明らかにされてきた。乳児は、泣き声をあげ、乳房を吸い、ほほえみ、そして母親の顔をじっと見つめ喃語を発しながら愛着の対象として母親を求めていく。

　これにたいして、母親は乳児を抱き、顔を見つめ授乳し、ほほえみや語りかけ──マザーリング（mothering）──に専念する。つまり「母性的没頭（maternal preoccupation）」（小此木1982：6）の心境で世話をする。このような相互交流をとおして、母子間に一体感ともいえる強い心のきずなが形成される。

　子どもは、社会の一員として成長・発達する過程で、健全なパーソナリティにとって必要な3つの資質を発達させる。それは、①愛する能力──他人との間に親密な関係を形成する能力──、②セルフ・エスティーム（自尊心）──自己にたいして抱く肯定的感情、自己の能力への自信から起きる──、③アイデンティティの感覚（自己同一性）──自己の能力・限界・目標・向上心などを認識すること──である（ハーベイ1977）。

　とくに、愛する能力は、他のふたつの資質が発達するうえでの基盤となるもので、乳幼児期を中心に形成される。子どものなかに愛する能力が育つためには、母親側からの母性的没頭に代表される豊かな愛情ある養育と出会うことが大切である。こうした母子関係をとおして、乳児は、自分の生きる世界は温かい保護に包まれた安全な場所であることを学ぶ。これを土台に、他の人への愛情、信頼感が芽生え、親密な人間関係をもちうる能力が形成されていく。

このことについて、エリクソンは、乳児期の母と子の相互関係のあり方に「信頼の発祥地」があるとして、「母親が赤ん坊の身体や心の要求と必要にこたえた場合、赤ん坊は母親を信頼し、自分自身を信頼し、世界を信頼するようになる」とのべている（メイヤー1978：52）。母親からほんとうに愛されているとの良い体験をとおして、乳児は自我の発達の基礎ともいえる基本的信頼感（sense of trust）を獲得する。

　これにたいして、母親から愛されていないとの悪い体験、身体的・心理的にも不愉快な経験が多く、安心できない環境のなかで育つ乳児には、基本的不信感がつのってくる。その結果、将来出会うであろう種々の状況にたいして恐怖に満ちた不安を引き起こし、他の人との親密な信頼関係を形成することができないという。

　　なお、「母親」の概念は、直接的な母親に限定するものではなく、養育上子どもにとっての「重要な人物」あるいは「おもな養育者」という広い意味で使用する。

●母と子のつながり

　乳児は、特定の愛着の対象としての母親とどのようなしくみで心のつながりを結んでいくのであろうか。最近、乳児期における母子関係をめぐって多くの綿密な研究が行なわれ、その成り立ちのしくみが明らかにされてきている。

　今世紀中ごろまでの有力な説明理論は、二次的動因説（secondary drive theory）であった。乳児と母親との心のつながりができていくのは、乳児が空腹のとき母親が授乳することであるとされ、乳児の生理的動因（空腹、渇き、冷たさ、痛み）の充足こそが基本的（一次的）な条件となるとの理論である。年間数千回にもおよぶ母親の養育行動（feeding）により、乳児は、生理的動因の充足という快い体験を重ねる。この体験と「母親のそばにいること」の快さが（二次的に）強く結びついて、好ましい母親像を学習し、すべての満足を与えてくれるものとしての母親に特別な感情・愛着を抱くようになる。そのしくみ（学習モデル）を図示すると、図2-21のようになる。

　この考え方では、乳児は無力、未熟さゆえに全面的に母親に依存するも

```
         緊張解消
      (一次的生理的満足)
  ┌─────────────────────┐
  ↓                     │
┌────┐  ┌────┐  ┌──────────┐
│母親│→│授乳│→│乳児（空腹）│
└────┘  └────┘  └──────────┘
  ↑                     │
  └─────────────────────┘
         よい母親像
     (二次的に母との結びつき)
```

図2-21 二次的動因説

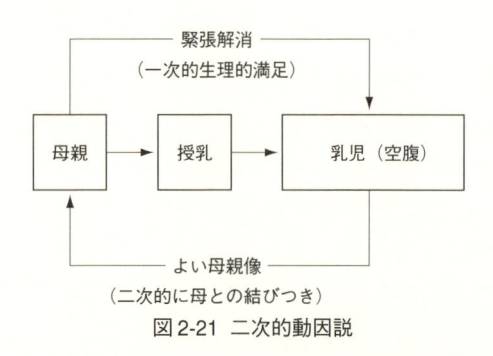

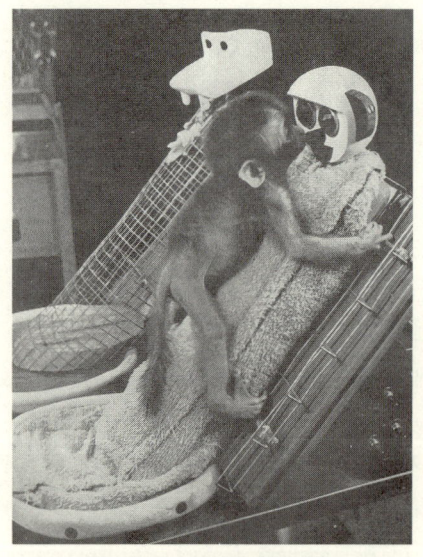

図2-22 ハーロウの実験 (1)
(出典) Harlow 1959：175.
(解説) 2種類の母親ザルの模型（針金製母親、布製母親）。胴体が布製か針金製かという接触の快・不快の点を除いて、他の条件――授乳機能、輻射熱での保温など――はほとんど等質。両母親模型をセットした部屋に、生まれたての子ザルを入れ、一定期間子ザルの哺乳行動や模型母との接触行動を観察した。

のとして、母子を保護—依存関係（依存性 dependency）でとらえ、乳児はつねに受動的な存在として位置づけられている。

ハーロウらは、人間の乳児に類似するアカゲザルの乳児を対象にした母性機能をさぐる一連の実験的研究から、乳児が母親と結びつく条件として「接触の満足(contact comfort)」が授乳（feeding）に増してより重要である事実を観察している（図2-22、図2-23、図2-24）。ハーロウらは、母性行動に期待される機能としての第1は、乳児に接触の満足（温かさ、柔らかい感触などの身体的接触、揺り動かすこと）を与えることであり、第2に、安全性（やすらぎ、不安制止機能、探索行動の基地、自立行動への支え）としての役割があることを確かめた（Harlow, H. F. 1967）。これは、成熟が早く、背中に乗せて子を育てる習性など種特有の生物社会的条件をもつサルから見出された結果だが、人間の子どもの情動発達にとっても

Ⅱ 乳幼児期の発達　69

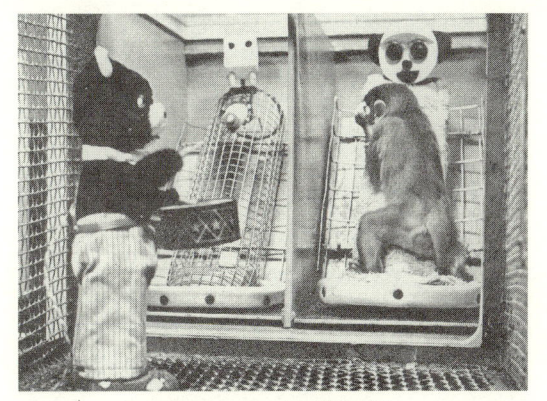

図2-23　ハーロウの実験（2）

（出典）Harlow 1959：177.
（解説）鼓をたたく熊の模型（恐怖刺激）を部屋に近づけた。一目散に布製母のほうへ走り寄り、母親のからだにしがみつき、顔をうずめ、しばらくして外敵への探索行動を起こした。

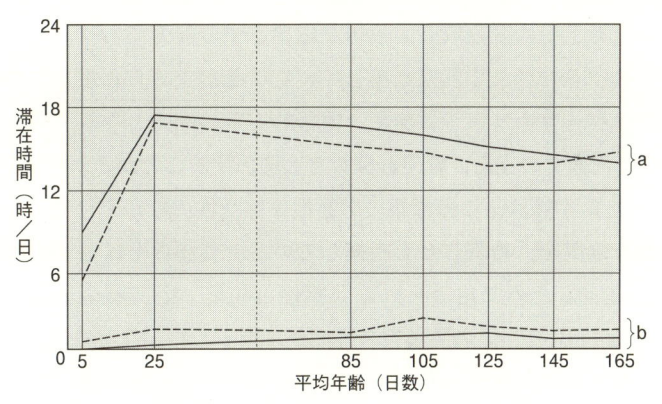

図2-24　2種の模型母への滞在時間（時）

（出典）Harlow 1959：176.
（注）曲線a部は布製母と、b部は針金母と過ごした時間を示す。布製母から哺乳する場合（実線）、針金母からの哺乳（破線）にかかわらず、布製母との接触時間がはるかに長い。
（解説）乳を与えてくれる母親とは無関係に温かい接触感がえられる布製の母が好まれ、布製母にしがみついて過ごす時間が多く、日数の経過とともに布製母との接触時間は、針金母にくらべはるかに長い。子ザルは布製母への強い愛着を形成し、いったん形成された布製母へのよいイメージは消去されないこともわかった。

欠かせない母性機能であろう。最近では、こうした母性機能が乳児のさまざまな行動、たとえば、笑う、喃語を発する、母親の顔をじっと見つめる、抱きつくなどの行動を呼び起こすための有効な刺激となることも確かめられてきている。

　最近の母子関係理論をもとに母性の役割をあげると、つぎのようになる（小嶋1969）。①乳児の生理的欲求の解消——空腹、かわき、冷たさ、痛みなど生理的な不快をとりのぞいてくれるシグナルのはたらきをもつ、②乳児にとってもっとも魅力的で新奇な知覚刺激——顔、声など変化に富む視聴覚刺激、温かで、やわらかい皮膚の感触、におい、抱きの力強い感覚など多彩な知覚刺激を与える、③乳児の行動にたいするタイミングのよい応答性——乳児が発する微笑、泣き、機嫌のよい声にたいし適切に応えてやることをとおして、乳児は生来的にもっている行動型を人との交渉に効果的に活用することを学んでいく。

　ここで大切なことは、母親のもつ感受性（sensitivity）である。乳児が出す信号や要求を上手に読み取り、適切な応答をする能力であり、この感受性をもとにタイミングよく乳児と接していくことが求められる。この能力は、母親自身のパーソナリティに加え、情緒的安定の支えとなる夫や家族との関係、物心両面での支え、育児経験などと関係することがわかっている（藤崎1990）。また小嶋は、この母親の応答性・感受性のなかで母親のもつ養護性が重要な位置を占めることを指摘している。養護性とは「相手の健全な発達を促進するために用いられる共感性と技能」と定義される（小嶋編1989：189）。そして、この養護性の程度が、母子の相互作用や母子の愛着のちがいをもたらすと考えられている。子どもを「出産前に調べたときに養護性の高かった女性は、出産後のわが子（0歳台）との相互作用場面でよく応答する傾向がある」ことを示す研究がある（小嶋1989：193）。母親がもつ養護性は、子どものころからの長い経験のなかで形成されると考えられ、「幼い子どもに興味をもち子どもが好きであることは、子どもの相手をうまくできるという自信、さらに、子どもを育てよい親になろうとする構えと結びついて、青年と大人の養護性の核になる」という（小嶋編1989：194）。

このような母子間の交互作用を基礎に、乳児は自分の行動を人との交渉で有効に活用することを学習し、社会化へむけて発達する。

◉ 積極的な乳児

　最近の母子関係についての考え方は、乳児は有能であり、能動的、積極的に大人との接触を求め愛着関係を形成する能力をもっているとの見方を重視する方向に進んでいる。そのおもなものにイギリスの精神分析学者ボウルビィの愛着理論がある。ひとの乳児は、生まれて自分の生命を維持するために大人との接近・接触を求める5種類の生得的行動型——吸てつ(sucking)、笑い(smiling)、泣き(crying)、しがみつき(clinging)、後追い(following)——をそなえて誕生するという (Bowlby, J. 1958)。この種の行動は、生後ただちに活動しはじめる母親指向型の積極的な行動であり、これをアタッチメント行動とよぶ。そしてボウルビィは、乳児が特定の人物（母親）にたいして抱く愛情をともなう心のシステムをアタッチメント(attachment　愛着)の概念で説明している（小嶋1969：12）。いわば、乳児が特定の養育者との間に結ぶ愛情のきずな(affectional tie)である。

　ボウルビィのあげた5種類のアタッチメント行動のなかで、泣きと微笑は、母親の注意をひきつけ接近を求める強力な効果をもっており、もともと大人が、とくに、母親がもちあわせているといわれる母性行動(maternal behavior)をいっそうかきたてる信号刺激として、とくに乳児期前半に重要な役割をもつ。こうして母子間に活発な相互作用が行なわれ、この相互作用が多いほど乳児は、母親と他の人を見分けて、しだいに母親への指向を強めていくという。こうした母親を慕う気持ちは、乳児期後半でのハイハイなどをはじめて後の母親を積極的に追い求めるしがみつきや後追い行動をとおしていっそう深められていく。

　さらに、乳児の「まなざし」は母性行動をかりたて、わが子への愛情と養育への歓びを感じとらせる大切な刺激であり、アタッチメント行動のひとつとして視覚的追従(visual following)の重要性が指摘されている。ロブソンは、乳児と母親との「目と目の接触(eye-to-eye contact)」による相互の交流が、母子間に強い情動的結びつきを形成することを強調しており、この

接触の不足は母子関係の障害をひきおこすという（Robson, K. S. 1967）。

● アタッチメントの成立

　乳児の心のなかに母親へのアタッチメントがいつごろ成立するのであろうか。その指標として、たとえばエインズワースは、母親と他の人とを見分けての「差別的泣き・同微笑・同喃語発声」が頻繁にみられる時期、また、母親を追っての泣き、人見知り、母親を安全基地とする探索遊びがみられる時期などに注目している（Ainsworth, M. D. S. 1963）。図2-25は、母親と離されたときに現われる抗議としての泣きを目安にして、母親とのアタッチメントの時期を調べた結果である（Schaffer and Emerson 1964）。これが同時に調べられた「人見知り」の現われる時期と対応しているのも興味深い。

　このことから、乳児が母親を他の人と見分けて安全基地とする行動などの現われる時期、生後7か月ごろが、アタッチメント成立のひとつの臨界年齢と考えられている。また、施設収容児の養子事例では、生後12か月までに養家に行った場合は、新しい養育者に強いアタッチメントが形成される

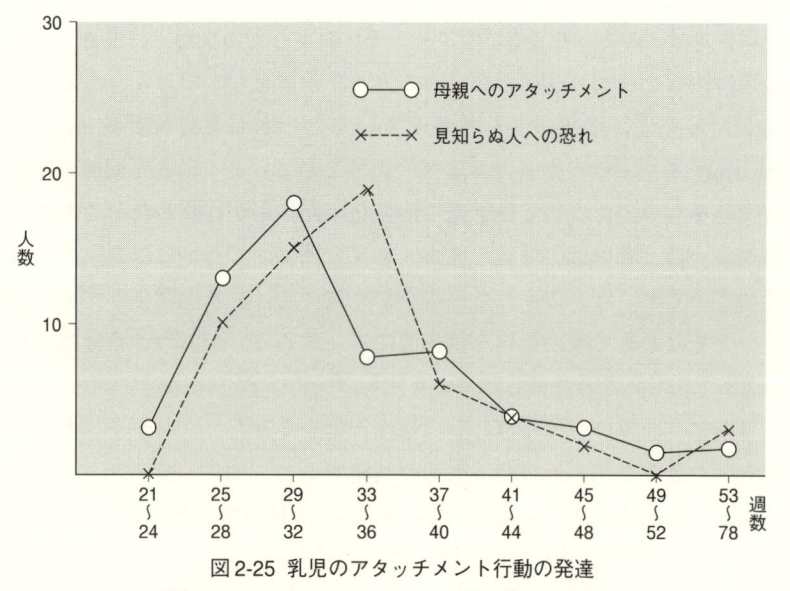

図2-25　乳児のアタッチメント行動の発達

（注）Schaffer and Emerson（1964）の研究資料をもとに筆者作成。

が、1歳半から2歳となると困難性が高まるという。こうした事実は、アタッチメントの成立にはある程度の臨界期が予測され、その最適期は生後6か月から1歳半の間であろうと考えられている（Schaffer 1963）。

　しかし現実には、この時期にすべての子どもが母親との間で安定したアタッチメントを形成していくとは限らない。たとえば、エインズワースは、彼の考案したストレンジ・シチュエーション（strange situation）法を用いて、12か月児の母子間のアタッチメントの質を評価した。その質に影響する母親側の要因に限ってみると、不安定愛着群の母親は、子どもとの身体的接触に強い嫌悪感をもち、やさしく抱きしめたり愛情を表現することがない、子どもにきわめて拒否的であること。さらに、子どもの発するシグナルを無視したり、不適切なやり方で応じたりすることが多いという。エインズワースは、とくに、子どもの発するシグナルにたいする母親の対応、感受性に注目した。安定愛着群の母親は、子どもの発するシグナルに敏感で、すみやかに、そして適切に応答することが多い。また、子どもとの相互交流を喜んで行ない、その交流量が非常に多いことを示した。このことが、母親との安定した、しかも強いアタッチメントの成立の決定因となること、乳児の母親にたいする信頼感をつくりあげていくことを指摘している。さらに、母乳哺育を喜ぶ母親の態度もアタッチメント成立の要因となる（Ainsworth 1963, Ainsworth et al. 1978, 繁多 1990）。こうして母親との間に安定したアタッチメントが形成されると、やがて他の人物へも拡大し、父親その他の家族員に親しさを急速に深めていく。

◉ 人見知り

　生後6、7か月ごろ選択的微笑の段階に入った乳児は、見慣れないものへの恐れを急激に高めていく（図2-25）。これが「人見知り現象（fear of stranger）」である。この現象は、泣き、母親へのしがみつきなどの行動で表現されるが、母親と身体的に離れているときに、いっそう激しい。9、10か月ごろ頂点に達するといわれ、このころでは泣きよりもまゆを寄せ視線をそむけるなどの不安反応が多くなる。

　スピッツは、「母親の顔を識別し、母親との情緒的結びつき（アタッチメン

ト）が形成された現われ」としてとらえ、生後8か月前後に認められることから「8か月不安」とよんだ（スピッツ1965）。また、この不安には好奇心の芽生えがあるという。このことから、この時期は、ピアジェの指摘する「概念の芽生え」という認知機能が一段と発達する時期であることと関連している。

人見知りには個人差があり、また施設での集団保育や他の人との接触経験が多い乳児には明確に認められないケースもある。この点、人見知りの発生要因やその意義については検討の余地が残されている。しかし、乳児を母親や家族へ結びつける力として役立つとの見解は多い（小嶋1969）。

● 母親からの自立──自我の芽生え

母親と安定した強いアタッチメントを形成した乳児は、やがて母親から自立していく。1歳半ばを迎え、直立歩行・移動能力の高まりとともに、子どもは活動範囲をひろげ、認知能力の発達とあいまって、母親を心の安全基地としながら、自分の意図で自由な探索活動を活発に行なうようになる。この自立の過程のしくみは、充分解明されているとはいえないのが現状である。

ここでは、最近注目されているマーラーらの分離個体化理論をもとに、自立の過程を眺めてみよう（Mahler, M. S. et al. 1925）。乳児は、生後4、5か月ごろから母親との分離、個体化の時期に入り、この過程は3歳ごろまで続くという。分離とは、母親を見分け、自分と離れて「いる」との感覚・認識の獲得であり、個体化とは自律する能力の発達を意味し、両者は互いに関連して発達する。

マーラーは、この段階を4つに区分している（図2-26）。まず、分化期（4、5か月～7、8か月ごろ）の段階、母子を包んでいた共通膜が破れ、乳児の注意は外の世界へ積極的にむけられる。これを孵化のプロセスという。生後6か月から7、8か月ごろになると、自分の手や目で母親を探索する行動や、母親と他の人、見慣れたものとそうでないものとを比較する照合行動が現われる。ついで、練習期（9、10か月～15、16か月ごろ）とよぶ段階に入る。この時期での重要な発達は、骨格筋肉系統の成熟にともなう移動、直立能

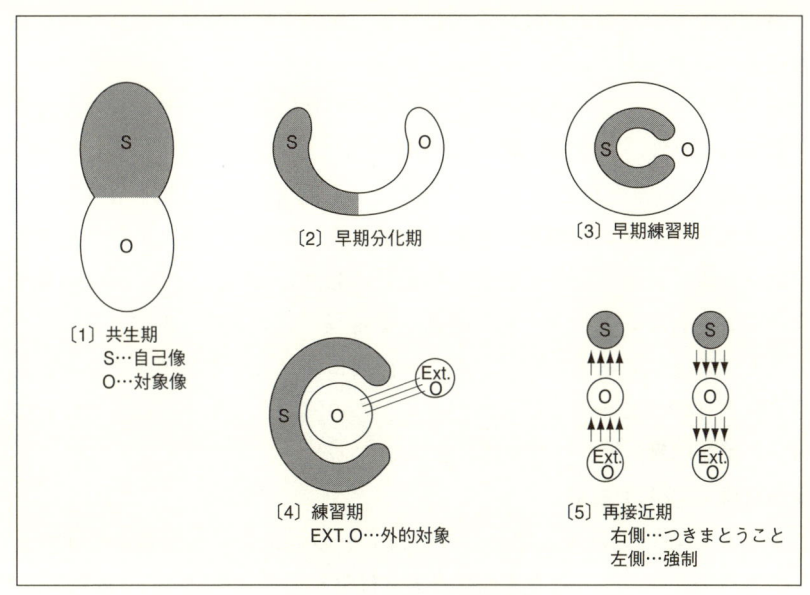

図 2-26 マーラーの発達段階
(出典) 前田 1998：117。

力と認知機能の発達である。乳児は、身のまわりの毛布、玩具、石ころなどの無生物に限りない関心をむける。母親から一時離れては探検に夢中になる。しかし、しばらくすると母親の膝に帰っては、愛情補給（affectional refuelment）を行ない、ふたたび新たな探索遊びを開始する。自分で支配できはじめた身体のはたらきに酔うかのように活動に熱中する。その満足感から「気分の高揚」がみられ、その一面に「母親の勢力圏から脱出した解放感」をもつとマーラーはいう。こうして、乳児は母親から分離して自立へとむかうわけである。

　そして、2歳から2歳半ごろをピークとする「再接近期」を迎える。自立心の強まりとともに、もう何でもひとりでやりたいとの自立的行動が増大する。しかし、子どもは、母親から離れることへの不安や探索で出会う新しい事物への恐怖など大きな不安感を体験し、ふたたび母親のもとに舞いもどってくる。この「自立」と「分離にともなう不安」との葛藤が母親へ

の再接近をもたらす。母親からの自立は、親から離れてはもどるという往復運動の過程であり、たとえていえば「いないいない、ばー」の過程をたどるという。ここで、再接近にともなう依存動機をがっちりと受けとめる母親側の受容性、応答性が重要となる。

　3歳前後の再接近期をすぎると、子どもは母親と自分とは別の存在であるとの事実を知的に、情緒的にも認識するようになる。こうして子どもの内面に、知覚、記憶、認知、現実吟味能力の発達とあいまって、自分自身でものごとを行ない、自分のもつ諸欲求を処理・コントロールする自律性が発達してくる。これとともに子どもの内面に安定した母親イメージが確立され、自律能力は一段と高まっていく。この段階をマーラーは「個体化の確立と情緒的対象恒常性の時期」とよんでいる。

● **反抗期（強情期）現象**

　マーラーのいう再接近期のころの自立心の強まり、自己意識の芽生え——自我の芽生え——とともに、子どもは母親から自立していく過程で、2〜4歳ごろ、親にとってきわめて扱いにくい時期を迎える。幼児は強情なほどの強い自己主張をするため、親の側にすれば反抗現象と映るわけである。反抗的行動は、一般に2歳半から3歳ごろをピークに現れるといわれるが、個人差は大きい。

　表2-12は、反抗的行動の具体的な姿をまとめたものだが、その表現のし

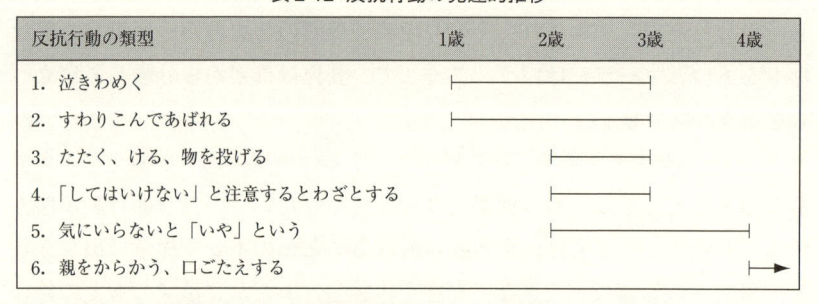

表2-12　反抗行動の発達的推移

反抗行動の類型	1歳	2歳	3歳	4歳
1. 泣きわめく				
2. すわりこんであばれる				
3. たたく、ける、物を投げる				
4.「してはいけない」と注意するとわざとする				
5. 気にいらないと「いや」という				
6. 親をからかう、口ごたえする				

(注) 中西 (1959) の資料をもとに、各行動類型が顕著にみられる年齢範囲を示したもの。
　　1〜4の行動型は3歳を過ぎて減少傾向となる。

かたは、無方向的なかんしゃくの型（泣きわめく、すわりこんであばれる）から、言語型（からかう、口ごたえ）へと年齢による発達的な推移がみられる（中西1959）。言語的反抗は4歳以降も続くが、この発達的な推移のしかたは、幼児の精神的諸機能の発達と密接に関連しているものである。

　子どもの種々の動機・要求にもとづく自己主張は、しばしば親の禁止・制限と出会い、フラストレーションに陥ることが多い。2、3歳ごろの反抗は、要求の分化（自我発達）→他者との衝突→フラストレーション→怒り・反抗という経過でとらえられる。これとは別に、自我の発達過程で、子ども自身の能力・技能の不足などによる失敗体験が重なることで、子どもは自信をなくし不安感を増加させる。この不安から発生する反抗もあり、3歳〜5歳児によくみられるという（大原1970）。

　幼児期の反抗がもつ発達的意味については諸説がある。有名なヘッツァー（Hetzer, H.）の研究は、意志力の発達にとって効果的な意義を見出した（藤永ほか編1975）。7歳児100人の母親の報告にもとづく面接調査の結果、ふつうの意志の強さをもつ子どもの84％は反抗期が明確であり、これにたいし、明らかに意志薄弱な子どもの場合は、反抗現象が明確でないものが79％の多数にのぼった。他の人の意志と衝突する経験をとおして、自己の意志を鍛え発達させることが示唆される。桂広介は、発達心理学的にみて、つぎに示すような反抗期の意義をあげている（藤永ほか編1975）。①社会的認識の基礎が形成される（親の賞罰をとおして行動基準を身につける、社会規範の理解、社会人としての基礎づくり）、②自己中心性が徐々に減少していく（他の人の意志・欲求の理解と認識）、③意志の訓練である。

　このように、反抗期現象は発達過程における自然で健常な現象であり、自律的なパーソナリティ発達にとっての「発達の節」であるといえよう。つまり、子どもの示す反抗的ともいえる自己主張の行動は、ある目標を達成しようとの努力、自立への努力の現われとしてとらえることができる。したがって、大人は、この時期特有の幼児の心理過程を理解し、忍耐強くしかも希望をもって接することが求められる。幼児は、何事も自分でできる「つもり」をもってやりたがる。この「つもり」を大事にして、子ども

の行動にたいしてけじめをつけながら、温かい思いやりと激励、そして親自身がゆとりをもってのはたらきかけが大切であろう。

2 情動・動機の発達

　新しい世界でたくましく生きる基礎固めをした新生児は、生後2か月を過ぎるころから外界への積極的なはたらきかけを開始し、生物学的存在から心理社会的存在へと大きく飛躍していく。乳幼児期は、いわば「ひと」としての基礎を築きあげる時期である。身体・運動、認知機能と平行して、情動・動機という精神機能もいちじるしい発達の歩みを続ける。これらの機能は、子どもをとりまく環境からの刺激、とくに大人からのはたらきかけのなかで分化発達していく面が大きい。乳児から幼児期へかけての発達の様子を眺めてみよう。

● 情動の分化と乳児の情動行動

　喜び・悲しみ・怒り・恐れなどは、大人に認められる情動である。情動（emotion）は、強い生理的変化をともなう、比較的急激に発生する一過性の感情状態と定義される。「情緒」ともいうが、厳密な意味内容では、「感情（feeling）」と使い分ける。しかし、本質的には差異はなく、ここでは一括して「情動」の用語を用いる。情動は生きていくための基本的行動のひとつだが、乳児期では、その種類はきわめて限られている。

　新生児は長い空腹状態におかれると、激しく泣き、筋緊張が高まり頬は紅潮し、時に呼吸をつまらせるほどの興奮状態をみせる。これが「不快」情動の芽生えであろうとされる。これにたいし、哺乳し満腹の状態やうぶ湯のときなどの乳児には筋緊張はなく、その興奮性は弱く、これは「快」の情動につながるといわれる。こうした興奮の程度をもとに、不快のほうがより早く乳児に認識されるものとみなされている。つまり快に先だち不快がまず分化するわけだが、なお生理的情緒ともいうべき段階である。

　表2-13は、ブリッジェス（Bridges, K. M. B.）が、生後2週目から2歳までの施設児について情動の分化する過程を詳細に観察した古典的資料と、スピッツによる生後1年間の情動発達について観察したものである。いずれも、

表2-13 情動の分化

	誕生	2か月まで	3か月まで	6か月まで	8か月まで	10か月まで	12か月まで	18か月まで	24か月まで
ブリッジェス	身体的興奮		快		得意(7か月)		大人への愛情(11か月)	子どもへの愛情(15か月)	喜び(20, 21か月)
		不快(3週ごろ)		怒り, 嫌悪(5か月)	恐れ(7か月)			嫉妬	
スピッツ	興奮(不快)	物理的刺激に快, 不快反応	心理的刺激に快(ひとの顔への微笑)	消極的情動が目立つ 不安のはじまり	おもちゃへの所有欲発生		嫉妬	落胆, 怒り, 愛情, 同情, 友情, 楽しみ, 所有感の識別	

(注) Bridges (1932)、スピッツ (1968) の研究資料をもとに筆者作成。

月齢とともに不快および快の情動が分化し、その種類も増加することが示されている。ブリッジェスによると、2歳ごろまでに基本的な情動のほとんどが出そろうという (Bridges 1932)。ただ、ブリッジェスの資料はまさに古典的であり、最近の情動研究の代表的研究者であるイザードによると、新生児はすでに嫌悪、不機嫌さ、関心、驚きのような情動を示すという (Izard, C. E. 1979)。情動の発達・分化については、研究方法などの問題からまだ充分に明らかにされていない。

◉ 乳児の情動行動

フランスの心理学者ワロンは、「情動は人生の最初の時期を支配する社会的関係の源泉であり、人間の精神生活の出発点である」とのべている (滝沢 1972：42)。そして、乳児はまず情動をコミュニケーションの道具として人との関係を認識しはじめるとして、乳児期前半を情動的段階とよんだ。この視点から、本項では、乳児期における情動のもっとも基本的な行動型である「泣き」と「微笑」行動の発達をとりあげる。

ここでは、「泣き」と「微笑」行動について、その発達と深く関係し、生活の基礎ともいえる睡眠―目ざめのリズム変化および視覚機能の発達と関連させて眺めてみる。表2-14は、睡眠と目ざめのリズム・パターン、追視行動、泣きおよび微笑行動の発達を相互に比較できるようまとめたものである。

表 2-14 乳児の睡眠－覚醒、追視、情動相互の発達

月齢	週齢	睡眠-覚醒（岡 1958, 1970）		追視行動（伊東 1979）	泣き声（三木 1979）	微笑反応（高橋 1973, 1974, 烏田 1969）	
出生	0	・1日20時間前後の交替が不規則的な生活リズム	生理的リズム期	・覚醒・平静時視野内の図形に自動的・反射的追視・黒白のコントラストが明らかな図形の獲得反応優位	・同じ泣きパターン、一定のリズムで律動的に反復肉声は単調で機械的律動性に乱れ発生	・自発的微笑反応（不規則的睡眠時）	自動期
	1	・睡眠-覚醒リズムな生活リズム				・触・聴刺激に反射的に生じる聴刺激（高調音）にたいし発生（視刺激では発生せず）	中間期
	2	・目ざめらしい目ざめ（満腹後も覚醒状態の出現）			・泣きパターンの律動性に大きな崩れ（6週目）		
	3						
1か月	4			・視野内の事物への追視角度急増（1か月半～2か月半）	・泣きパターン（呼気発声の長さ、発声間隔など）すべてで複雑化する	・視覚刺激に発生（2か月目の前）	
	5						
	6						
1か月半	7		睡眠リズム変化期				
	8	・睡眠量の減少激しい（睡眠時間週平均16時間前後）		・「整ったひとの顔」図版へ追視最大（対人関係の基礎芽生え）			
2か月	9						前
	10						
2か月半	11				・情動的な表現形式をとるようになる（2か月以降）	・（3か月児）微笑反応もっとも頻発（目・口・鼻の整った人の顔「図版」に最高 人の顔の目にまず反応し微笑する	社
3か月	12			・自己の手の動きへ注視			会
	13	・睡眠時間週平均13時間に減少					期
	14			・「顔のなかの目」に追視増大（3か月～5か月）			
	15	・「昼目ざめて夜眠るリズム」の獲得はじまる		・追視角度最高（追視行動の完成期）（対人関係の確立へ）		・実際のひとの顔、立体模型の大人の顔の顔に最高（目有効）・ひとの声に選択的微笑	
4か月	16	・睡眠量は漸減の方向に変化（週間の睡眠量は安定）					
	17						
	18						
	19						
5か月	20		社	・立体的、現実の顔への興味増		・特定の見慣れた対象に選択的発生（25週以後）	社
	21		会				会
	22		期				期
	23						
6か月	24			・図版にはべつそするだけ、泣く顔、母親のしかみっき（人見知りの芽生え）			
	25						
	26	・大人の生活リズムへの適応形成（9か月「昼目ざめて夜眠る」お昼寝2,3回確立）				・（9か月以後、母親の顔獲得、他者への泣きが発生）	
	27						
7か月	28			（満1歳：図形の顔と生きた人間の顔を区別）			

（注）岡（1958, 1970）、伊東（1979）、三木（1979）、高橋（1973, 1974）、烏田（1969）の研究資料をもとに筆者作成。

● 眠り―目ざめのパターン

　日一日と成長するにつれて目ざめの時間は増加してくるが、とくに、生後4週目から8週目にかけて急激に増加する（図2-27）。この時期には、ゲゼルが「眠りの発達」とよんだ「眠る前に泣く、ぐずる」（岡1970：38）様子がよくみられる。一方で、この時期、追視による認知の機能も発達的な変わり目を迎え、外界への注意・関心を急速に高めていく（表2-14）。この視覚の発達にともない、1日のうち昼夜を問わず眠り目覚める多相性の睡眠パターンは、15～16週目ごろから「昼間目ざめ、夜間眠る」という単相性睡眠パターンに変化する（岡1970）。日常生活でも「眠りと目ざめの区別がつきだした」「朝5時から8時ぐらいに目ざめ、泣かずにひとりで遊んでいる」などが観察され、周囲の文化がもつ生活リズムへの適応をはじめる。ただ、周囲の家族の人たちの生活リズムが一定しない家庭で育つ乳児は、眠り―目ざめのリズム・パターンが乱れてくる（岡1970）。こうした環境のもつリズムに適応した型を身につける時期は、生後28週ごろといわれる。

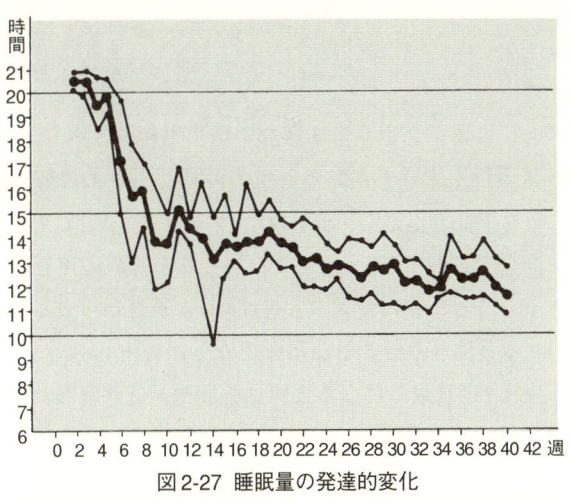

図2-27　睡眠量の発達的変化

（注）中央太線は各週の平均睡眠量。上下の2線はおのおのその週の最多睡眠量と最小値を示す。
（注）岡1970：37。

図2-28　1乳児の生後2週、24週、37週の睡眠─覚醒交替の変化
(注) 1) 岡 (1970) の資料をもとに筆者作成。
　　 2) 横線で埋めた部分は眠り、白は目ざめを示す。

　図2-28は、眠り─目ざめのパターンが多相性から単相性に移行していく過程の概要である。この過程は、1939年、クライトマン（Kleitman, N.）が調査したアメリカ児のパターンと同様であり、文化、時代を越えてほとんど一致した傾向であることは興味深い（内藤ほか1971）。このことは、パターンの推移が、大脳皮質の分化発達──情報処理機能の開始と発達、皮質の筋肉支配など──と深くかかわっていることを示すものであろう。
　こうした乳児の生活リズムの変化につれて、情動はどのように発達していくのであろうか。

● 泣き行動

　生物的リズムによるシグナルにすぎない新生児の泣き声も、生後5～6週目にはそのリズム性が大きく崩れる。この時期、目ざめの時間は一段と増し、視覚による対象認知も進む（表2-14）。ウォルフ（Wolff, P. H.）は、ボストン市内の家庭児を調べて、5～6週ごろになると母親の声を聞きわけ、母親の声で泣きやむこと、また母親（注視対象）が視野から去ると泣きはじめ、ふたたび現われると泣きやむことなどを認めた（Wolff 1963）。
　泣き声は、生後7週目以降になると声に強弱や高低が現われるなど、全体に複雑なパターンとなる。このことは、泣き声が人とのコミュニケーションの手段として、とくに母親またはそれにかわる養育者と深くかかわるための情動表現の色彩を帯びてきたことを示している。母親は、乳児の要求や訴えを泣き方から理解できるようになる。たとえば、隣室にいて泣き声

を聞くだけで、空腹か痛みの訴えかを聞きわけ、どの母親も痛みの場合にはすばやく乳児のそばに駆け寄ることがみられる（Wolff 1969）。このことは、一方で、追視行動で生後8週目（2か月）ごろから目・鼻・口の整った人の顔図版を注視し強い興味を抱くようになるなど（表2-14）、視覚機能のうえからも人とのコミュニケーションの基礎が芽生えてきたことと対応している。つぎは、日常の観察からとらえた泣き行動の発達の姿である。

【泣き行動の発達】
① 3～4か月——泣く回数、時間は一時減少していたのが、ふたたび多くなる。少しの刺激でも泣く。
② 5か月ごろ——人がそばにいなくなると泣く（対人関係的表現）。
③ 6か月ごろ——人見知りをして泣く。
④ 7か月半ごろ——泣き笑いが激しい。おもちゃをとられて怒って泣く（情動分化にともなう泣き）。
⑤ 9か月ごろ——人の顔を見て泣く（注意の獲得）。
⑥ 1歳～1歳半ごろ——行動が妨害される、要求がとおらないと泣く。泣いて要求をとおす表現は減少する（平井1979）。

● 微笑行動

　乳児のほほえみほど人を引き寄せ可愛さの情をかきたてるものはない。微笑行動は、生後1年間に4段階をへて発達していく（表2-14）（高橋1974）。
　第1段階（出生～3、4週まで——自動期）は、おもにまどろみの睡眠時に自発的微笑反応のみが現われる。女児が男児より2倍ほど多い。
　第2段階（生後3、4週～6週ごろ——中間期）では、触・聴刺激に微笑する。先天性盲児にも生後数週以内で触・聴刺激への微笑がみられる（Freedman 1964）。生後6週ごろまでは、おもに人の声を含め高調音の聴覚刺激に短時間だが微笑がみられる。視覚刺激へはまだ生じない。
　第3段階（生後2か月ごろ～4、5か月ごろまで——前社会期）になると、視覚機能の発達とともに視野に入るものに微笑が現われる。3か月児に非常に多いことから、スピッツは「3か月微笑」とよんでいる。とくに、このころは、顔のなかでも「目」を見てよく微笑するようになり、対象を視覚的に見分

ける能力が乳児に発達してきたことを示すものである。つまり、微笑が、選択性をもつようになったこと、人の顔への興味、とくに目が人との関係とりわけ母親との接触を深める重要な役割をもつようになったことを意味している。このころ、母親から「私と赤ん坊の目がしっかりと合うようになった」との報告がよく聞かれる。

第4段階（生後5、6か月以降——社会期）になると、微笑する対象がはっきりして、いわゆる選択的社会的微笑の時期に入る。生後4か月ごろ、追視機能はほぼ完成期を迎え、対象を認知する能力は一段と発達することから、見慣れない人と見慣れた人の顔を区別できるようになる。生後6か月以降になると、いつも見慣れた顔、とりわけ母親によく微笑するようになる。これにたいして、見知らぬ人には泣き顔を見せたり母親へのしがみつきが観察される（人見知り現象、73ページ参照）。このように、微笑は生後6か月以降の時期になって、コミュニケーションの手段として社会的性格をそなえたものに発達していく。

微笑行動の発達にとって、乳児をとりまく環境条件の影響も見逃せない。とくに、親の育児態度（あやす、笑いかけ、話しかけの多少など）が、微笑など情動の発達に影響する。家庭児と施設児とについて微笑の発達を比較した研究（表2-15）では、微笑開始時期をはじめ全般に施設児のほうにいちじるしい遅れが認められる。また、施設児は前述の第3段階に長く滞まり、家庭児にくらべて見慣れた人へ選択的に微笑する社会的微笑の時期（第4段階）への移行が遅れるという（Ambrose 1961）。施設児は、不特定多数の養育者から世話を受けており、特定の人物への愛着が形成されがたいことによるものと考えられている。

表2-15 静止した顔刺激への微笑反応

	家庭児	施設児
微笑開始	6〜7週	11〜14週
微笑の最盛期	11〜14週	17〜20週
社会的微笑へ移行	20〜24週	

（注）Ambrose（1961）の研究資料をもとに筆者作成。

乳児期の情動行動は、このように生物的段階から心理・社会的段階へと発達していくわけだが、神経系、認知機能など諸機能の成熟を前提に、ま

た、これらの機能の発達と密接に関連しながら発達していく。これに環境の力が加わり、コミュニケーションの重要な道具として確立されてくる。

● 情動の社会化と発達の特徴

　幼児期での情動の発達は、一段と進む運動・認知・言語機能の発達と密接に関連しながら、また、子どもの生理的・社会的要求の満足度、家庭の養育条件、対人関係のあり方やその広がりなどをもとに、情動内容は複雑となり、その表現のしかたにも変化・発展がみられるようになる。この変化が、社会の文化的要請に添う方向に進むことを「情動の社会化」という。

● 幼児期の情動の発達

　幼児期を中心に情動発達の特徴をみてみよう。

①情動の表現形式の発達

　怒りと喜びでは、顔の表情や身振り動作が異なるように、それぞれの情動にはそれ特有の表現のしかたがあるが、情動の表現のしかたは、年齢とともに全身的な表現のかたちから部分的言語表現へ、そして外に現わすことをひかえ「心で思うだけ」という内的体験の方向に変化していく。

②情動の感受性

　認知機能をはじめ諸機能の発達や経験を重ねることにより、情動を引き起こす刺激の種類は広がり（量的変化）、いろいろのものにたいする意味理解が深まるにつれて情動内容の質が強化され複雑となる（質的変化）。たとえば、未知の土地への憧れの段階から、その土地への知識の深まりとともに強い愛着をもつようになるなどである。つまり、自己の世界、自我の拡大を反映して情動も発達していく。

③情動の男女による発達差

　情動の内容・表現様式には、男女児でかなりちがいがある。日本保育学会の調査によると、男児は怒りの情動が特徴的で、4、5、6歳にわたりその表現は女児より強烈である。「怒って人をたたく、あたりちらす、大声をあげる、どなりちらす」などが目立っている。これにたいして、女児は「さびしがる、こわがる、悲しがる」などの消極的な情動や「小さい子を可愛がる、草木を大事にする」といった喜び・愛情の情動が、3歳時期からすで

に男児をしのいでいる（松村1970）。また、コールによれば、3歳児で期待はずれのごほうびをもらったとき落胆の表情をせず笑顔をみせようとすることは、女児がはるかに多いという（Cole, P. M. 1986）。社会的に期待される性差の反映であろう。

④幼児期の情動性の特徴

山下俊郎は、幼児の情動性の特徴について、過敏性・多発性・一過性・爆発性をあげている（山下1966）。これらの特徴は、幼児の精神構造の未分化性によるものであり、心的機能が分化・統合されるにしたがい情動をコントロールする方向に発達する。神経生理学的には、間脳の機能を主とする情動活動が、大脳皮質の発達とともにその支配下におかれていくことを示すものであろう。

● **おもな情動の発達**

幼児期のおもな情動の発達についてとりあげる。

①恐怖

恐怖は、子どもにとって脅迫的な対象や状況での苦痛体験、あるいはそれを予測すること、また新奇な刺激に出会うことなどにより引き起こされる情動である。交感神経の興奮、随意筋の弛緩、末梢血管の収縮などの生理的変化が認められ、脱力感や逃避的行動をともなう。乳児期でも、大きい物音や急に支えを失うなどの状況で、激しい泣きのかたちで観察される。

乳児期から幼児期と活動範囲や経験が増すにつれ、恐怖をもたらす対象は広がり変化する。幼児期では、暗闇、想像物、傷害、夢など実体のない現象への恐怖が年齢とともに増加する。このことは、子どもの想像力の発達と関連しており、知的障害児に恐怖対象の範囲がせまいことなどからも知的能力の発達を反映しているといえる。また、各種調査で、日本児はとくに幼児期をとおして犬など動物への恐怖心が強いことなどは、日常生活での経験や親の模倣学習の影響を示す一例である。

幼児期でも3歳前後の時期は、恐怖・不安感がもっともつのるいわれる。その原因として、ⓐ母親との共生関係を離れ、命令・禁止が多くなることから完全な支えを得られないことへの不安、ⓑ思考活動の分化が充分でな

く自他の区別が明確でないこと、また被暗示性が強く親の模倣などによる恐怖心の増大、ⓒ運動・認知機能の発達による新しい世界の発見などが指摘されている。

②怒り

怒りは、一般に幼児の要求や目標へむかう行動が何らかの障害で阻止され、フラストレーション状況におかれたときに起こる情動の一種である。その表現は、多くの場合、他のものにたいする攻撃反応を現わすが、怒りの状況や幼児の特性によっては、他者攻撃のかたちではなく内向した反応や自傷（自己攻撃）行為が観察されることもある。

怒りは、疲労・空腹・睡眠不足など生理的不均衡がおもな誘因となって発生することもある。グッドイナフが、幼児の1日の生活時間で時間あたりの怒りの発生頻度を調べた結果では、午前10～11時30分および午後5時半ごろの前後に怒りが目立って増加することを観察し、空腹との関連性を示唆している（Goodenough, F. L. 1931）。その他、一時的な不健康、脳損傷などの機能障害が誘因となることも知られている。

怒りを表現するしかたはさまざまだが、図2-29に示すように、成長するにつれてその現わし方には変化が認められる。年少児は全身で表現することが多く、これは女児よりも男児によく観察される。年長になるほど怒りなどの情動を自分で抑える（情動を統制する）機能が発達してくる。

③喜び

乳児は、生後7か月ごろには人がそばにいると興奮してはしゃぐ様子が観察される。喜びの表現は、顔の表情、音声、身体運動などのかたちをとることが多い。「体いっぱいで喜ぶ」「飛びはねる」「喜んでいきいきと動きまわる」などの身体全体を使っての表出は、3歳から6歳までのどの年齢でも8割近くの幼児に認められる（松村 1970：193）。しかし、喜びを言葉で表現するしかたは3歳児にくらべ6歳児で一段と増加し、年長児ほど他の人と喜びを分ち合うようになる。たとえば、3歳児ではみんなのためのおもちゃを自分ひとりで使って喜ぶ（占有）ことが大勢であるが、4歳以降になると自分のおもちゃを人に貸して喜ぶ（分有）段階から、自分のおもちゃをみんな

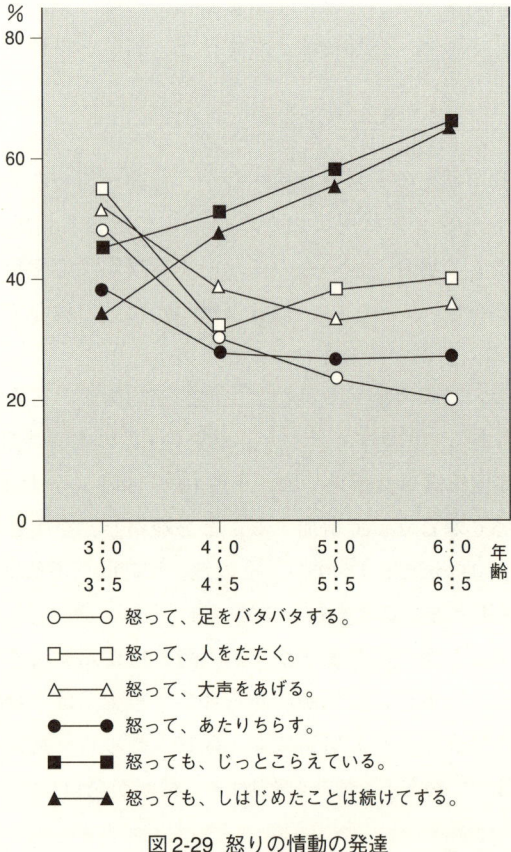

図2-29 怒りの情動の発達
(注) 日本保育学会（1970）の調査資料をもとに筆者作成。

○——○ 怒って、足をバタバタする。
□——□ 怒って、人をたたく。
△——△ 怒って、大声をあげる。
●——● 怒って、あたりちらす。
■——■ 怒っても、じっとこらえている。
▲——▲ 怒っても、しはじめたことは続けてする。

で使うことに喜びを感じる（共有）ようになる。5歳になると役割遊びでの喜びが増し、また親、先生、友だちの喜びをくみ取り、それを共有することに大きな関心をむけていく。

④愛情

幼児の他の人にたいする愛情は、乳児期からはぐくまれた母と子の愛のきずなを基礎に、まず母親への愛情を深め、家族そして他の大人へと対象を広げ発達していく。

愛情は「愛してくれる人を愛する」という相互作用的要素をもつ。だから「生みの親より育ての親」といった愛情関係も成り立つわけである。

1歳半から2歳ごろは、新しく生まれた赤ちゃんに関心は寄せても、いっしょに遊んであげようとはしない。可愛がるしぐさはしても親の模倣であることが多い。小さい子どもへの愛情が多くの幼児に育つのは、4～5歳ごろといわれる。同年輩の子ども同士の愛情は、友達同士楽しんでいるところに自分も加わる喜びが増してくる3歳ごろから大きく育っていく。人以外の対象への愛情は、1歳半から2歳ごろ、人形や動物のぬいぐるみなどを可愛がる行動が現われる。生きた動物へは3歳前半で64.9％が愛情を示し、また草木を大事にするのは50.8％である（松村1970）。

スイスの精神医学者ビンスワンガーは、人間の本質として「愛の相互存在」を重視し、また、幼児期から学童期にかけての人格形成過程において、愛情の欠如が重大な負因となることが証明されている。その意味でも、幼児期に豊かな愛情を、とくに生命尊重の情操を育てることが保育者に課せられた使命でもある。つぎは、そのための手がかりである。ⓐひとりひとりの子どもに、関心と理解を深め、受容し応答すること、ⓑ「子どもとともに遊べ。語れ。共に働け。哀歓・甘苦の体験を共にせよ。ペスタロッチは子どもとともに泣きともに笑った」（藤野1978：49）。

● 動機の発達

動機は、情動とともに、人の行動を引き起こす心のはたらきとして生きる力の基礎となるものである。とくに、幼児期の動機のあり方についての理解は、この時期の子どもたちの積極的な活動、いたずら、遊び活動の理解を深めることができる。

人の行動を引き起こす内部的願望を動機（motivation）という。何かを自分のものにしたい、いろいろな経験をしたいとかいう心像や思考であり、生理的機能と関連する動因とは区別される（ケイガン1979）。

動機の種類は多いが、そのおもなものについて考えてみよう。

①探索動機

幼児は、自分にとって目新しく珍しい場面や対象に出会うと、それにた

いして目を輝かせながら好奇心をむける。この知的好奇心ともいえる心の動きを探索動機といい、この動機のもとに探索行動が展開される。この探索行動を、エリクソンは「侵入的様式による行動」とよび、幼児後期の中心的行動として重視している。この活動は、外部から賞が与えられなくとも、活動すること自体が快や満足をもたらし、その満足感がふたたび新たな活動を引き出すという特徴をもっており、内発的動機の一種である。ハーロウ、バーライン、ピアジェらは、子どもの発達・教育において、この探索動機を重視している。

　子どもは、乳幼児期をとおして発達の早い時期から外の世界に積極的・選択的にはたらきかけ、外界との情報交換を行ないながら成長していく。そのさい、環境からの情報が断たれた状況、たとえば感覚遮断実験（カナダのマックギル大学）では、脳機能の低下や異常行動の発生が認められ（Heron 1961）、また施設保育児などに好奇心の極度な低下が報告されている。このことから、健全な精神発達には、脳を絶えず一定の活動水準に保つための情報・刺激が必要であり、探索行動はそのために重要な役割を果たすものと考えられる。

　探索動機についての実証的研究は、おもに知的発達との関連を中心に進められているが、ここでは、親の養育方法が探索動機の発達に与える影響に関する研究を紹介する。ホワイトは、乳幼児では好奇心と達成動機（後述）とは分化していないため、これを統合した新しい動機づけの概念として「コンピテンス（competence）」を提唱した（White, R. W. 1959）。コンピテンスとは、内発的動機づけの一種であり、自分の能力を充分に使って環境といきいきと相互交渉する能力を意味する。

　B. L. ホワイトは、コンピテンスの発達に、発達初期のどのような環境条件が重要な影響をもつかを研究した（White, B. L. 1971）。2～3歳児を対象にコンピテンスの高・低グループについて、母子相互交渉の様子などが調べられた。コンピテンスの高い子どもの家庭では、おもちゃや小さな家庭用具（ビン・菓子入れのふたなど）が豊富に与えられ、広い移動空間が許される。母親たちは、パートタイムの就労者も多いが、子どもがおもしろがってい

ることに強い関心を示したり、ともにおもしろがったり、困難に出会い助力を求めてきたときには適切にそれに応答してやり、子どもを励ますことに優れている。これに費す時間は、短時間（1回10秒～30秒）だが、ひんぱんに行なう。対照的にコンピテンスの低い子どもの母親は、囲いをつくってそのなかで遊ばせる、家庭内におもちゃその他のものが散乱することを好まない傾向があるという。

②達成動機

いろいろの障害を乗り越えて、自分の力で、できるだけうまく困難なことを成し遂げようとする意欲をいう。いわば「やる気」であり、積極性、能動性を強調する概念ともいえる。達成動機は1歳から1歳半ごろ芽生え、4～5歳になると意欲的に周囲の環境ととりくむ態度がいっそう発達する（ハーベイ1977）。

達成動機の発達には、親子間の温かい感情的なつながりをもとに、親からの激励や賞が与えられることが大切である。たとえば、幼児が歩行やことばを習熟するための初期の努力にたいして、母親による温かい励ましが与えられたグループの子どもは、与えられないグループよりも、8歳から10歳になったときの達成動機とともに学業成績（達成行動）も高いとの報告がある（Winterbottom 1958）。また、自分に満足感をもち達成動機が強く自律性のある子どもは、成長過程で親から激励と賞が多く与えられており、さらに親は子どもの行なったことにたいして両親なりの考え方と期待をはっきりと子どもに示しながら温かさといたわりの態度で接していることが多いという（ハーベイ1977）。このように幼児は、年齢相応の力の許す範囲で、達成行動が励まされ温かい支持を得ることで、自分の能力にたいする自信を身につけ、新たな世界へと挑戦していくのである。

③情動安定に関する動機

幼児が自律的に活動し、適応能力や知的能力を充分発揮できるためには、その土台に情動の安定が欠かせない。表2-16は、情動の安定にとって重要である社会的動機を示している。心の安定・やすらぎは、他の人の援助や支え、家族や仲間などの集団で保証され承認されること、また不安や危険

表2-16 情動安定に関係する動機

チョールマン	マズロー	マッセン
愛情	安全（安定）	身体接触
集団所属	愛情	肯定的評価・承認
罰回避	集団所属	道具的援助・依存
		不安感の軽減・不安状況の回避

(注) チョールマン（1948）、マズロー（1954）、マッセンほか（1963）の資料をもとに筆者作成。

を予測しそれを避けることのできる秩序性などの条件が満たされるなかで可能になる。

● フラストレーションと不満耐性の育成

　幼児の抱く数多くの動機・要求は、さまざまな環境要因（家庭の養育条件、友人関係や、広くは文化様式など）の影響を受けて、かならずしも満足されるとは限らないし、むしろ日ごろの生活では満足されないことが多いといえる。

　たとえば「何かが欲しい」の「何か」、つまり目標が決まると、それを求めての行動が現われる。しかし、この行動が目標を手にする前に妨害されると不満足感を体験し、その不満足感をなくそうとしてさまざまな反応が現われる。この過程をフラストレーションという。幼児は、その精神（自我）構造の特徴から容易にフラストレーションに陥りやすく、これが長く続くと不適応を起こし、健全なパーソナリティの発達が崩れる（第Ⅳ章参照）。

　子どもが日々経験するフラストレーションを上手に合理的に解決するためには、それに耐えうる能力が必要である。これをフラストレーション・トレランス（欲求不満耐性）という。最近、社会問題化している子どもたちの非行・暴力・自殺などは、その契機から推して、不満耐性の弱さがおもな要因とみなされるものが多い。いわば、子どもの心に心理的な免疫性が充分育っていない状態を示している。通常、フラストレーション・トレランスの基礎は、少なくとも幼児期の末までに形成されるといわれる。

　耐性を育成する要因として、つぎのことがあげられている（星野ほか1975）。
①発達過程に応じた適度のフラストレーションの経験、適度の困難に直面

表2-17 幼児の欲求不満耐性と両親の養育態度

養育態度の特徴（耐性の弱い幼児の親）	コメント
1. 子どもの要求の安易な受容（父母）	欲求を積極的に満足させる、我慢させることが少ない
2. 子どもが自分でできることまで世話をしすぎる（父母）	援助の過剰、達成動機の不満
3. 子どもに手伝いなど、仕事をさせることがない（母）	課題遂行経験不足
4. 養育態度に一貫性がない（父母）	とまどいと不安の発生
5. 子どもとの触れ合いが少ない（父）	身体的とっくみ合い少ない

(注) 1) 父母とも基本的には一致、父親は母親ほど顕著ではない。
　　 2) 子どもを満足させるように、子ども中心に対応する傾向が強い。
　　 3) 横山ほか（1977）、光安ほか（1979）の研究資料をもとに筆者作成。

することは問題解決行動を促進する、②親の子どもにたいするしつけや訓練の一貫性、③子どもにとって重要な動機・要求（表2-16）の満足が図られること、④フラストレーションを解決する技術や知識の習得である。たとえば日本の童謡「あめ」では、「雨が降ります、雨が降る、遊びに行きたし傘はなし、千代紙折りましょ、たたみましょ」と、他のものに転化させての解決策、昇華の方法を教えている。

　幼稚園在園児（4〜6歳）のフラストレーション・トレランスと親の養育態度との関連性を検討した調査がある（表2-17）。両親の過保護、甘やかしの養育態度が、耐性を低める方向に作用していることを明らかにしている。さらに、この結果は、養育者自身のフラストレーション・トレランスの問題をも暗示しており、模倣学習の観点からみても興味深い。

3　パーソナリティの形成

　「内弁慶の外味噌」という言葉で表現されるように、子どものふるまい方はその時々の状況によって影響は受けても、その子どもらしい独自の一貫性のある安定した行動のしかたがみられる。この他児とはちがった特徴的な行動のしかた、考え方を生み出す心理・生理的特性の総合された人となりをパーソナリティという。こうした行動や態度の個人差を説明する概

念には、他に性格や気質がある。オールポート（Allport, G. W.）は、パーソナリティの形成過程で自己意識の発達を重視し、自己意識は2歳を過ぎるころからより明確になるという（オールポート1968）。そこで、乳児期から幼児期への自己意識の発達をみてみよう。

● 自己意識の形成——新生児の個人差

子どものもつ個性は、生まれつきの特質を基礎に生後の経験的・文化的要因など複雑な環境の作用を受けながら長い年月をかけて形成される。しかし、最近の研究は、生まれてすぐの経験・学習など環境の影響がきわめて少ない新生児から、すでにはっきりとした個性（生物学的個人差）があることを明らかにしている。

たとえば、新生児期に生じる自発的微笑の多い（少ない）赤ちゃんは、4～7か月ごろの視刺激にたいする微笑量も多い（少ない）という。つまり、自発的微笑という生まれつきの行動に個人差があり、それが後の社会的微笑の多少にもつながるというわけである（高橋1974）。また、生後1日目から1か月までの新生児について、原始反射や身体運動などについての分析から、表2-18に示すような3つの行動特性（因子）に個人差が見出された（Brazelton 1973）。乳児期から15年以上にわたり子どもの行動発達を追跡した研究では、睡眠・摂食などの生理的リズム、人への順応性・親密さ、活動水準、反応の激しさ、気分、知覚感受性などの行動特性に、乳児初期（生後

表2-18 新生児の個体差がみられた行動特性

行動特性（因子）	内　容	養護上の対応状況
①知覚感受性 perceptive sensitivity	目ざめ時の視覚的反応。ひとの顔を目で追う、声に注意するなど外的刺激への反応の程度、敏感さ。	凝視・追視につながり養育者にとって特別な魅力、快感情に結びつく、目と目の交流を可能にする。養育者もよく注視。
②興奮性 excitability	外的刺激にたいする泣きやすさ、興奮の程度（個人差が大きい）。	養育者からみた扱いやすさと関連。よく泣く新生児ほど、養育者との交互作用多くなる。扱いにくい子ども——冷たく拒否的。
③鎮静しやすさ soothability	なだめたとき静まる程度、なだめられやすさ、②の因子と逆関係にある因子。	おとなしさ、扱いやすい、手のかからない赤ちゃん。交互作用少なくなる。

（注）Brazelton（1973）の研究資料をもとに筆者作成。

2〜3か月）から個人差が認められ、この個人差はその後も子ども時代をとおして一貫して持続するという（Thomas et al. 1970）。

このように乳児は、発達初期からすでに独自の個性（気質）を表わし、その子らしく環境にはたらきかけていく。したがって、ある特定の環境がどの子どもにたいしても同様な影響・効果を与えるとはかぎらず、子どもの気質によって効果は異なるはずである。たとえば親の養育態度にしても、子どもの個性に応じてさまざまな影響を受けることがたしかであり、表2-18からその具体的な姿をうかがうことができる。こうして変化に富んだ母子関係が形成される。乳児は、環境との相互交渉のなかで、自己にとって重要で意味のある事柄をとりいれながら成長し、しっかりした多様な個性を形成していくのである。

● **自己の発見から自己意識の獲得へ**

乳児は、生まれながらともいえる個性があるとはいえ、自分自身についての認識はない。自分が他の人とはちがった独自の存在であるとの意識——自己意識——が形成されていくのは、おもに幼児期以降であり、青年期にいたって確立する。しかし「自己の発見」の芽生えは、乳児期からはじまっている。

まず、自己の身体への探索と発見である。自分の身体についての認識「身体像（body-image）」は、自己意識の発達にとって重要な役割を果たす。乳児は、初期には自分の体つきやその部分あるいは身体感覚について何の認識ももっていないが、やがてこれを「自分のもの」として気づきはじめる。生後2〜3か月ごろから、まず口で身体を探りはじめる。手指を繰り返ししゃぶる、手で鼻にふれる、目をこする、毛布を指でいじるなど、身体の活動そのものに興味を集中させる。ここから「吸う—自己の身体」のシェマ（エスカローナ）が形成される。生後8か月以降では、身体の探索も複雑となり、9か月ごろから自分の手と持っているものとを区別しはじめるが、他のものとはちがったものとして自己の身体を認識するのは生後18か月以降である（山口1977）。

このように身体像の把握には長い時間を必要とするわけだが、つぎのプ

ライヤー（Preyer, W.）の観察は興味深い。

「19か月の子どもにとっても、自分の身体に属するものとそうでない事物との区別はかならずしも明確ではない。……（子どもが脱げた靴を渡したあと）……私は、つぎに『足をよこしなさい』と言った。子どもは両手で足をつかみ、苦心して動かして私に手渡そうとした」（我妻1964）。

ついで、乳児は4〜5か月ごろから身近にある事物へ積極的な興味を移していく。そして、「見たものに手を伸ばしてつかむ」という目と手の協応による意図的な活動をさかんに行ない、いろいろの事物とぶつかりその存在を知るようになる。一方で、たとえば、ガラガラの音を鳴らそうとひもを引こうとしても手がとどかない、空腹感がいつもすぐ満たされるとはかぎらないなど、すべてが自分の意図どおりにはならないことを体験する。スピッツによると、子どもはこうした体験を「自己」にたいする「他」との対立現象ととらえ、「他」つまり「母親」の拒否として受けとり欲求不満に陥る。この不満体験が、「他」にたいするものとしての「自己」の意識をより鮮明にするという（スピッツ1968）。こうして自分以外の「もの」の存在に気づき、それと対立するものとしての自分自身を意識するようになるわけである。

乳児が自分をどのように理解しとらえているかを実験的に調べるため、鏡に映る自分の鏡映像への反応をさぐる方法が行なわれてきた。生後5〜6か月の乳児は、自分の姿には興味を示さず、母親の姿だとすぐ笑いかける。このことは、乳児にとって母親の身体が最初の鏡であり、その母親像をとらえてのちに自分の身体像を認識するものと考えられる。生後7〜8か月ごろには、鏡のなかの自分の姿に手を伸ばし、笑いかけ声をあげる（遊び仲間としての認知）。生後10か月ごろになると、自分の全身像を眺めようとするしぐさが観察される。フランスのザゾは、子どもが鏡映像を自分自身のものととらえる時期はほぼ2歳過ぎとしている（Zazzo, R. 1975）。

自己意識の形成にとって、言語発達が重要な役割をもつことが知られている。①自分の名前と身近な人びとの名前を知ること、②「ふたつ」という数概念を知ること、③「私」という第一人称代名詞の使用（2歳後半〜3歳

前半）④第2・3人称代名詞の使用（3歳後半）などが「自己」と「他」との認識が進み自己意識をもちはじめた目安となる（Zazzo 1975. Sarbin 1962. ジャーシルド1972）。

　幼児期になると自分の身体的特徴、自己像への関心を一段と高めていく。2歳から5歳にかけて、身体の大きさや外観に強い関心をもち、自分にたいする誇りや失望に敏感となる。これには、大人からの評価が大きく影響するといわれる。また、3歳ごろから男女の身体的特徴の差異について興味をもちはじめ、性差意識が芽生えてくることも自己意識の発達を確かなものにしていく。

● 自己イメージ──セルフ・エスティーム（自尊心）の形成

　健全なパーソナリティの発達にとって、自己にたいしてどのようなイメージを抱いているかは重要な要素となる。セルフ・エスティーム（自尊心）とは、自分の能力や性格にたいして抱く好意的・肯定的な評価の程度（肯定的な自己概念）であり、まわりの人びとから承認されたり、自分の能力にたいする自信から培われる。

　セルフ・エスティームの高い子どもは、自分を「よい子」と感じ、積極的で自信に満ちた行動ができる。逆に低い子どもは、自己に否定的であり「悪い子」との思いを抱く。自分の能力が劣っているとの考えや、何をやっても失敗するのではないか、「だめな子、ばかだもの」との不安感をつのらせる。その結果、たとえば小学校に入学して絵を描かない、音楽が嫌いだという子どものなかに、セルフ・エスティームの低い場合が多い。

　セルフ・エスティームの発達は、乳児期にその芽生えが観察されるとされるが、本格的には3歳から10歳にかけての時期がもっとも重要である（ハーベイ1977）。この時期は、子どもは、自分の興味あるものに集中的にとりくみ満足感と自信を身につけていくが、一方でまた、被暗示性の高い時期でもある。セルフ・エスティームの発達は、他の人との相互交流のなかで形成・確立される面が大きいことから、大人（親）の子どもにたいする評価、はたらきかけが強く影響することが明らかにされている。親から「お前はえらい」と言われると、子どもはほんとうにそう思い込む。多くの研究が

表2-19 子どものセルフ・エスティームの水準に影響する両親の要因

セルフ・エスティームの水準	親の育児態度	罰の量	罰の形態
低い子ども	あからさまな敵意を示す、無関心、不注意 子どもの興味・考え・願望に関心をはらわない 一貫した態度をとらない（気まぐれ）	賞より罰が多い	きびしい罰 愛情を与えないとのおどし
高い子ども	温い思いやり、愛情ある理解 子どもの活動・意見・興味・計画に関心強い 行動の規範を明確に示す態度の一貫性	罰より賞をよく与える	その場に応じた適切な罰 悪い行動だけに与える

（注）ハーベイ（1977）の研究資料をもとに筆者作成。

明らかにしている親側の3つの要因を表2-19にあげた。子どもを温かい思いやりと賞讃で支持し、状況に応じた適切な罰と行動の規範を明確に示してやる一貫した態度が、セルフ・エスティームを高めることを明らかにしている。

社会化が進むにつれて、セルフ・エスティームに影響を与える対象は、両親に限らず、教師、親しい人、尊敬する人へと拡大する。さらに、社会の期待する人間像や社会の価値観（偏見）の影響も見逃せない。

● 幼児のパーソナリティの発達と特徴

幼児は発達の途上にあることから、そのパーソナリティについて固定的な見方はつつしまなければならないが、幼児期において個性化の基礎が形成される。ここでは、幼児の行動特性に注目して、その発達をみていくことにする。山下とゲゼルは、1歳児から5歳児について、各年齢段階に応じた発達的特徴を明らかにした（山下1970。ゲゼル1968）。表2-20は、2人が指摘した特徴の概要をまとめたものである。

日常生活のなかで幼児の社会的行動を観察し、発達的な視点から行動特性をとらえることができる。大場らは、幼児の社会的行動を表現する用語270語を抽出し、これを用いて保育者による園児（1～6歳児、計517人）の行動観察資料を分析した（大場ほか1976）。幼児期をとおしてよく観察される行動特徴は、健康、元気、愛想がよい、自分で積極的にやろうとする、いきいきと動き、友達といっしょに遊ぶなどであった。また、男児に目立つ

表2-20 年齢段階からみた幼児の行動特徴

1歳児	「自立の芽ばえ」：移動運動の発達で動き回る衝動強まる、自分でやることの芽ばえ、衣服の着脱・家事手伝いへの興味、大人の笑う行動を繰り返す（俳優的性向）、他児をぶつ、つねること多い、ひとりでの遊びを好む。
2歳児	「走り回る子ども」（おもしろい年齢）：活発に興味の対象を探し、また模倣する、欲求を強く主張し、自我の芽ばえ、ときに強いかんしゃく、自己活動への誇り、友達と一緒にいる（平行遊び）、新しいひと・場所になじみにくい。 2歳半（矛盾する年齢）：独立欲求と依存欲求ともに強い、怒りっぽい、あまのじゃく、友達とけんか、習慣・儀式信奉的。
3歳児	「何でもする子」（楽しそうな年齢）：とくに手先器用、注意力伸びる、自発的、おしゃべり、生活態度に自信、強情どころか従順であろうとの努力、自尊心を尊重し、理由をいってきかせると納得、友達とのグループ遊びに興味。
4歳児	「発見する年齢」：活動力・想像力強まる、探求心旺盛、口達者、自分を誇張する、多才多芸、生活習慣の自立、自分を抑え>る自律性、規則を守る努力、けんかも多い、協力的かと思うと無関心、数や構成材料に興味をもちとりくむ。
5歳児	「自信をもつ年齢」：課題意識をもち真剣に計画的な行動、最後までやりとおすことが好き、慎重と決断、友情と自主性のバランスがとれる、小さい子へのいたわり、情動の統制進む、大人への従順な態度。

（注）1）山下（1970）およびゲゼル（1968）の資料をもとに筆者作成。
　　　2）各年齢において、見出し語の「　」は山下、（　）はゲゼルの用語を示す。

特徴としては、感情の起伏が激しく、熱しやすい、乱暴、騒々しい、気が小さく、いくじがないなどであり、これにたいし、女児は、気が強く、しっかりしている、よく気がつく、おませ、世話好きなどの行動特徴が見出されている。1歳児から6歳児へと成長するにつれて増・減する行動に注目し、それをまとめたのが図2-30である。年長になるにつれ、自律性、責任感の高まりとともに、自己の役割理解が進み、自我が大きく発達することを示している。この意味で5～6歳の時期は「第一完成期」ともよばれる。

表面に現われる観察可能な行動群を因子分析法で処理し、幼児のパーソナリティの基本的な

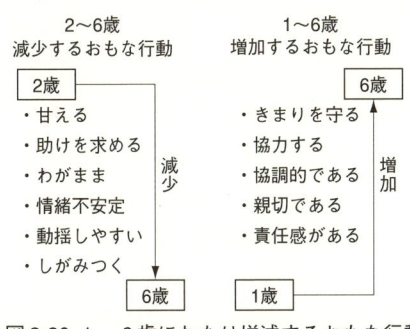

```
2～6歳                    1～6歳
減少するおもな行動        増加するおもな行動
 ┌2歳┐                    ┌6歳┐
 ・甘える                   ・きまりを守る
 ・助けを求める    減       ・協力する       増
 ・わがまま        少       ・協調的である   加
 ・情緒不安定               ・親切である
 ・動揺しやすい             ・責任感がある
 ・しがみつく
 └6歳┘                    └1歳┘
```

図2-30　1～6歳にわたり増減するおもな行動
（注）大場ほか（1976）の資料をもとに筆者作成。

表 2-21 幼児のパーソナリティ・行動特性（因子分析）

行動特性	特　徴	負荷の高い具体的行動
①積極的自己主張性	自己統制に欠け、感情を外面化する行動特徴	反抗的である（.712） いじっぱりである（.702） 勝気である（.670） がんこである（.653） 強情である（.627） かんしゃくもち（.600）
②非社会的無気力性	自己統制が過剰、感情が内面化される	無口（.828） 表情が暗い（.816） 無感動（.732） 小声（.711） 内気（.687） 無気力（.634）
③行動易変性	行動の安定を欠く	落ち着きがない（.793） 行動がだらしない（.710） 注意力がない（.659） あきっぽい（.658） ぶらぶらしている（.623） そわそわする（.521）
④消極的自己主張性	①の特性と対照的な行動群	理屈っぽい（.676） 物事にこだわる（.592） 疑い深い（.590） すなおさがない（.590） 気むずかしい（.576） 神経質（.460）

特性を推定しようとの研究もある。たとえば中原は、第三者が観察により客観的に評価することができる幼児の行動評定尺度の作成を試みているが、その過程で4つの行動特性を見出した（中原1972）。表2-21のとおりである。

これらの4特性に含まれる下位行動のうち、勝気と無口を除いて他の行動群は、いずれも気管支喘息児が健常児より高く、症児特有のパーソナリティの形成が認められるという。これらの特性は、幼児の個性をより深く理解するうえで、また小児臨床の場への適用に有効な観点を与えてくれる。

最近、がまんができず、通称「キレる」子どもの増加が問題になっている。その結果、小学校、中学校での「学級崩壊」の現象が教育現場にひとつの波紋をなげかけている。その学級崩壊の背景をさぐるため、臨床教育研究所が東京都・京都市・福島県・長野県の保育園を対象に幼児の行動特徴などについての実態調査を行なった（臨床教育研究所1999）。図2-31は、こ

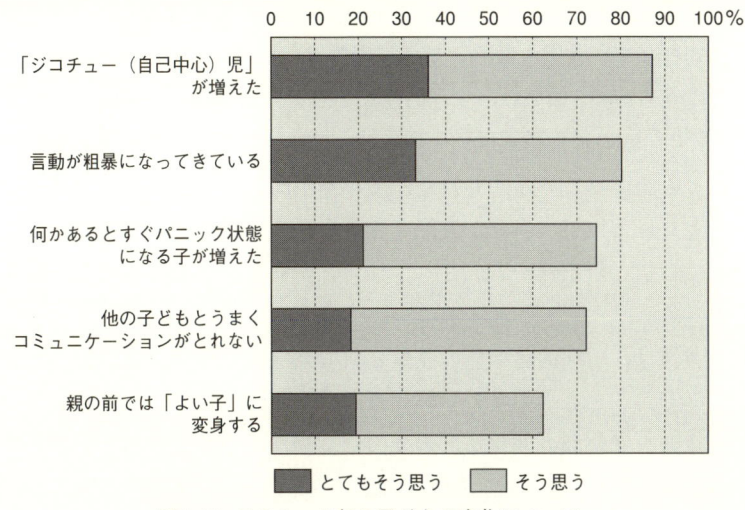

図2-31 この3～5年の子どもの変化について
(出典) 臨床教育研究所 1999。

の3～5年の子どもの行動の変化について保育者からみたものだが、図に示されている上位の回答の他に、「部屋に入ってきたとたん、目の前の子をいきなりたたく子が2～3人いる」「少し自分が拒否されたことで非常にショックを受け、泣きわめいたり、ものにあたったり、パニックになってしまう」「うるせー、バーカ、おまえ、てめー、くそばばー、などという」「食事中、片足をいすにのせる、ひじをつく、前を向いていられない」「疲れたー、もうやめるとすぐいう」などが報告されている。幼児の段階から「キレ傾向」の芽生えがみられ、図にあげられている行動特徴は、小学校低学年の学級崩壊現場でみられる特徴に一致するという。最近の幼児のがまんのできなさ（フラストレーション耐性の少なさ）を反映している。

● **基本的生活習慣の自立とパーソナリティ**

子どもは、生まれた社会に適応し人間としての生理的・社会的生活を営むうえで必要な、その社会のもつ文化が期待する行動様式を身につけながら成長していく。これを「文化適応（acculturation）」の過程といい（ゲゼル1968）、健全なパーソナリティの発達にとって重要な意義をもつ。この文化

適応の過程が基本的生活習慣（fundamental habits）の形成であり、その基礎的行動様式として、食事、睡眠、排泄、着脱衣、清潔の5領域があげられている。このうち前の3領域は、生理的生活を整え健康の維持に必要な習慣であり、後の2領域の行動様式は、心理・社会的生活での自立性の発達と関連する習慣とみなされている。したがって、基本的生活習慣を身につけることは、子どもにとって、自分が支配できる生活の領域を手にすることができたことで自信と自主性が育成され、社会化の促進にとって重要な意味をもつものである。

生活習慣は、生理的諸機能の成熟と環境条件との相互作用によって形成されていく。子どもの心身の早熟化傾向や文化的・社会的な生活様式、親の養育意識、価値観の変化などの要因により、その自立が強く影響を受ける習慣領域もある。図2-32、図2-33は、基本的生活習慣自立（標準年齢）の時代的変遷をみたものである。たとえば、食事の習慣（図2-33）では、「離乳」「食事のあいさつ」などおもに母親の養育意識との関連性が高いと考えられる行動に自立の早期化が認められている。また、着脱衣の自立はそうとう早まっており、約40年間に脱衣の完全自立で1年、着衣では1年半ほどの早まりがみられ、このことは現代の育児意識を反映したものとみられる。

図2-32 基本的生活習慣自立の姿（30年間の比較）
(注) 山下（1949）、西本（1965）の資料をもとに筆者作成。
36—1936年 山下、63—1963年 西本

習慣の形成は「反復の原理」にしたがい、「型づけ」と「反復練習」からなる。「型づけ」は、たとえば、歯をみがくという大きな動作を構成している単位・部分動作がひとつひとつ順序づけられて行なわれて、ひとつの型が定まることである。この順序づけが崩れると習慣化が困難となる。この

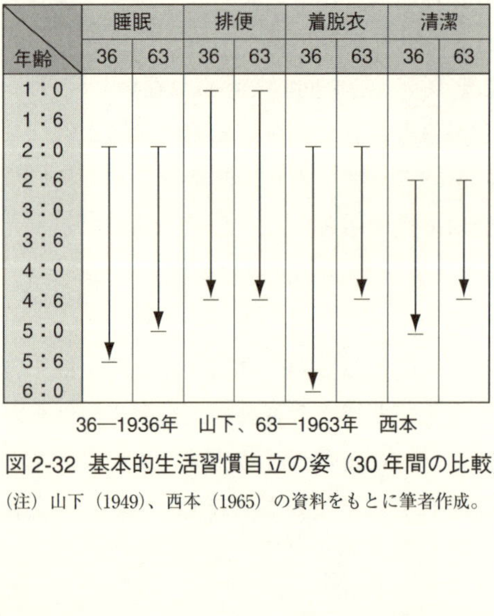

順序づけの過程では、幼少児では手をとって教え、大人が手本を示してやると効果があがる。「型づけ」にとって重要なことは、反復練習であり、これによって一定の行動枠が形成されその動作を身につけることになる。幼児は自分のなかに発達してきた能力や機能を好んで積極的に使用しようとする心の機構をもつ——自発的使用の原理（ジャーシルド1952）。この原理をふまえ、幼児が自分でやろうとする意欲、失敗しては繰り返そうとする練習体験を大事にしながらの習慣づけ・しつけのあり方が大切である。基本的生活習慣の自立は、その多くがほぼ4歳段階で確立する。ゲゼルは、「5歳を過ぎると、子どもは彼としてのひとつのまとまった人格をもつ」とのべている（ゲゼル1968：59）。

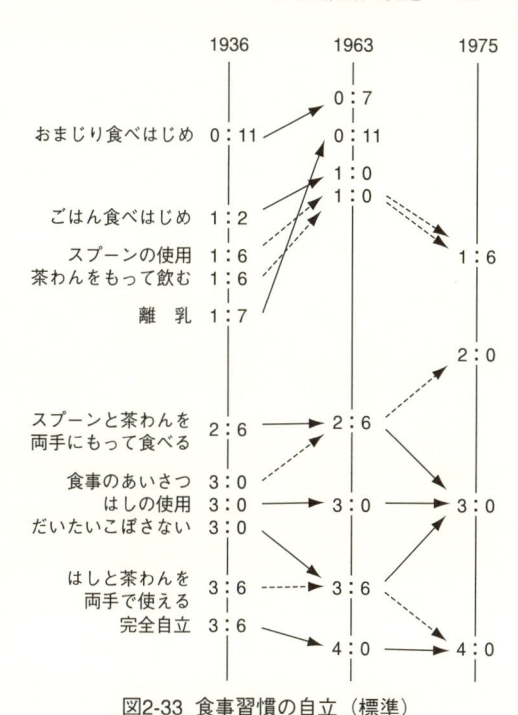

	1936	1963	1975
おまじり食べはじめ	0:11	0:7 / 0:11	
ごはん食べはじめ	1:2	1:0 / 1:0	
スプーンの使用	1:6		1:6
茶わんをもって飲む	1:6		
離乳	1:7		
スプーンと茶わんを両手にもって食べる	2:6	2:6	2:0
食事のあいさつ	3:0		
はしの使用	3:0	3:0	3:0
だいたいこぼさない	3:0		
はしと茶わんを両手で使える	3:6	3:6	
完全自立	3:6		4:0

図2-33　食事習慣の自立（標準）

(注) 山下 (1949)、西本 (1965)、谷田貝ほか (1975) の資料をもとに筆者作成。

4 パーソナリティの形成と親と子のつながり

● パーソナリテイの形成と家庭環境

ひとのパーソナリティは長い年月をかけて、さまざまな要因の影響を受けながら形成されるが、ここでは、子どもの性格形成に重要な影響を与えるとされる家庭環境の問題を考えてみよう。ひとの子は、すでに第Ⅰ章で明らかにされたように、その出生の特殊性から発達の初期ほど親の全面的

な保護がなくては生きられない。このことから、親と子の緊密な関係が生まれ、そのあり方がパーソナリティの形成に大きな影響をおよぼすことは当然考えられるところである。

子どもの発達への親側のもつ諸条件の影響に関する研究は、精神分析学のフロイトが成長後のパーソナリティにたいする幼児期体験（infantile trauma）の影響力を重視して以来、数多くの資料が積み重ねられてきた。親子関係に重点をおいた母子をめぐる関係の障害、情緒障害や非行に関する研究や、文化人類学的な知見などである。これらの研究をとおして一致していることは、幼少期における親と子の相互関係が、その後の発達にかなり決定的な要因として作用するということである。親子関係の研究は、日常の具体的なしつけ・育児法を導き出す親の全体的な養育態度に注目し、これを先行条件、子どもの行動、性格を後続条件としておさえ、両者の対応を明らかにしようとする試みがよく行なわれてきた。

ここでは、幼児期のパーソナリティの形成・発達にとって重視されている特性として比較的よく研究が進められている攻撃性と依存性の特性について、その性質を調べ親の養育行動との関連をみることにする。

● **攻撃性**

フロイトは、人間の攻撃性を生得的行動型のひとつと考えたが、その発生・形成のメカニズムは充分解明されてはいない。しかし、攻撃性の程度やタイプは社会化の過程で学習・獲得されるとの説が多い。幼児期における攻撃性は、自分の所有権の主張あるいは自己の所有物を取り返すことを目的とした、直接的には怒りの情動をともなわない「道具的攻撃」から、対人関係認知の発達と関連し相手に敵意をむける「敵意のある攻撃」へと発展するといわれる。

子どもの攻撃行動、たとえば敵意や怒りをともない相手に危害や苦痛を与える攻撃は、多くの文化では罰の対象となる。家庭や幼稚園などの集団のルールや人間関係での秩序の維持を大事にしようとする場合は、抑制的・禁止的なはたらきかけが行なわれ、攻撃性の強い幼児はやっかいな手におえない子どもとして問題視される。これにたいし、社会の文化型によ

ってはむしろ奨励される場合がある。たとえば、ニューギニア群島に住むムンドグモール族の社会では、その文化全体が首狩りの風習をもち、好戦的である（Mead 1935）。したがって、激しい攻撃的な男女の結婚が理想とされ、強い自己主張、粗暴さ冷酷さが奨励される。女児においてもぶたれたら、その相手を打ち返すことが許される。この部族でなくとも、相手を打ち返すなどの攻撃性は、つね日ごろからおとなしく消極的な子どもの自己主張的行為とか、集団、個人を問わず自己防衛の手段であれば、是認あるいは奨励されることも多い。

　従来の研究の多くは、攻撃行動にたいする罰の効果を認めていない。その場合、攻撃の禁止（罰）→フラストレーション→攻撃（直接的、間接的攻撃）の発生という悪循環がみられるという。罰の効果が認められない原因について、つぎの諸点が指摘されている（小嶋1975）。①罰の効果は一時的で、厳しい処罰だけでは内面化した抑制作用とはなりにくい、②厳しい処罰は、子どもをフラストレーションに陥れやすく、攻撃動機を高めやすい、③子どもを罰する人自身が攻撃的モデルとなり、攻撃的な子どもを生み出しやすい、④罰により直接的な攻撃は禁止できても、攻撃対象の置き換えや間接的なかたちでの攻撃の増加を招きやすい、⑤厳しい罰は、子どもの人格のいろいろな面に望ましくない副作用を起こす可能性があるなどである。

　日ごろの幼児の行動を観察すると、他児になぐりかかるなどの直接的な攻撃行動は比較的少ない。そこで、幼児の攻撃性をとらえるには、他児を高びしゃに支配する（支配的行動）傾向が強いか、他児とよく協力する（協力的行動）ほうなのかの相互関係に注目したほうが、より現実的である。この仮説にたって、メイヤー（Meyer, C. I.）は、攻撃性指数（＝支配的行動量／協力的行動量）を測定した（広田1975）。指数値が1より大であれば、非協力的・支配的で攻撃性が高いとみるわけである。さらに彼は、両親との面接調査で得た養育行動に関する資料をもとに、この攻撃性指数との関連を検討した。その結果（表2-22）、幼児の攻撃性に、しつけにたいする両親間の行動のあり方や子どもとの接し方が重要な影響をもつことを見出した。しつけにたいする両親間の摩擦・不調和が大きいほど、他児への攻撃性を高

表2-22 幼児の攻撃性と両親の行動との相関

子どものしつけについての両親の摩擦	.57
家庭における不調和	.41
子どもとの関係の親近性	−.61
子どもの問題についての理解	−.59
子どもの行為の承認・否認の敏速さ	−.56
育児ポリシーの民主性の程度	−.52

(出典) 広田1975。

めること、両親と子どもが親和的で、子どもの問題に理解的であれば、幼児に協調的な行動量が多いなどである。

● **依存性**

依存性とは、子どもがまったく無力な状態での受動的な依存ではなく、自分にとって重要な人物を認知し、その人の養護や介助を求めてはたらきかけていく行動傾向である。「養育者からの養育・介助の活動を目標とするアクション・システムであり、養護者との相互作用から学習した動機である」とシアーズはのべている (Sears, R. R. et al. 1966: 27-28)。

幼児の依存性を操作的にとらえる基準として、どのような行動特徴を考えるかには諸説があるが、ほぼ共通してつぎの行動があげられている。①身体的接触、②特定の人のそばにいること（親近さ）、③注意を引く、④承認を求める、⑤助力を求める、などである。母子関係について多くの研究を行なったシアーズは、この他に、幼児の攻撃行動のなかに依存動機をもとにした注意獲得行動 (negative attention seeking) を見出した (Sears et al. 1966)。たとえば、物を壊す、乱暴する、故意に規則を無視・拒否する、反抗などの否定的・攻撃的行動をとることで注意・関心を引こうとするわけである。幼児の場合、この行動型に加えて身体接触を求める、親の後追いやそばにいたがるなどの行動型も示される事例が多い。

幼児は依存の段階をへて自立することを学習していく。ここで、依存性と自立性（独立性）の関係が問題にされる。ベラー (Beller, E. K.) は、両者の関係を調べ、依存度が高いと独立性は低く（その逆の傾向もあるが）、依存

動機を生む親の態度が、同時に、子どもが自分の力で環境を探索し、支配することを奨励していくならば、独立行動を助長することから、2つの動機は相矛盾するものではないことを明らかにした（Beller 1955）。津守真らは、乳児期に母子接触が多いと依存性の発達を促進し、また、母子接触をよく行なう母親は、子どもの探索行動にたいして寛容で独立的行動をも助長することを見出した（津守ほか1958）。このように依存と自立は同一次元の両極に位置づける概念ではないとする見解が多い。また、必要に応じ親が子どもの要求を満たし助力を与えてやらなければ自立性は育たない（依田ほか1961）。子どもの依存性と親の養育態度との関連について、たとえばシアーズらは、母親の冷淡で愛情を示さない態度、拒否的で厳しい処罰的態度が依存度を高めること、母親の不安・焦燥感がますます依存度を助長することを指摘した（Sears et al. 1957）。罰が厳しく依存行動にたいし拒否的な場合は依存性を高め、また、依存行動には寛大で罰もゆるやかである場合も依存性を強めるという2種の発生原因があるといわれる（津守ほか1960）。一般に、ひとりっ子、長男は依存性が高く、また着脱衣、用便、歯みがき、手伝いなどの生活習慣の自立が、強い依存度を低めるのに効果的であることがわかっている。

　幼児の「人とのかかわりの育ち」の発達からみたとき、「依存なしには、自立はありえない」といえる。いいかえると、依存（甘え）を受け入れてくれる人の存在により、子どもは安らぎを覚え、意欲の源となる新しいエネルギーを蓄積し、自分で積極的に課題に打ち込むことができるわけである。「人とのかかわり」の発達は、依存（dependency）→自立（self help）→自律（self control）の過程で進む。幼児は、この過程を適切に経過することにより集団のなかで協調的・積極的に自己を発揮できるように健全なパーソナリティを発達させていく。

● **パーソナリティ形成と観察学習**

　子どものパーソナリティが形成される過程で観察学習の果たす役割は大きい。観察学習（モデリング）とは、特定の人（モデル）の行動を観察するだけで、その行動のしかたを子ども自身が能動的に習得するタイプの学習である。

幼児は、つねに身近にいる親のしぐさや態度をモデルとし、これを観察し、模倣し、自分の行動や態度のなかにとりいれて育っていく。また生活領域の広がりにともない、モデルの範囲は親から同胞・保育士・教師・友人そして信頼のおける人へと拡大していく。観察学習は、幼児教育における重要課題として最近注目を集めている。

ここでは、まず、保育者をモデルとする幼児の観察学習についての実験的研究を紹介しよう。

　　祐宗省三らは、担任保育者をモデルとする幼児の自己強化に関する実験を行なった（祐宗1977）。幼児の前方に置かれた箱にボールを投げ入れる状況で、実験場面を操作し、まずボールを多く（8個）入れ、良くできたと思えば大きい星のステッカーを、少なくて（2個）、できが良くないと感じたら小さい星を取らせた（自己強化）。ついで、保育者のボール投げをVTRで見せ、そのさい8個以上入れても「良くできなかった、だから小さい星を取る」、2個以下では「良くできた、大きい星を取る」という保育者の場面を観察させた。結果は、8個を入れた子どもの33％が「小さい星」を取り、2個しか投入できない幼児の71％が「大きい星」を取るなどのモデリング効果がみられた。ただ、これらの実験結果が、どれほどの永続的な効果をもつかは、なお検討されるべき課題である。祐宗は「幼児に習得させるべき内容を保育者自身がモデルとなって示範する非指示的なモデリングは幼児教育の実践において極めて重要な位置を占める」とのべている（祐宗1977：43）。

観察学習の効果は、モデルと学習者との関係のあり方が重要な条件となるとの見方がある。日常生活のなかで、比較的ひんぱんな接触があり、モデルとなる人物と子どもとの間に情緒的愛着関係が成立していること、さらに子どもがモデルとなる人物の有能さを認め信頼していることなどが条件としてあげられる。これが同一視（identification）の概念でまとめられる模倣である。

　　幼児（4〜5歳児）が母親の行動を模倣する程度は母子関係のあり方に影響される。松田惺は、モデルが母親（女性）である場合、子どもの性差による模倣効果が現われるであろうとの仮説を実験的に検証した（松田1973）。子どもが母親をどう認知しているかによって、母親受容群、母親拒否群に分け、また未知の女性のモデルを観察する幼児群も設定した。母親モデルが、人形をなぐる、ボールをぶつける、縄で

しばるなど新奇で攻撃的な行動を演技するTV録画を幼児たちに見せたあと、物理的に同じ状況での自由遊び（10分間）を観察した。その結果は表2-23だが、①模倣行動は、母親受容群が男・女児ともにもっとも多い。②未知女性モデル群に模倣の程度が少ないとはいえない（拒否群との間に有意差なし）。③男・女間の差は認められない。ただし母親拒否群では、女児の模倣行動は男児にくらべて高い傾向であった。④遊びのあとでモデルの行動を思いおこす程度は、母親受容群の成績がもっともよく、保持が長い。

家庭内で親の権威のあり方が、幼児（4～6歳）の模倣行動に与える影響を調べた実験がある（Hethrington 1967. 北尾1974）。父親、母親のいずれが支配的であるかを一定の手続きで決定し、この種実験での標準的手続が行なわれた。図2-34は、その結果である。①母親が支配的な場合は、男・女児ともに母親の行動をより多く模倣する。②父親が支配的な場合、男児は父親の行動をより多く模倣するが、女児はやはり母親を模倣することが多い。このことから、女児は一貫して母親を模倣する傾向があるのにたいし、男児は父親が権威・支配的である場合のみ父親を模倣するといえ、男性的性格の形成にとって母親支配の家庭は不利となることを示唆している。また、温かく愛情と理解のある母親の場合に女児はより多くの模倣行動が生じることもわかった。

表2-23 母子関係と模倣

	モデル		
	受容的母	拒否的母	未知女性
男子	29	4	0
女子	27	12	5

（出典）松田1973。
（注）自由遊び中でモデルを意図的に模倣した行動の頻数。

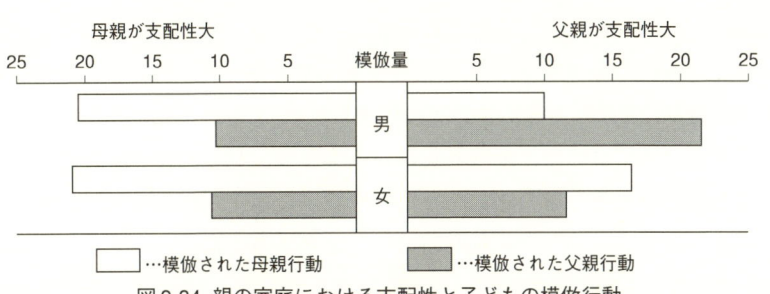

図2-34 親の家庭における支配性と子どもの模倣行動
（注）ヘザリントンらの研究資料（北尾ほか1974）をもとに筆者作成。

これらの実験事実は、子どもが親の行動や態度を模倣し、自分のなかにとりいれていくさい、親と子の相互間に受容的な温かい情緒的関係が成立していることが重要であることを示している。また女児にとっては、この温かい関係性が母親の行動模倣を高めるようだし、男児では「男性らしさ」という性役割行動の獲得にとって、父親の家庭内での力の強さがとりわけ重要であることを示唆している。ただ、さきの松田惺の実験では、子どもの模倣行動全般に注目したとき、母親を受容しているか否かに関係なく、ほぼ同程度の模倣が認められている（松田1973）。このことは、観察学習にとって情緒的関係のあり方がかならずしも前提条件とはならないことを暗示させるものだし、一方、モデルの行動をどれだけ注意深くとらえていたかとの認知基準も見逃せない要因としてあげられよう。これが、バンデューラ（Bandura, A.）らのモデリング（modeling）理論である。モデリングの対象は、親など現実の人物に限定されず、テレビ・マンガなどマスメディアに登場する人物・動物の効果も大きいことが明らかにされつつある。これらは、幼児教育にとっても新たな問題を提起するものである。

5 母子関係の障害

乳児期における母子間の親密な相互交渉が欠けた状態が継続すると、乳幼児の情動をはじめ知的・言語的・社会的および身体運動的側面の発達に、一時的あるいは永続的なマイナスの影響をもたらす事実が指摘されている。母子関係の障害は、母性的養育の喪失（マターナル・デプリベーション maternal deprivation）と母性との分離体験（マターナル・セパレーション maternal separation）がその代表的なものとしてあげられるが、ここでは、前者が乳児の発達に与える影響をとりあげよう。

ボウルビィによれば、母性的養育の喪失とは、身体的な分離あるいは乳幼児の触・視・聴・運動感覚などへの母親から与えられる感覚的刺激を欠くことを意味し、さらに、乳児の示すさまざまな要求にたいする母性の敏感な応答性を含めての情緒的・社会的交流を欠いている状態である（Bowlby 1951）。1944年、アンナ・フロイトらが第2次世界大戦で家族を失い施設で

育った「家族なき乳児たち」の観察を報告したことは、有名である（Freud et al. 1944）。人生の初期から母子間の情緒的な交流を経験せず、子ども同士の世界に入ることをよぎなくされた子どもは、いろいろの危険からまず自分を守るために幅広い情動を発達させる。たとえば、友達を慰めたり助け合うなど同情的態度を示すかと思えば、一方で他の子を生命のない物のように扱い、攻撃的で相手の気持ちを配慮しないなど温かみに欠けた態度が目立った。発達初期から社交的にならざるをえない状況で生育したため、母子間の安定したアタッチメントを基礎に形成されるはずの愛する能力を発達させることができなかったことが、おもな原因だとみられる。

　こうした養育者の愛情の欠けた養育行動が、精神面だけでなく身体面の遅れをもたらす症例に、ウィドウソン（Widdowson, E. M. 1951）が報告している愛情遮断性小人症がある。第2次世界大戦直後のドイツの施設で、食事や栄養状態は同じ条件であるのに、子どもに厳しく接する養育者が世話をすると子どもたちの体重・身長は伸びず、世話の担当者を変えると伸びだしたという。養育者に可愛がられない子どもは精神状態の乱れや睡眠の障害などがみられ、身長も伸びない。こうした生体リズムの乱れが、ホルモンの分泌の障害をもたらし発育の遅れをもたらすといわれる（小林1984）。最近、社会問題化している母親の子どもの虐待の事例をみても、そのなかの多くに出産後早い時期での母子接触が少ないことがわかっている。

　母性的刺激を欠くことの影響については、施設保育がもたらす心身の発達・適応上の障害、つまりホスピタリズムの問題として1940年代以後とくに論じられてきた。早期の施設収容がもたらす障害の主な特徴を表2-24にまとめてある。最近の研究では、施設保育面での積極的な配慮により身体や情動面に現われる症状は軽減しているが、言語発達の障害はなお持続することが注目されている。

表2-24　早期施設収容がもたらす行動障害の特徴

1. 運動機能を効果的に活用することの遅れ
2. 社会的習慣の遅れ
3. 周囲の環境（ひと）への積極的関心の乏しさ、消極的、受動的で玩具などの活用が貧困
4. 声を出して喜ぶ、泣くなど情動表現が乏しい
5. 喃語をはじめ言語機能の遅滞が目立つ

たとえば、プローヴィンスは、生後2か月前後の発声活動から遅れをみせはじめ、その後1年間をつうじて著しく遅滞するという（Provence, S. et al. 1962）。養護施設収容児についての調査では、施設入所年齢の低いほど、また在園期間の長いほど、言語性IQ（WISC）が低下することがみられる（宮本1977）。この原因として、とくに特定の養育者との1対1の言語的刺激が不足すること、また言語的応答性や模倣など言語的相互交流の乏しさが重要であるという。そして、このような言葉での相互交流の不足は、施設に限らず一般家庭でも言語の発達を遅らせる要因となることが認められている。

　こうした障害発生にたいする予防策の検討もなされており、そのひとつは、母親に限らずひとりの適切な養育者による、乳児にたいするマザーリングの強化である。そのさい、接触の時間の長さではなく、養育者の愛情・世話の質が問題となることをラター（Rutter, M. 1981）は重要だとしている。愛情に満ちたマザーリングにより、乳児と養育者との間に打ち解けた豊かな心の交流、言語表現での交流が生まれ、それは他の人びとへも般化（ある刺激―反応の結合による効果が他の場合にまで広がりおよぶこと）することが証明されてきている。

コラム　子どもの虐待（Child Abuse）

　子どもにも人権があり、ひとりの人間として尊重されるべきことが社会の共通認識として明確にされてきたこの現代にもかかわらず、子どもへの虐待はあとを絶たない。むしろ、児童相談所に通告される件数は近年急増している（図2-35）。そのため、虐待者から虐待を受ける子どもたち（被虐待児）をどのように守り、虐待を予防し、虐待による傷つきを癒すことができるかは、大きな社会問題となってきている。

　ところで、子どもへの虐待は、たんに殴る蹴るなどの身体への暴行だけにとどまらない。おもな虐待のタイプには、以下のようなものがある（厚生省1999）。

① 身体的虐待（physical abuse）——生命・健康に危険のある身体的な暴行。打撲症や骨折、頭部外傷、刺し傷や火傷などの外傷、あるいは、首を絞める、殴る、蹴る、投げ落とす、熱湯をかける、布団むしにする、溺れさせるなど、生命に危険のある暴行を加える行為など。
② ネグレクト（neglect）——保護の怠慢や拒否により健康状態や安全を損なう行為。子どもの健康や安全面への配慮を怠る、子どもへの愛情を与えない、子どもの健康状態を損なうほど食事・衣服などへの配慮が欠けている、親の都合のため子どもを家のなかや車中に放置するなど。

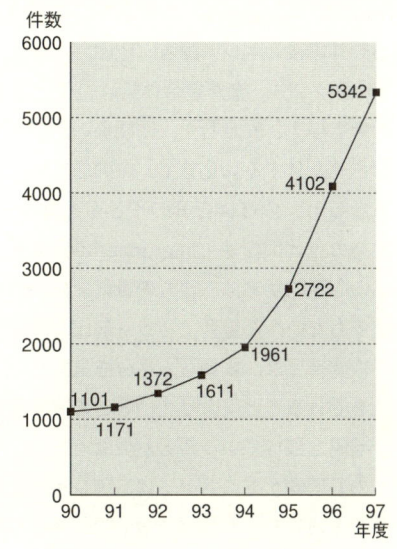

図2-35 各年度ごとの全国児童相談所へ相談のあった虐待件数
（注）厚生白書にもとづき筆者作成。

③ 心理的虐待（psychological abuse）——暴言や差別など心理的外傷を与える行為。言葉による脅かしや、子どもからのはたらきかけを無視したり拒否する。「おまえなんか産むんじゃなかった」「おまえのせいでこんなに苦労させられているんだ」など、子どもの心を著しく傷つけることを繰り返して言う。他のきょうだいと著しく差別的に扱うなど。
④ 性的虐待（sexual abuse）——子どもへの性交、性的暴行、性的行為の強要。実際に性行為を強要することだけでなく、性器を見ることを強要したり、ポルノグラフィーを見させることなども含む。

虐待行為は、それによって子どもが身体的に傷つくだけでなく、心理的にも深刻な傷つきを被る。この心理的傷つきのことを心的外傷（トラウマ

trauma）ともいい、このトラウマによって持続的に生じてくる症状を、心的外傷後ストレス障害（Post Traumatic Stress Disorder；PTSD）という（表2-25）。また虐待体験は、子どもの心理的な発達過程にも重大な悪影響を与え、安定した人間関係の形成を阻害したり、知的発達の遅れを生じさせたりする。そして、この虐待によるトラウマが癒されないまま大人になると、今度は自分の子どもを虐待してしまう可能性もある。これを、虐待の世代間伝達（intergenerational transmission）というが、被虐待児への心理的ケアは、つぎの世代で虐待が再発しないよう予防するという意味でもたいへん重要である（前田1998）。

被虐待児は、本来なら自分を無条件で守り愛してくれるはずの親から虐待を受けることにより、他者との間で基本的信頼感を体験する能力に大きな損傷を被っていることが少なくない。そのため、このような子どもたちへの心理的ケアにおいては、プレイセラピーをとおして被虐待体験での傷つきを表現し、セラピストとの関係のなかで癒していく作業を行なう「回復的経験の提供」とともに、安全で守られた場のなかで、さまざまな人びとの肯定的で温かな側面との出会いの体験を積み重ねる「修正的経験の提

表2-25 DSM-IVによるPTSDの診断基準

A. ひとの生命が危険にさらされたり失われる場面を目撃したり、自分自身が実際に体験し、極度の恐怖や絶望、驚愕を感じる。
B. Aのような体験を繰り返し再体験する。その再体験は、反復的で侵入的な苦痛をともなう想起であったり、その体験に関する苦痛をともなう夢の反復、あるいは、まるで外傷が繰り返されているかのような行動の反復であったりする。
C. 外傷に関連した刺激を日常的に回避したり、反応性が全般的に低下する。たとえば、外傷に関係した考えや感情・会話を避ける。外傷を思い起こすような行為や場所・人物を避ける。外傷の重要な部分を思い出せない。大切な活動にたいする興味や参加への意欲低下などとして示される。
D. 過覚醒状態が生じる。たとえば、入眠やその継続が困難となったり、いらいらや怒り爆発を起こしたり、注意集中が困難であったりする。
E. B～Dの症状が1か月以上継続していること。
F. 略

（注）アメリカ精神医学会（1995）から、筆者により、一部を省略したうえで要約したもの。

供」が大切である（ギル1991）。したがって、被虐待児の心理的ケアのためには、子どもたちの生活する環境全体が、子どもを「抱える場」として機能するように配慮し、組み立てていく必要がある。

なお、子ども時代に虐待を受けていたとしても、その後の人生において、虐待者以外の親や友人・教師など身近な人との間で、支持的で受容的な出会いを体験できた人は、わが子との間で虐待を再現する可能性は低くなるといわれている。また、子ども時代に虐待を受けていなくとも、子育てにおけるストレスが大きく、周囲から孤立し、配偶者や親族、地域社会からのサポートが得られないようなときには、だれでも育児不安が増大し、結果的に子どもを拒否したり折檻を加えたりしてしまう可能性をもっているともいえるのであり、虐待は非常に特殊な親だけが行なう行為だとして限定してしまうべきではない。

5 ──仲間関係の形成

1 仲間との出会い

「友達と仲良く遊べない、どのようにすればよいだろうか」。

3歳児をもつ母親からよく聞く心配である。大人の目からは、「友達と仲良く遊ぶぐらい、簡単なもの」と思えるが、幼児にとって協調的な仲間関係の形成はかならずしも容易ではなく、年齢に応じた種々の体験が必要である。1歳ごろは、1日のほとんどを母親といっしょに過ごすことが多いが、1歳半から2歳へかけて友達への関心が急速に芽生え、仲間と遊ぶことへの興味を高めていく。幼児の社会的遊びの発達については、パーテン（Parten, M. et al. 1943）の研究がよく知られている。乳幼児保育園での観察から、社会的遊びは年齢とともに「傍観」→「ひとりあそび」→「平行遊び」→「連合遊び」→「協同遊び」の方向に現われることを示した。

バーンズは、1969年に37年前パーテンが行なったのと同じ分類基準で幼

表2-26 年齢による遊びの変化

段階	遊びの内容
遊戯萌芽期 (生後1歳まで)	授乳のさい、母親の胸をおしたり、衣服をひっぱったりする。いろいろなものを、口に入れてみる。いろいろな音声を出す。
モザイク的遊戯期 (2歳)	ひとつひとつの遊びの継続時間は10分くらいで遊びの内容はつぎつぎと変化していく。断片的な遊戯活動。大部分は<u>ひとり遊び</u>の段階。後半には<u>平行遊び</u>も認められる。
模倣的遊戯期 前期(3歳)	3人ぐらいの集団で遊べる。<u>低次の連合遊び</u>が可能で、玩具の貸し借りがみられる。継続時間は1時間ぐらいとなる。遊びに性による差異が生じる。ごっこ遊びが代表的なものだが、いく種類かの遊びが混在する。
模倣的遊戯期 後期(4歳)	ボール遊び、描画、紙切りなどが可能となる。ルールを守っての遊びもみられるようになる。ごっこ遊びの最盛期。集団での遊びは一層うまくなり、<u>高次の連合遊び</u>も認められるようになる。
想像的遊戯期 (5歳)	玩具がもっとも重要な役割を演じる。遊びは用いられる玩具によって決定される。高次の連合遊びが可能になり、遊戯集団は5〜6人ぐらいまでに増加する。地位や役割も認められる。遊びが欲求不満の代償的満足やカタルシスを獲得する手段に用いられる。
社会的遊戯期 (6〜9歳)	集団遊びでは玩具はあまり用いられなくなる。集団での社会的な遊びが増加する。読書や描画、工作なども多くなる。

(出典) 高野・深谷編1990。
(注) 表中の「遊びの内容」欄の下線は筆者が付したもの。

児の遊びを観察し比較してみた (Barnes, K. E. 1971)。その結果、3〜4歳児はひとり遊びや傍観的行動が増加し、連合遊び、協同遊びは減少していた。また、5歳児でも連合遊びが主で、協同遊びは少ないことがわかった。この資料でみるかぎり、社会的遊びは各年齢で低下しており、その原因についてバーンズは、きょうだい数を含めた家族数の減少、マスメディアの普及などをあげている。表2-26は、最近の日本の子どもについて年齢による遊びの変化を明らかにしたものである (高野・深谷編1990)。これをもとに、幼児期における仲間関係の発達を追ってみよう。

● 仲間遊びの発達

①他児への興味・関心の芽生えの時期 (1歳半〜2歳ごろ。ひとり遊びの時期) ——同年齢の子どもを熱心に見つめる、手でさわる、おもちゃを手渡すなど、心の交流は少なく、むしろおもちゃとの交渉がおもな時期で、大部分がひとり遊びの段階である。

②仲間といっしょにいることが楽しい時期 (3歳前後のころ。平行遊びから

低次の連合遊びの時期）──初期には、同じ場所で遊んでも、お互いに自分勝手に好きなことを楽しむとか他児と同じことをする「平行遊び」が多い。一方で、おもちゃの貸し借りや話し合いながら遊ぶ「連合遊び」も増加してくる。つまり、3歳時期は本格的な仲間との活動へ入る過渡的段階である。しかし、平和な遊びばかりは続かず、自己意識の高まり、所有権の主張、他児にたいする配慮のなさなどから、衝突やけんかがよく発生する。そして、力による上下関係が生まれやすく、この上下の対立を経験してのち対等・平等の意識を学習していく。

③仲間との社会的・情動的な交流が深まる時期（4～5歳ごろ。連合遊びが活発な時期）──連合遊びがますますさかんとなり、より社会性の高い遊びのかたちをとるようになる。遊び仲間の間に地位や役割が分化しはじめ、たとえば「砂場に山やトンネルをつくり汽車ごっこをしよう」などひとつの目標のもとに、ひとりひとりが分業をもちながら長く遊ぶことができるようになる。遊びの内容に応じてリーダーやボスができる高次の連合遊びが可能となる。幼児や小学校低学年児で観察される「ごっこ遊び」は、その多くがこの種のものであるという（田中 1975）。4歳期ごろでは、遊び友達の選り好みも現われ、一般におとなしすぎて退避的な子、いじめっ子、乱暴や悪口を言う子などを嫌うようになる。陽気でおもしろい子、楽しく明るい子、遊びをよく知っている子などが好まれる。幼児期の遊び友達は、一時的・流動的で変動することが多い。

この時期に多く観察される遊びは、ごっこ遊び（make-belive play）に代表される「社会劇遊び（socio-dramatic play）」である。この遊びは、大人などの動作や役割を模倣したり、おもちゃや石ころ、木片、ダンボール箱などがいろいろの性質をもつ「つもり」として扱われ、「ふりをする」「したてる」などのイメージを浮かべて電話器、飛行機、自家用車や電車などに変わり象徴性をそなえるなど、子どもに自由な想像性をかきたてる特徴をもっている。こうした想像的活動（想像遊び・象徴遊び）は、思考活動を活発にし創造性の育成につながり、さらに攻撃感情を発散させ、仲間同士の結びつきや相互の協力をいっそう深めるもとになる（ジャーシルド 1972）。

2 仲間とのふれあいの世界へ

子どものもつ自主性や自己意識の発達のもとに、他児への思いやりを広げ、日ごろの生活で他の人との間で協調的行動ができることを社会性という概念でまとめることができる（児玉1970）。この意味で、幼児期は積極的に社会性を身につける過程であり、その過程はひとつの順序性（表2-27）をもって発達することが明らかにされている。この順序性はアメリカの子どもにも同様に認められている（児玉1970）。社会性の発達で注目すべきことは、表2-27にみられるように、他の人への配慮、思いやりなど協調的な方向への積極的な面と平行して、自分の所有権の主張など強い自己主張という消極的な面とが表裏のかたちで進んでいくことである。なお、日本保育学会の1954年調査との比較では、15年をへて社会的発達の遅れがめだっており、社会的な状況および家庭のしつけの変化と強い関係があるのではないかなどが指摘されている（児玉1970）。

この社会性・仲間関係の発達には性差があり（表2-28）、男児優位の項目は、ほとんどが攻撃的で強い自己主張を表わすもので、その多くは、3歳から6歳にかけて一貫して認められる。これにたいし、女児優位の項目は、他児への配慮・親切さなどに加え責任性・自律性の項目である。このことは、社会性は、女児が男児にくらべより早い発達をみせることを示している。

表2-27 社会性発達順序の分析

積極的面	消極的面
子どもと遊ぶ 他児の賛成・援助を求める 他児を助け、守る、親切にする、なぐさめる 他児と協力、仲間に入れる、ごっこ遊び 大人の手伝いを受ける、積極的に手伝う、大人に話しかける 自分のしたいこと、まかされたことに責任をもつ	他児のもっているものをひったくる　　　　　　　　　　　　　　　（3歳後半減少） 思いどおりにならないと、いうことを聞かない　　　　　　　　　　　　　　（4歳前半減少） 自分のものを他児がとろうとすると荒々しくひっぱる　　　　　　　　　　　　　　（5歳減少） 自分の使っているものや居どころをゆずらない　　　　　　　　　　　　（5、6歳減少） 競争心がある　　　　　　　　　　（6歳増加）

(注) 日本保育学会（1970）の調査資料について、児玉のまとめたものを、一部表現を変え、また部分的に省略し、筆者作成。

表2-28 社会性発達の男女差

男児優位項目	（発達差有無）	女児優位項目	（発達差有無）
1) 他児にさわったり、押したりする	（　無　）	1) 悲しんでいる子を慰める	（有・増加）
2) 他児のもっているものをひったくる	（有・減少）	2) 親切（よく他児の世話をする）	（有・増加）
3) 他児をからかったり、いじめたりする	（　無　）	3) 母親のように他の子をかわいがる	（有・増加）
4) 他児がしていることを邪魔したり、製作物をこわす	（　無　）	4) 大人の手伝いをよくする	（有・増加）
5) おもしろ半分で他児をぶつ、つねる、つばきをする	（　無　）	5) まかされたことに責任をもつ	（有・増加）
6) 自分のものを他児がとろうとすると荒々しくひったくる	（有・減少）	6) いい着物や、いい靴をはいたり、リボンをつけることを喜ぶ	（　無　）
7) 自分のことを「僕」「私」「自分」のことばでよぶ	（有・増加）		

(注) 1) 3:6〜6:11を半年ごとに区分したすべての年齢段階にわたって優位である項目（1%、5%レベルの有意差）。
2) 日本保育学会（1970）の調査資料をもとに筆者作成。

この資料を分析した児玉省は、「男児は、対人関係における自己の立場、自分の権利、主張などを強調する方に重点を置きながら社会性が展開していく。これにたいし、女児は他人の立場を考慮するということに重点を置いて発達しているということになるかもしれない」との見解をのべている（児玉1970：280）。また、この発達差のひとつの要因として、社会が男女児にたいしてもつ性役割期待が反映されているともいえる。

● 仲間関係の意義

幼児は、いろいろの仲間と遊び、人間的交渉を深める経験をとおして家庭では学習できない多くの事柄を学びとっていく。その意義は、ハーロック（Herlock, E.）らの見解を参考に、以下のようにまとめられる（ハーロック1971）。

① 社会的技術（社交術）の獲得——他児の感情・欲求などの理解、自己抑制、協調性
② 自分と他児のそれぞれの役割の理解——責任・寛大さ、他児の立場の理解

③　経験の広がり——自分での直接的経験、学習モデルの観察などによる
　④　心理的安定——家庭内での不満・不安の鎮静、役割・責任遂行の喜び、誇り
　⑤　他児への愛情（友情）を深める——自分を含め人を愛することの大切さを学ぶ
　さらに、仲間とともにする運動や遊びなどの集団活動は、子ども同士のヨコの対人関係の発展を助け、親—子、教師—子などのタテ関係では得られない情動の相互交流を育み、この交流のなかで共に喜び悲しむ情動体験の分かち合いが、友情を育てていく。教育作用の重要な面である「子どもが子どもを育てる」営みである。最近の子どもの世界の現実は、この営みが乏しいことに大人は心すべきである。
　仲間との集団生活がすべての幼児に有効な結果をもたらすわけではない。あとの第4項の事例のように、仲間集団になじめない子どもも現われる。保育者は家庭との連絡を密にするととともに、ひとりひとりの子どもの動き、心情を理解する努力を重ねながら仲間関係におけるプラス面を助長し、マイナス面を抑える指導のあり方が重要となる。

3　仲間関係と保育者

● 幼児の仲間集団と保育者の役割

　幼児が、集団のなかで自分の個性を発揮し心身ともに健全な成長をするうえで、保育者の果たす役割は大きい。幼児それぞれの個人差に注目することはもちろん、その集団内での幼児の心理的な結合関係を理解する努力が必要である。
　幼稚園・保育所でのクラス集団は、意図的・形式的に編成されたものであり、入園当初ほど子どもの不安・緊張感は強く、仲間同士はばらばらで情動的結びつきは希薄な「群れ」の状態である。やがて園生活に慣れ、仲間とふれあう経験を重ねながらお互いの心が結びつき、まとまりとしての集団が形成されていく。クラス集団の特性を理解するには、好き嫌いなど

の情動や仲間意識をもとに自然発生的に結びつく仲良しグループに注目することが大切である。幼児の仲良しグループは、人気者を中心に2〜3人で構成されることが多く、メンバーは同性または男女混合であったりするが、メンバーは変化する特徴をもっている。この心理的結合による小集団を発見する測定方法としては、幼児用に工夫されたソシオメトリック・テスト（第Ⅲ章4節参照）がよく知られている。この方法によって、クラス内の仲良しグループの様子や、集団から疎外されている孤立児の存在などを知ることができる。孤立児は、社会的・情動的にも何らかの問題をもつことが多い。保育者がこうした小集団の心理学的構造をとらえ、その構造に配慮した指導をすることにより、孤立児の態度や行動を変化させうることが数多く実証されている。忘れてはならないのは、集団のなかでひとりひとりの子どもが「いきいき」と活動できているかのチェックである。

● **保育者の指導のあり方**

幼児集団の構造は、保育者の指導のあり方によって大きく影響を受けることが明らかになっている。たとえば、2保育園の4歳児クラスについて、保育者のリーダーシップのあり方を検討した研究がある（森ほか1965）。A園のクラス担当保育者は、クラス集団を組織的に発展させようとの目的意識をもち、意図的な「集団保育」を行なっている。これにたいし、B園はごくふつうのありふれた保育形態の保育園である。表2-29は、両園の保育者の子どもにたいするはたらきかけの特徴をあげたものだが、子どもとのコ

表2-29 保母の子どもにたいするコミュニケーションの内容

	A保育園	B保育園
1）不承認、非難、拒絶、禁止	3	39
2）承認、差異をうけ入れる	8	3
3）機械的質問、陳述	3	9
4）状態、意志、理由などの質問	19	4
5）助言、助力、はげまし	20	1
6）行為の決定、命令、注意、依頼	26	43
7）共同活動に参加する	11	1
8）グループ活動に従事させる	10	0

（出典）森 1971：12。

ミュニケーションのしかたに明らかな差異がある。A園の保育者は、子どもにたいする助言・励ましが多く（B園の約20倍）、トラブルが起きたとき命令・注意の前に、その状態を調べ子どもの意見を聞くなどの配慮がみられる。もし集団遊びのルール・規範をずるさなどで乱すような場合は、厳としてしりぞけるなどの指導がなされる。また、共同作業やグループ活動への参加を進める指導がよく行なわれる。これにたいしB園の保育者は、権威的で管理的な態度が目立っている。

さらに、両保育者のリーダーシップにたいする幼児集団の特徴も調べられた。A園では、「仲よく遊ぶ」比率が「ひとりで遊ぶ」を上回っており、B園は逆の関係を示した。さらに、自由遊び場面でのA園の集団構造は、指導型または支配型の子ども4人を中心に2ないし3つの小集団があり、互いに連絡をとりあいながら全体としてのまとまりをみせていた。一方、B園では、支配型の子どもを中心にした派閥的小集団が構成され、閉鎖的集団もみられた。この派閥仲間から除外された子どもはバラバラであり、孤立児が比較的多かった。森は、「幼児の集団構造のちがいをうみだす最大の要因は、保育者のリーダーシップのあり方、さらには意図的な集団指導を行なっているかどうかにある」ことを強調している（森1971：8-14）。保育者の役割に求められる期待は大きい。ただ、保育技術以上に大切なことは、保育者がどれほどの「人間愛」をもっているかどうかであろう。

4　仲間関係に入れない子ども

子どもにとって、保育所や幼稚園といった社会集団にはじめて参加するという体験は、それまでの安定した家庭や親からの分離を体験することであり、分離不安や恐れの感情が生じやすい。実際、入所（入園）したものの、通うことをしぶったり、他児との関係を回避したり、他児へ乱暴したりなど、いろいろな集団不適応行動を示すことがある。このような問題が長期に続くとき、その解決を図るためには、子ども自身へのプレイセラピーなどによる心理療法的援助（第Ⅳ章4節参照）と、保護者にたいして、子どもの心理への理解を深め、家庭での子どもへのかかわり方を見直していくた

めのガイダンス（保護者面接）を行なうことが必要である。

【4歳の男児の事例】
　幼稚園に入園し1年近くたったが、他の子どもとうまく遊べないことを主訴として、母親に連れられ相談室に来所する。母親によると、本児の乳児期にはとくに気になるようなことはなかったという。入園前は、園での生活に多少不安そうな様子も感じられたが、はじめてのことなのだからあたりまえと思っていたとも話す。父親は、仕事が忙しく、子どもの相手をすることは少ない。本児には下に1歳の妹がいる。
　入園当初から、朝母親が幼稚園まで送っていくと、正門のところから中に入ることをしぶることがあった。それでも徐々に慣れてきて、登園時に親をてこずらせるようなことはなくなった。しかし園内では、自由遊びのときも他児の輪のなかに入ろうとせず、ひとりで遊んでいることが目立つ。さらに、他児がそばにより本児の遊びに手を出そうとすると、急にかんしゃくを起こして組み立てていた積み木を倒してしまったりする。
　相談室に来所しプレイセラピーを受けはじめた本児は、セラピストの様子をうかがってばかりいて、おもちゃを自分で選んだりしてのびのびと過ごすことがむずかしかった。しかし、その後セラピストとチャンバラごっこをしたり、大型積み木で家を作りセラピストと一緒に中に入るなどして、いきいきとした表情でやりとりを楽しむ回がしだいに増えてきた。
　また母親は、面接がはじまってしばらくは、子どもにどこかおかしいところがあるのではないかとか、幼稚園の先生の指導が悪いのではないかなど、原因さがしばかりをしていた。しかし、母親面接者が、母親のいら立ちや不安を受容的に聞いていくうちに、しだいに子どもと自分たち親との関係に目をむけられるようになった。そして、これまで父親が忙しいため、自分が子どもをしっかり育てなければと思うあまり、子どもにたいして過干渉になったり、また、兄である本児には妹以上に厳しく言い聞かせたりすることが多く、ゆったりと話を聞いたり遊び相手になることが少なかったように思うと話した。このようにして1年近く相談室に通った本児は、幼稚園でも友達と自然に楽しく遊べるようになり、相談室への来室は終結した。
（付記）ここで紹介した事例は、個人のプライバシー保護のため、筆者がこれまでにかかわってきた複数の事例にもとづきながら、新たに再構成したものである。

III 学童期の発達

　学校という新しい生活の場で豊かに強く成長していく学童期は、認知やものの考え方など多くの面で大人の心性を獲得していく時期である。一方で、学校と家庭という機能の異なる2つの世界に適応できる能力を培うことが、この時期の子どもにとって大切な課題でもある。「私は学ぶ存在である」といわれる学童期の心身両面にわたる発達的特徴について、理解を深める。

1 ── 身体と運動機能の発達

1 身体の発達

学童期の身体発達は、幼児の体型から思春期・青年期の体型へと大きな変化をとげる時期であり、その成長速度の個人差や性差の大きい時期でもある。最近の学童は、身長・体重ともにかっての学童よりもとても立派になっている（図3-1、図3-2）。また、女子における初潮の平均年齢は、1961年に13歳2.6か月であったものが、1987年には12歳5.9か月となっており（第Ⅴ章2節2参照）、思春期の入り口（前思春期）へさしかかる時期が早まってきている。つまり、学童期が相対的に短縮してきているということである。

このことは、学童期の発達課題は「勤勉性の獲得」（エリクソン1950）（第Ⅴ章図5-4参照）であるが、以前にくらべ、より短期間でこの発達課題をこなし、つぎの発達段階を迎えなければならないことを意味している。また、

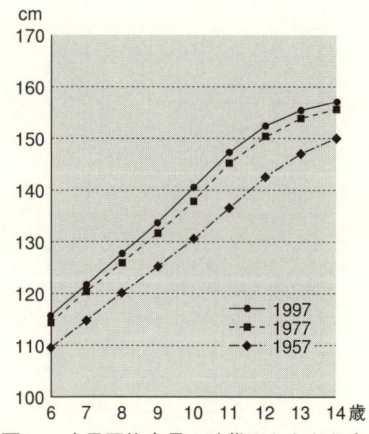

図3-1 女子平均身長の時代にともなう変化
（注）各年度の青少年白書のデータにもとづき筆者作成。

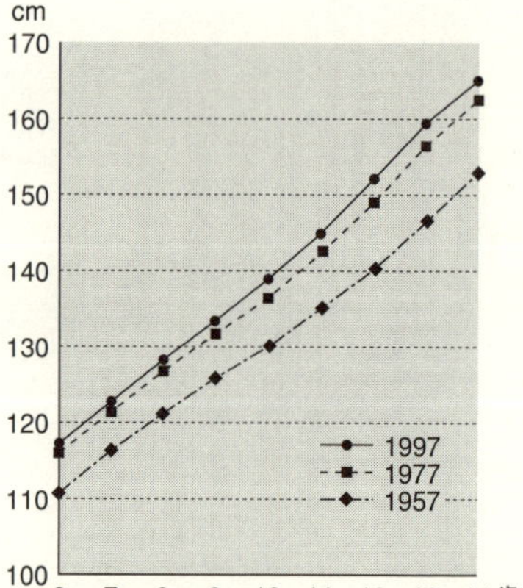

図3-2 男子平均身長の時代にともなう変化
（注）各年度の青少年白書のデータにもとづき筆者作成。

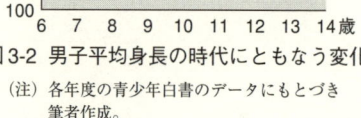

心理的にはまだ学童期にあるにもかかわらず、身体的・生理的変化の面では思春期に入ってしまうことにより、心身発達の不均衡がもたらされる可能性がそれだけ大きくなる。小学4・5年生で初潮を迎える子どもが1割程度いる一方で、中学2・3年生になって迎える子どももいるということから、クラスメイトより一足早く身体的変化が目立ってきた子どもにとっては、自分の身体の変化を受け入れることにとまどいを覚え、他児とのちがいを気にしてひとりで悩んでしまうことにもなりかねない。

● **身体的健康**

体格の向上とはべつに、近年肥満ややせを示す子どもたちの増加がいわれている。これはこの数十年間における日常の食生活の大きな変化が関係していることはいうまでもない。しかし、子どものころからの肥満は、小児期から成人期にいたるまでのさまざまな身体の病気とも関係する可能性があり、身体的健康という点で問題は大きい。

また、やせを志向する女子小学生の増加もいわれている。以前であれば、やせていることにあこがれるのは思春期以降の女子学生であったものが、小学生にまで降りてきているのである。この背景には、大人社会におけるやせ志向に関する偏った価値観（「やせている方が美しい」など）を含むさまざまな情報が、マスコミや親をとおして子どもに伝えられている状況があると考えられる。しかし、思春期以降に問題となることの多い摂食障害の発症のきっかけのひとつとして、ダイエットも含まれていることを考えると、やせ志向が、ただ身体的健康上の問題にとどまらず、精神的健康の面でも大きな問題をはらんでいるものであることがわかる。

2　運動機能の発達

● **運動能力の発達**

身体発達の伸びにくらべ、運動能力の面では、以前の子どもにくらべてかならずしも向上しているわけではない。1977年と1997年の10歳児から14歳児にかけての基礎運動能力を比較してみると、20年前より向上している種目はごく限られている（表3-1）。このように現在の子どもたちは、体格的

表3-1 1977年と1997年の基礎運動能力の比較

		敏しょう性				瞬発力				柔軟性				持久性	
		反復横とび(点)		垂直とび(cm)		背筋力(kg)		握力(kg)		伏臥上体そらし(cm)		立体位前屈(cm)		踏み台昇降(指数)	
性別	年齢	1977	1997	1977	1997	1977	1997	1977	1997	1977	1997	1977	1997	1977	1997
女子	10	36.3	35.5	32.0	32.3	46.8	46.9	16.7	16.5	47.1	45.6	10.6	8.9	65.4	66.1
	11	39.0	37.8	35.4	35.4	57.0	54.9	20.4	19.4	50.2	48.3	11.5	9.5	66.2	65.6
	12	35.4	35.3	37.9	38.1	63.7	59.2	23.1	22.1	51.8	49.7	12.1	10.1	65.3	64.1
	13	37.3	36.4	40.6	40.7	69.2	67.7	25.2	24.2	54.2	52.2	13.7	11.7	63.1	67.1
	14	38.1	37.6	42.5	41.4	76.2	71.6	27.3	25.3	56.5	52.9	15.0	11.6	62.9	65.9
男子	10	37.5	38.9	33.7	34.7	60.7	57.4	18.2	17.8	45.4	44.5	8.0	6.2	68.7	69.6
	11	40.8	41.1	38.1	38.1	70.6	66.0	21.6	20.3	47.6	46.5	9.1	6.5	68.7	70.9
	12	38.2	39.1	43.1	43.3	82.8	80.2	26.4	25.1	48.9	48.0	9.1	6.2	68.2	70.7
	13	40.9	42.5	48.9	50.0	95.0	99.2	31.8	31.5	51.1	51.0	10.1	7.4	66.1	73.6
	14	42.4	44.0	55.1	54.7	112.7	114.0	37.3	36.3	53.8	52.9	12.1	8.3	66.0	72.3

(注) 各年度の青少年白書のデータにもとづき筆者作成。

には非常に向上してきたにもかかわらず、運動能力の面では伸び悩んでいる。このような現象はさまざまな側面から考えることができるであろうが、現在の子どもたちが学校の体育以外の時間、たとえば放課後における自由な時間のなかで、身体を使ってのびのびと遊ぶ機会が減少していることなども関係していることが考えられる。

　また、一般的な運動能力に関して、たとえば走力では、学童期の初期には女子のほうが男子よりも速いが、9～10歳ごろより男子のほうが速くなってくる。走り幅とびなどの跳力では、男子で17～18歳ごろ、女子で15～16歳ごろに最高の力を示す。投力では、学童初期ではオーバースローの投げ方はまだ不完全であり、とくに女子ではできない者が多い。しかし、9歳ごろから急速に伸び、男子では17～18歳ごろまで伸び続ける。女子では、15歳ごろが最高で、それ以降は低下していく傾向にある。

◉ 運動能力の個人差

　学童期に入ってからの運動能力の発達には積極的な練習が重要になってくる。この時期の運動能力の指導は、主として体育をとおして計画的・総合的に行なわれる。ただ、筋力や持久力はまだ充分に発達していないために、特定の運動技能の練習より、いろいろな運動を広く行なうことによっ

て基礎運動能力を高めることが重要である。しかし実際には、学童期の運動能力は練習量やその子どもがおかれている環境のちがいによる影響が大きいため、個人差が顕著になってくる時期である。

　それだけに、先にも簡単に触れたように、学校以外の場面での遊びのなかで、自然なうちに繰り返し行なう運動の意義も大きいと考えられる。なぜなら、運動能力の個人差は、実際の運動においては、いわゆる「すばやさ」とか「なめらかさ」「正確さ」といわれる面において認められることと関連しているからである。これらは、個々人の筋力やパワー・持久力などといったものとは異なり、身体運動の全体的な調整を図る能力である。そして遊びとは、このような運動能力を自然のうちに駆使するものである。子どもにとって遊ぶことの意味は、子どもの社会的関係の幅や深まりを促すはたらきをするだけでないのであり、遊びの多面的な機能と、その大切さをもう一度よく考えてみることも必要である。

2 ── 認知・思考の発達

1　知覚と記憶の発達

● 部分と全体の知覚

　年少児では、知覚している対象の部分と全体の関係の理解は困難であり、未分化な知覚しかできない。しかし、やがて分化し統合的な知覚が可能となる。このプロセスをよく示すものとして、代表的なパーソナリティ検査であるロールシャッハ・テスト図版の把握型の発達的研究がある。この検査は、10枚の左右対称のインクのしみでできた無意味な模様図版を示し、それが何に見えるかを応えさせるものである。辻（1993）によると、幼児期では図版の模様の全体にたいして、漠然とした曖昧な把握しかできない。しかし小学校低学年になると、図版の模様のなかから、明確に把握できる領域を他から分化させて反応するようになる。さらに年長になるにつれて、対象を正確にとらえる力が定着し、各部分を把握したうえでそれらを統合

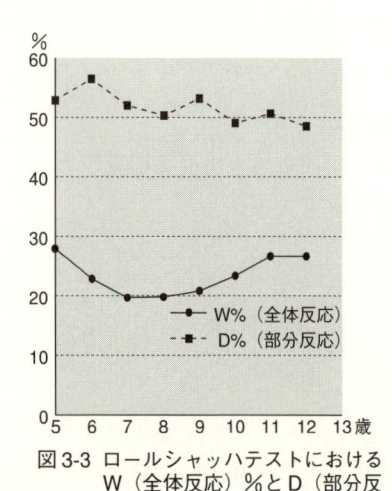

図 3-3 ロールシャッハテストにおける W（全体反応）％と D（部分反応）％の年齢による変化

(注) 辻（1993）の表より W％・D％のみを抜粋したもの。

させ、全体的な反応としてまとめようとする態度が生まれてくるという（図3-3）。

このような力は、たんに知覚能力の発達を意味するだけではなく、自分が出会った場面やおかれた環境のいろいろな側面を、視点を変えてとらえ全体的に理解する認知・思考能力が獲得されてきていることをも意味する。

● 機械的記憶と論理的記憶

機械的記憶力は、幼児期から学童期にかけて向上し、12〜13歳ごろがピークで、その後しだいに衰える。表3-2は、「田中―ビネー式」といわれる知能検査における数の復唱および逆唱検査の成績である。これは1数を1秒の速さで読んで聞かせ、覚えた数字をそのすぐあとで復唱あるいは逆唱させる問題である。ここに示されているように、幼児期から学童期にかけて機械的記憶力の伸びは著しい。ただ、その後はしだいに衰え、入れかわるように論理的記憶の力が伸びてくる。論理的記憶は、新たに知覚した事柄にたいして、すでに獲得していることばや知識を意味的・論理的に関連づけて記憶する方法である。

ところで、幼児期とくらべ学童期における子どもは、さまざまな記憶の仕方（記憶方略）を用いていろいろな情報を貯え、また新しい出来事と出会

表3-2 数復唱（逆唱）の正答率（％）

	2歳	3歳	4歳	5歳	6歳	7歳	8歳	9歳	10歳	11歳
3数詞の復唱	14.0	41.8	90.0	95.3						
4数詞の復唱		9.0	43.3	60.9	81.0	98.6				
4数詞の逆唱				17.2	37.9	66.2	73.0	93.4	95.8	100.0
6数詞の復唱						5.6	9.5	32.8	33.3	55.9

（出典）田中教育研究所編 1987。

ったときの検索に用いることができる。記憶方略には、記憶しなければならない事柄を繰り返し唱えてみるリハーサルや、事柄相互の関連にもとづいて分類しひとまとめにして記憶する群化などがある。さらには、記憶する材料をそのまま覚えるのではなく、イメージや言語などを利用して、その材料をより意味のあるものにおきかえたり関連づけて覚える方略（精緻化）も用いられるようになる。このような方略を用いることは、5歳までの子どもではまれであり、その後しだいに増大していくといわれている（湯川 1983）。

2 言語の発達

● コミュニケーションの手段としての言語

子どもは、音韻、語彙、文法といったことばを構成するシステムを獲得するなかで、言語の諸機能を発達させるようになる。言語の3大機能として、子どもが最初に獲得するのは、「コミュニケーションの手段」としての機能である。泣く、笑うといった表情や発声から発達して、指さしや身振りなどによって自分の欲求や感情を伝達していく。さらに、言語を使用することで、よりまわりの人にそれを正確に伝えることができるようになり、相手の要求や感情なども理解できるようになるのである。

● 思考の手段としての言語

言語の2つめの機能は、「思考の手段」としての役割がある。もちろん、私たちは思考のすべてを言語に頼っているわけではないが、言語が関与することによって、より抽象的で論理的な思考が可能になる。ピアジェは、3～7歳児には、他者の応答を期待しない、自分自身につぶやいている「独語」が多数あることを見出し、これを「自己中心的言語」とよんだ（Piaget, J. 1948）。ヴィゴツキーは、この自己中心的言語は外言から内言に分化するさいの過渡期に現れるものとし、形式としては外言であっても、内容的には思考のための言語（内言）であると主張した（Vygotsky, L. S. 1934）。自分自身にたいして論議しながら問題解決をする、自分自身のための言語というわけである。7歳以降になると、自己中心的言語は問題解決が容易でない場

表3-3 最初に読めるようになった字

分類＼回答	自分の名	その他	わからない
人数	5,614人	785人	456人
％	81.9	11.5	6.6
男児*	73.2	11.0	6.0
女児*	81.6	8.9	5.6

＊5歳児の統計
(出典) 村山ほか1987。

面で出現するが、ほとんど見られなくなる。

●行動調整の手段としての言語

言語を獲得するにしたがって、子どもは自分の行動をことばで調整できるようになる。ルリアによると、3～4歳になると自分自身の行動を促したり、逆に抑制したり、あるいは行動を計画し、その計画を実行するときにも言語が用いられるという (Luria, A. R. 1959, 1961)。

●読みことばの発達

幼稚園教育要領には「文字や数については、遊びのなかで自然に学ばせるよう配慮する」と記載されており、事実9割以上の年長児がかな文字の単音を読めるという (無藤1992)。そのなかでも、最初に読めるようになった文字は、自分の名前という子が8割ほどいる (村山ほか1987)。また、村山らは読めるひらがなの数が4歳で急に増えると報告している。さらに、絵本については4歳までは読めない子が多いが、6歳では「だいたいすらすら読める」を合わせると約8割の子どもが読めるようになるのである (表3-3、表3-4)。

●書きことばの発達

最初に書けるようになる文字は、自分の名前が一番多い。書けるひらが

表3-4 絵本の文章が読める (％)

読み＼年齢	2歳後半	3歳	4歳	5歳	6歳
1 読めない	88.0	79.1	41.6	11.8	4.8
2 1字ずつ拾い読みする	1.6	8.9	28.0	27.5	15.0
3 ときどき間違うが、だいたい読める	0.0	2.1	18.8	39.0	45.2
4 すらすらと読める	0.0	0.8	7.0	19.3	33.8
5 その他	2.0	2.7	1.8	0.9	0.4
無記入	8.4	6.4	2.8	1.5	0.8
合計	100.0	100.0	100.0	100.0	100.0

(出典) 村山ほか1987。

表3-5 筆順を含むひらがな文字の書きの習得状態

	4歳児クラス	5歳児クラス
1. まったく1字も書けない幼児	26.8%	5.2%
2. 6文字以上正しく書ける幼児	45.5%	81.5%
3. 21文字以上正しく書ける幼児	21.0%	59.0%
4. 60文字以上正しく書ける幼児	0.4%	4.0%

(出典) 国立国語研究所1972。

なの数は、読みの半年から1年後についてくるパターンとなっているが、かなり個人差がある（藤谷1990）。また、書けたとしても、その子どもにとって視覚的に優位である線から書く傾向があり、筆順は正確ではない（表3-5）。さらに、鏡文字になったり、「さ」と「ち」、「ぬ」と「ね」などは文字と音とが不一致な場合が幼児期～小学校低学年ではめずらしくない。

◉ **読書の発達**

5歳ぐらいになると自分で絵本を読みはじめ、ひらがなの「逐字読み」をする幼児も多くなる。本を読むとは、文字を音声化することではなく、本の内容を理解することであるので、かならずしも読字能力と理解能力とは一致しない。また、書かれている内容を理解するためには、予備知識やことばの概念が必要であるから、子どもが文字を読めるようになっても、大人が読み聞かせをすることで、子どもが物語の世界を想像し楽しめるようにすることが前提条件となろう。すなわち、ことばを豊かに育む必要があるといえよう。

◉ **ことばの発達につまずく子どもたち**

知的障害はないが、ことばの発達につまずきを示す子どもがいる。ある子どもは、母親にさまざまなことを伝え、共感してほしいという思いを大きく抱いているが、その思いのとおりにことばが見つからず、自分の獲得している語彙を一生懸命探るがうまく引き出せないとき、ことばが早口になったり、ことばのはじめがつっかえたりして、ことばのリズムを乱してしまう。いわゆる吃音である。こういった状態になるのは、健常な子どもでも一時的に起こることだが、いちいち大人がそれを指摘したり矯正した

りしなければ、おおかたの子どもは自然に治っていく。しかし、わずかな子どもだけは自然治癒せず、大人になっても話すことにストレスを感じてしまう人がいる。

　子どもが話したいという意欲をもっているとき、内容そのものより話し方に聞き手が意識をもってしまうと、子どもは話す意欲を失っていく。また、情緒が安定していないと相手の話を理解し、それに応答することもできない。情緒の問題からある場面ではまったくことばを発しない、いわゆる緘黙(かんもく)を示す子どももいる。さらに、周囲の大人から情緒の安定が図れず、適度なことばの刺激がないと、ことばの獲得は充分できず、言語発達遅滞にもなりかねない。

　知っている語彙の数や文法の使用には問題はないが、人とのコミュニケーションがうまくとれず、LD（Learning Disabilities　学習障害）と教育的に診断される子どもがいる。いままでの言語獲得理論である、音韻論・意味論・統語論のそれぞれの側面には問題はないが、人とのやりとりがスムーズにいかないのである。場面や状況に応じたことばの使用や理解が実用的に困難な子どもである。たとえば、母親が子どもに「お風呂見てきてちょうだい」と用事を言いつけると、子どもは元気に「ハーイ」と言って風呂場に行き風呂を見る。湯船のお湯が溢れ流れ出ていても、蛇口を閉めずに「見てきたよ」と報告してしまうのである。たしかに音韻的にも意味的にも統語的にも問題はないが、母親の意図していることが何であるか理解できないのである。語用論（pragmatics　実用論とも訳される）的に問題があるために、学校では友達とトラブルを起こしがちである。小学校の低学年での国語の成績は悪くはないが、中学年〜高学年になって物語や登場人物の気持ちを理解する課題になると、とたんに答えられなくなってしまうのである。そういった子どもにたいして、現在、文部省ではどのような教育体制が適切であるかを検討している段階ではある。答申を待たずしても、指導者は子どもの発話量から「これぐらいは判るだろう」とその子どもの能力を過信することなく、個人内差のある能力を正しく理解したうえでスモールステップでていねいに段階をへて指導していく必要がある。

3 思考の発達

● 保存概念の成立

幼児の思考では、自己中心性が特徴のひとつであった。しかし、学童期に入るにつれて、自己中心性から徐々にぬけ出してくる（脱中心化）。たとえば、ある容器に入っていた水を、形や大きさの異なる容器に移しかえると、5歳児では、水面の高さ（見えている感じ）の影響を受けてしまい、液量そのものは不変であること（液量の保存）が理解できない。ところが、7～8歳以降になると、「もう一度、もとの容器にもどせば同じ量だとわかるから（可逆性）」「水面の高さが増えたのは、容器が細長いから（相補性）」「水はそっくりそのまま移しただけで、とちゅうで水をたしたり、減らしたりしてないから（同一性）」などの理由づけ（論理的操作）が可能になってくる（図3-4）。

ただ、それが液量であるか物の数であるか、あるいは重さであるかなどの性質のちがいによって、保存性が理解できるようになる年齢にズレがみられる（表3-6）。

● 時間概念の発達

時間を理解するためには、まず、自分の経験が、連続した一定の方向への流れのうえに並べられること（系列化）をわかっている必要がある。さらに、時間の間隔は一定であること（等時性）や、同じ時点での出来事はどの人にとっても同時刻であること（同時性）の認知ができていなければならな

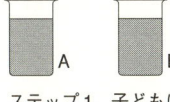

ステップ1. 子どもはビーカーAとBとに等量のミルクが入っていることを認める。

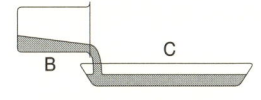

ステップ2. 子どもはビーカーBのミルクが別のかたちのビーカーCに注がれるのを見ている。

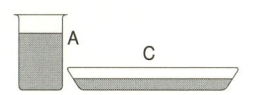

ステップ3. つぎに子どもはビーカーAとビーカーCに入っているミルクの量を比較するよう求められる。

図3-4 液量の保存の研究に用いられる典型的な手続き順序

(出典) リーバートほか 1977：182。

表3-6 各種保存実験の正答率（％）

年齢 課題	3:6〜 4:5	4:6〜 5:5	5:6〜 6:5	6:6〜 7:5	7:6〜 8:5	8:6
粘土量	7	7	13	63	85	86
液量	7	4	17	77	92	100
数	0	8	15	76	89	100
重さ	0	7	13	59	78	100
長さ	0	6	12	56	85	71
面積	0	7	5	55	72	86

（注）天岩（1973）より一部を抜粋したもの。

い。4歳後半から6歳台の幼児では、そのほとんどが、一日のおもな習慣的な出来事の順序を再現できるが、その間の出来事に関しては順序が前後したり忘却してしまっていたりする。また同時性に関しては、幼児で理解できる者はそのうちの4分の1であるが、理解できている者でも、それを時刻を示す時計で理由づけることはむずかしい。等時性の理解はさらに困難で、自分の経験や印象による影響が大きく、これらが可能になるのは学童期を待たなければならない（安藤1980）。

◉ 論理的操作の獲得

学童期になると「AさんはBさんよりも背が高いけれどもCさんよりも低い」（系列に関する操作）などといった論理的な見方ができるようになる。また、「あひる」は「鳥類」に属し、「鳥類」は「動物」のなかに含まれるといった階層的な分類や、「人間は男性と女性に分けることができるし、大人と子どもに分けることもできる」などのように「性別」と「年齢」といった異なる二種類の属性を組みあわせた分類も可能となる（類の関係に関する操作）。このように、概念の系列や類（クラス）に関する操作が可能となり、論理的な思考の基本的枠組みが形成されてくる。

ただ、この段階の思考のおよぶ範囲は、まだ自分自身が具体的に体験した領域、ないし体験しうる領域の事柄に限られている。つまり、思春期以降のように、現実からいったん離れ、論理的な可能性にもとづいて考えられるすべての仮説をたて、その仮説のもとに事実をひとつひとつ確かめていくといったことはまだ困難である。この特徴から、この認知・思考の段階をピアジェは「具体的操作期」とよんでいる。

◉ 学童期の描画能力

4、5歳から7、8歳ごろの描画は、図式的でパターン化したもの（図3-5）

図3-5 子どもの図式的な描画
（解説）6歳児の描いた水鳥の遊んでいる場面。

が特徴であるといわれている（佐々木1983）。しかし、同じ子どもの絵でも、いつも同一のパターンというわけではなく、その子どもなりに新しい要素が付け加わったりしているのであり、子どもの表現しようとしているイメージをくみとることが大切である。そして、9歳ごろから写実的な描画が可能となってくる。これは描画技術の獲得にも助けられているのではあるが、対象にたいする主観的なイメージを抱きながらも、同時に、描こうとする対象の諸側面に目をくばり、把握していく力が発達してくることと関係している。

4 認知・思考の障害

●知的障害

　認知・思考能力の全般的な遅滞を主症状とする障害を知的障害（mental retardation）とよび、学習障害や自閉性障害など発達上の特定の領域にとくに顕著な障害が認められるものと区別される（図3-6）。この障害は、発達検査や知能検査で測定されることで明確になる。その成因については、ダウン症（第Ⅰ章参照）のように明らかになっているものもある（表3-7）が、明らかにすることが困難な場合も少なくない。

　この障害における遅れの程度には個人差が大きく、軽度から重度の遅れにまで広がりがある。軽度の遅れであれば、青年期以降において抽象的・論理的思考は困難であっても、具体的・日常的な事柄であれば充分自立的に理解し判断する能力を獲得できる場合もある。しかし、重度の知的な障害を示す子どもの場合、言語によるコミュニケーション能力や他者をモデルにすることでさまざまなスキルを獲得する能力などだけでなく、身辺面

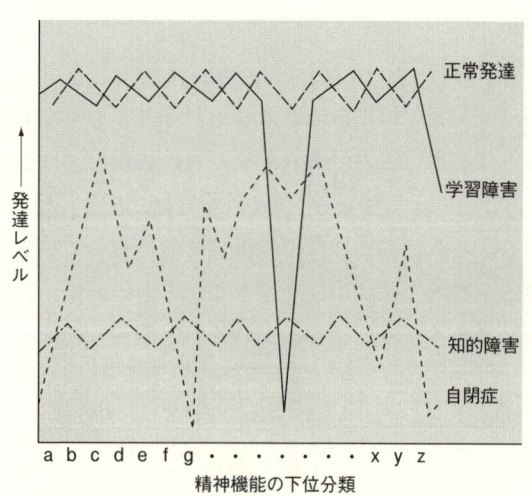

図3-6　発達障害のパターン
（出典）山崎ほか1995、一部修正。

表3-7 知的障害の成因

発生時期	異常		例
受精前	染色体		
	常染色体	トリソミー	ダウン症候群
		欠失	猫なき症候群
	性染色体		Turner症候群
			脆弱X症候群
	単一遺伝子	優性	結節性硬化症
		劣性	フェニルケトン尿症
子宮内要因	感染	ウィルス	風疹
	中毒	アルコール	
		喫煙	
	身体的	X線被爆	
出産時	発育異常	子宮内発育不全	
	外傷	分娩遷延	
出生後	感染	細菌感染	髄膜炎
		ウィルス感染	ヘルペス脳炎
	中毒	中毒	
		一酸化炭素中毒	
	物理的要因	事故による外傷	
	その他の脳損傷		
	成長刺激の剥奪		

(注) 中島 (1998) の一部を抜粋したものである。

の自立もそうとう困難なため、周囲の人による介護が常時必要となることもある。

　この知的障害の程度の判断は、知能検査ないし発達検査、および日常行動の観察によって行なわれる。WHO（世界保健機関）では、知能指数（Intelligence Quotient: IQ）でおおよそ69～50を軽度の知的な障害、IQ49～35を中度の知的な障害、IQ34～20を重度の知的障害、さらにIQ20未満を最重度の知的障害を抱えている状態ととらえている。

【知能検査】
　　知能検査とは、ひとりひとりの知的能力を客観的に測定し、その人の学習上あるいは社会生活上の適応をどのようにすれば援助でき、促進できるかを判断する資料を得るために用いられるものである。わが国における代表的な知能検査には、ビネー式と

して「田中―ビネー式」「鈴木―ビネー式」、あるいはウェクスラー式知能検査として子ども用の「WISC-Ⅲ」、大人用の「WAIS-R」などがある。また、乳幼児の発達の測定は、発達検査（「新版K式発達検査」「津守式乳幼児精神発達診断法」など）によって行なわれる。

【8歳6か月の女児の事例】
　本児は、小学校3年生に在籍中である。本児が知的に障害を抱えていることが明らかになったのは、2歳半のときであった。そのころ、保護者が、近所の同年齢の他の子とくらべて、ことばが遅いことに気づき相談所に来所した。当時、発語はまだ限られた単語だけで、絵本などに描かれている動物の名称を尋ねても、自分では何か言っているつもりであるが、ことばとして聞きとることはむずかしいことが多い状態であった。また、まわりへの関心や興味を示し、相手をしてもらうとうれしそうにしているが、他の子のしている遊びを模倣しようとすることは乏しかった。さらに、自分自身の名前や性別の理解がよくできておらず、身辺自立の面でも、衣服の脱ぎ着やボタンはめ、靴をはくことなど困難で、お箸やスプーンもうまく使いこなせなかった。
　このように発達の全般にわたり遅滞が認められ、発達検査の結果では、発達年齢（Developmental Age: D.A.）が1歳6か月、発達指数（Developmental Quotient: D.Q.）は60であった。この結果にもとづき、検査者により、知的障害児の療育を目的としたグループへの参加が勧められた。これは、家庭での子どもへのかかわりを補い、子どもの発達段階に応じた刺激を与えることで知的障害児の発達をサポートすることをめざしたものである。同時に保護者への定期的な面接が行なわれ、知的障害の子どもを抱えることによる不安の低減を図り、日常どのようにかかわればよいかの助言が続けられた。
　小学校3年生の現在は、国語や算数などは養護学級で勉強し、体育や音楽・給食などは原学級で習うという形態をとっている。読み書きでは、ひらがなの簡単な文が読めたり、いくらか書くこともできるようになり、計算ではひとけたの足し算・引き算を練習している段階である。友達にたいしては親和的で、クラスメートも自分たちの仲間として、遊び時間などいっしょに遊ぼうと声をかけたりしている。

● **注意欠如／多動性障害**
　この障害は、ADHD（Attention-Deficit/ Hyperactivity Disorder）ともよばれているが、学習障害とともに、学校教育の場面で学習上の困難やクラスメートとの関係での大きなつまずきを示し、問題とされることが増えてきている。ADHDの主要な症状は、①不注意（学業や仕事、その他の活動において細

かく注意をくばれない。直接話しかけられたときに、聞いていないようにみえることがよくある。指示に従えず、学業や仕事などをやりとげられない。課題や活動に必要なものをよくなくす。外からの刺激によって注意がすぐにそれてしまうなど）、②多動性・衝動性（手足をそわそわと動かしていたり、椅子のうえでもじもじしていたりする。席にじっと座っておれず、すぐに席を離れてしまう。落ち着いて遊んだりすることができない。質問が終わる前にだしぬけに答えてしまう。順番を待つことができない場合が多いなど）であり、そのために学校や家庭での生活において不適応を起こしている状態ということである。

【9歳（小学3年生）の男児の事例】
　本児は、1、2年生のときから落ち着きのない子どもで、授業中でも教室内外を歩き回ったり勝手なことを言ったりするということで、困った子どもと見られていた。そのため母親は、しばしば担任から家でももっとよく話してきかせるなどして、生活習慣を身につけることが必要ではないかと指摘されていた。
　両親は、家庭においても注意の集中や持続が困難な本児にたいして、叱ってみたりなだめてみたりと試みてきてはいたが、いっこうに注意を聞こうとしない子どもに困りはて、いらだちをつのらせてきていた。
　3年生になり、クラスの他の子はずいぶん落ち着いた態度で学校生活をおくれるようになっているなかで、その行動は相変わらずであった。そのような本児を見た新しい担任は、両親に一度子どもの専門相談機関へ行って相談してみてはと提案した。両親は相談機関へ行くことへ内心抵抗もあったが、本児の弟妹が兄の行動を模倣してしまったり、逆に兄を敬遠してしまったりする様子を見て、相談をする決心をした。
　心理学的アセスメントおよび精神医学的診断の結果、ADHDであることがわかった。その結果と、ADHDの子どもたちの行動特徴の説明をくわしく聞いた両親は、自分たちの育て方のせいではなかったと知り、一時的にはショックを受けたものの、その後はむしろ精神的に落ち着くことができ、本児へのかかわりを工夫しようという気持ちにもなれた。
　その後、学級担任も、ADHD児へのかかわりについて、あらためて本児の主治医や臨床心理士などからのアドバイスを受けた。そして、本児のクラスや学校全体としての受け入れ方について再検討を行なった。クラスにおいては、立ち歩いてしまう本児を困った子として見るのではなく、本児のできる範囲で役割や当番を決めたり、本児の発言をできるだけとりあげ、意味のあるものとして他児と話し合うきっかけに利用したりした。また、職員会議において、ADHD児としての本児の行動特徴をくわしく

説明し、他の教員と理解を共有し、本児と出会ったときのかかわりに配慮してもらうよう依頼した。

そのような協力を行なっていくなかで、本児は、以前のように教室内を歩き回ることが徐々に減り、集団での作業にも参加しようとする意欲を見せるようになってきた。
(付記) ここで紹介した事例は、個人のプライバシー保護のため、筆者がこれまでかかわってきた複数の事例にもとづきながら、新たに再構成したものである。

③ 人格の発達

1 情動・動機の発達と社会化

● 情動発達の特徴

情動は、生理神経系とくに大脳新皮質(前頭葉)の発達を基礎にしながら、家庭や学校での経験内容の広がりともあいまって、学童期において著しく発達する。まず、その全般的な特徴をとらえてみよう。

学校という新しい環境で、学習活動をはじめ、友達や教師との人間関係でのさまざまな体験をすることにより、また幼児から学童にかけて認知や言語能力が大きく発達することとあいまって、情動を引き起こす刺激の範囲は変化し、拡大し、複雑なものになる。さらに、その表現方法もより統制的で社会的な性質をそなえてくる。

学童期では、刺激の特性や刺激にたいする情動的な感じ方(感受性)は、幼児期とはちがってくる。新たにつぎのような刺激への感受性が高まる。

①友人・教師との人間関係、登校・学習・学業成績などに関連する刺激特性、②自尊心・自省心の発達とともに、たとえば、自己の失敗体験、他の人からの疎外や批判、約束を守らないことなど社会的要素をもつ刺激特性、③推測的・想像的で抽象的な刺激特性、たとえば、病気・死・傷害・凶事(火山・地球の爆発、戦争、核兵器など)などが起ころうとするきざしなどがあげられ、どの刺激にたいしても学年が進むにつれ、より敏感になる(上田1953)。

ついで、情動の表現の仕方は、大脳新皮質とくに前頭葉の発達と成長とともに、社会的・文化的な要請にかなうような学習とにより、高学年になるほどいっそう統制されたかたちとなり、心理的にも複雑な内容を含んだものとなる。ここで、情動表現の学習過程に注目したジャーシルド（Jersild 1968）の見解を参考に、学童期における情動表現の特徴をみてみよう。

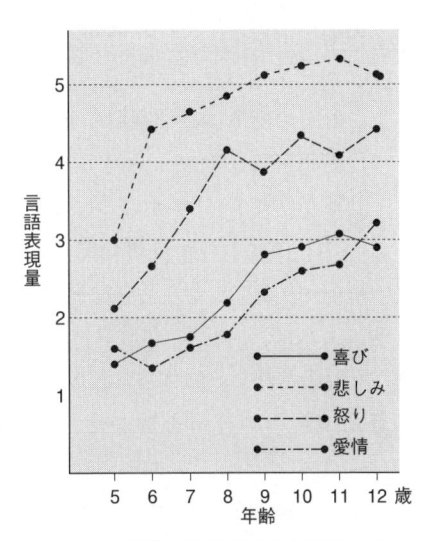

図3-7 情緒の言語表現の年齢的変化
（出典）藤永ほか 1975：9。

① ことばや記号を使用する能力の発達により、泣きわめくなどの大げさな身体的・直接的表現から言語的表現が多くなってくる。情動の言語的表現は幼児期後半4～5歳ごろから増加するが、とくに9歳ごろからが著しい（図3-7）。これにともない、いじわる、批判的言動、告げ口、あざけり笑うような態度、作り笑い、冗談を受け流すなどの心理的にも複雑な、いわば社会的性質を帯びた表現がみられるようになる。

② 情動の大げさな表現が、仲間から笑われたり、非難される経験をとおして、また、大人に近づきたいという誇りからあからさまな情動表現を抑えることを学習し、社会的・道徳的表出の方向へむかう。しかし、情動の内面化は、青年期ほどではなく、いわば「包み隠さず」との学童期の特性から、状況によっては外にあからさまに表しやすく、とくに家庭ではあいかわらず多い。

③ 情動の表現は多様化し、社会的・意志的・計画的な手段を用いるなど心理的に複雑な表現の仕方になる。たとえば、9～10歳ごろのねたみの反応として、相手を計画的に妨害して自己満足を得るなどはひとつ

の姿である。

④　パーソナリティの発達とともにその表現形式も個人差が大きくなる。これらの特徴は、学童期の発達過程からみて、ほぼ9歳を境にこの年齢段階以降においてより著しく現われるようである。したがって、学童初期小学校1〜2年生ごろはまだ幼児期的な表現を数多くとどめている。

このことは大脳の新皮質の発達と無関係ではなく、なかでも前頭葉連合野の機能が9歳ごろから活発に発達してくるとの知見と対応している。時実利彦によれば、「情動の体験（情動の心）は、まず大脳辺縁系（古皮質、旧皮質）で形成され、その体験は視床下部に具わる表出のしくみによって、体性神経系や自律神経系を働かせて具体的な行動として表現される」（時実1973b：159）。そして、大脳辺縁系の上位にある新皮質とくに前頭葉の発達は、情動に抑制的に作用するという。また、新皮質の脳波パターンは、15〜16歳になって大人のパターンになるなどの事実は、学童期における情動の抑制がまだ充分なものではなく発達途上にあることを示唆している。

情動の表現を規定する要因としては、その社会が期待する文化的、価値的要因のほか、親をはじめ大人や仲間の模倣も見のがせないものであり、情動の社会化に重要な役割を演じている。

● **主要な情動の発達と社会化**

つぎに、学童期における主要な情動について、その具体的な発達の姿をみてみよう。学童期の発達は、幼児期の発達を基礎として進むものであり、両時期を関連させてとらえることで、より深い発達の姿を理解できる。ここでは、それぞれの情動について年齢による発達像を通覧できるよう表3-8にまとめた。同時に、学童期に発生しやすい臨床心理学的問題のおもなものを示しておいた。子どもの情動障害には、その時期の心身発達の特質がありのままの形で表現されるからである。学童期にみられる情動的問題の特徴は、各年齢をとおして不安・恐怖を基礎にした症状が認められるが、その内容は年齢が進むとともに、具体的・客観的なものから、抽象的・予期的内容へと変化する。10歳以降では、強迫神経症様の症状も認められ、予期不安が増大する。また、性意識の高まりは、「わいせつ行為」の発生に

Ⅲ 学童期の発達　145

表 3-8　学童期のおもな情動の発達概要

	怒り	ねたみ、しっと	恐れ	愛情	喜び	臨床心理的問題
6, 7歳	怒りっぽい、かんしゃく、兄弟げんか、友人とのけんかが多い、ふくれっ面	先生が愛情をかける友人や友人の持ち物へのねたみ、友人の独占、仲間はずれ	身近な動物、猛獣、蛇などに最大、おばけ、ゆうれい、泥棒	先生への甘え、家族への愛情、男子は母親、女子は父親へ、同胞への愛情は深くない	ユーモア・冗談の理解は困難	夜のおびえ、暗への恐怖、引込み思案、親に確かめないと行動できない、緘黙、登校拒否
8, 9歳	身体的攻撃減少、ことばでの攻撃、批判的口げんか、社会的・道徳的侵害への怒り	ねたむひとを告げ口、友人の成績などへのしっと、持ち物などへは減少	火事、地震など天変地変にたいし増加、動物、犯罪者、けが、戦争	友情、同情心の芽生え、同胞間のかけひな合い深い愛情増加、男女ともに父親への愛情	ユーモア・冗談を理解し、喜ぶ、軽く受け流す、先生の誤り指摘・他人を おどす・物を隠して喜ぶ	不潔、便所、本などへの恐怖、病気・母親が家出するのではなどの不安、むら気、盗み、乱暴
10, 11, 12歳	男子はけが者、女子は容姿へのからかいにたいする怒り、相手の感情を傷つける、論理的口論、先生・親の行動批判	友人の成績・名誉・地位へのしっとを強める、嘲笑的態度、相手を無視、計画的妨害	天変地変、戦争、凶事の前兆、けが、病気、死、交通事故、映画・物語の人物、失敗、騒め	異性への関心、異性の先生の思い出、友情深まる、障害者、新参者への愛情	人前でほめられることと、過去の思い出を楽しむ。努力の結果、苦心の結実への喜び	憂鬱、けが・病気・天変地変への危惧、不安、上級生、試験、成績への不安、勉強、頭痛、胸内苦悶、赤面恐怖、予期不安、登校拒否、わいせつ行為

(注) 臨床心理的問題は、村松ほか (1992) の資料を参照しまとめたものである。

つながり、他方で、登校や学習上の問題、年齢に応じ高まる対人関係への意識を反映する問題が増加してくる。学童期にみられる不安や悩みはあまり深刻ではなく一過性のものが多いが、これを放置するわけにはいかない。学童期の情動発達の特性を理解し、情緒障害をもたらす要因の解明や、その子どもらとともに体験を共有する場をもつなど、早期に情動の安定を図る指導体制が望まれる（第Ⅵ章参照）。

● **社会的動機づけと学習**

学童期の子どもたちの生活は、家庭に足場をおくものの、学校集団での教師との関係、仲間との相互交渉が重要なものとなってくる。学校の場では、学習活動をはじめ目標達成への努力や教師・親の承認を得るための、また仲間との競争などの活動を含む社会的活動が活発に展開される。この社会的行動を起こす原動力となる動機を社会的動機という。社会的動機は、その多くが生得的ではなく、生後の経験、人間関係のなかで獲得されることが認められており、その種類も多い。ここでは、学童期の特徴ともいえる知的学習活動に関連性が深い動機をとりあげる。

現在、理論的枠組みをはじめ学童期の学習活動との関連で実証的研究が比較的よく進められているのは、達成動機である。達成動機の理論的背景としては、精神分析学的理論、社会的学習理論および認知的な立場からの理論などがある。達成動機について、ケイガン（Kagan, J.）は、子どもが新しい技能を学習し完成させたがったり、困難な課題を成し遂げたいとの願望、すなわちある課題についての熟練度を高めようとする欲求であるとみて「効力の動機」とよび（ケイガン1979：131）、この動機は他からの賞（成績、賞賛）を意識することなく、その課題を習熟することで満足感（内的報酬）を抱き、それをもとに新たな自発的な学習が展開されるという「内発的動機づけ」の一種と考えている。この内発的動機づけによる自発的学習の重要性が最近注目されている。そして、達成動機を満たそうとする行動が達成行動であり、これを促進する重要な要因として親が与える激励と報酬の量、それに同性の親が効果的な同一視のモデルとなる程度をあげている（ケイガン1979）。また、クランドールは、達成動機づけや達成行動に影響す

る先行条件として、文化的要因（民族、宗教）、親側の要因（親のパーソナリティ、価値観、しつけ）をあげ、さらに学校側の要因として、学校組織、教師やクラス仲間との経験の重要性をあげている（Crandall, V. J. 1963）。ただ、これらの環境要因の影響は、すべての子どもに一様ではなく、ひとりひとりへの影響の姿をみることが大切である。

　達成行動は、子どもの目標にたいする期待や動機の満足にたいする予期とも大きく関連する。たとえば、よい成績をあげたいとの願望・期待は、その子の実際の通知票の成績との間に一貫した正の相関がみられ、また、子どもの教師への信頼が大きいほど、その子の成功への予期が増し、その結果知能検査における成績を高める傾向があるという（ケイガン1979）。これにたいして、ある知的教科が理解できないとの不安やうまく学べないとの感情を長い期間抱かせる失敗体験は、成功への予期を低め、学習への動機づけを乏しいものにする。逆に成功するだろうとの思いが非常に大きく、達成が容易であると子どもが思う場合もまた、その教科への動機づけを低めることが知られている。このように児童自身が目標を設定し、それにむかって行動を起こすことが学習活動場面で重要な意味をもつことになる。

　達成動機とその他の動機との関連性も無視できない。たとえば、江口仁子らは、小学校5年生にたいして、勉強や運動などを達成したい理由を調べた（江口・吉岡1966）。自由記述された理由は、自己成就（自分の力を試したい）、失敗回避（怒られるといや、はずかしい）、賞賛優越（ほめられたい、一番でないとくやしい）、親和（みなが幸せになるといい、人の役に立ちたい）、承認（先生や母親にみてもらいたい、喜んでもらいたい）などのカテゴリーに分類されたが、達成動機得点の高さと正の相関が認められたのは、賞賛優越がもっとも高く、親和、承認がこれについでいた。達成動機は、これらの動機と相補関係にあるものといえる。ケイガンは、知的教科に関する技能の学習を促進する動機をつぎのようにまとめている（ケイガン1979：162-163）。①重要な大人（両親、教師）と仲間からの愛情と賞賛、②自分が望ましい大人のモデルに似てきているとの信念、③自分が有能であるという信念にたいする支持、④仲間や大人からの社会的承認、⑤仲間におよぼす勢力、⑥

性に型づけられた価値に適合して行動しているという信念にたいする支持（性役割同一性）。ここにあげられた動機の満足が予想されるとき、積極的な学習活動が行なわれるわけである。一方で、低学年では、教師の温かさが、とくに知的教科が理解できないとの不安が高い子どもほど重要で成績の上昇につながること（ケイガンの上記①に該当。筆者注）、また、高学年ではケイガンの②にあたる「自分たちのことを信頼してくれるから」との人間的な信頼関係が重要であることを明らかにした研究がある（河野1988、古川1985）。

2 パーソナリティの発達

● 自己概念の発展

学童期は、その精神発達の特徴から知識生活時代（8〜13歳）とよばれ、知識、技量、情緒的成熟へむけて自己形成が行なわれる。ピアジェとエリクソンは、学童期の児童は「生活の技術や知識を改良しながら、家庭への依存からしだいに仲間への依存へ、また新しい大人の影響への依存に移行するよう熱心にとりくんでいく」（メイヤー1978：233）存在であるという。

自己概念は、学童期初期と後期ではその内容を変えながら発達していく。「私」と題する作文に表現される児童・生徒の自己意識に関する調査によれば（鈴木・豊口1967）、小学校2年生ごろでは、自分の名前、起床時間、通学する学校など自己の表面的特徴の記述にとどまるが、小学校5年生ごろから、自分の欠点や長所をあげはじめる。さらに、中学生では短所の是正や長所を実際的な生活の目標と結びつけるなど、自己の内面に注目してくる。このことは、最近の諸研究でも確かめられている。子どもは社会的経験を重ねる過程で自己の行動を反省し、また、社会の人びととの行動基準、役割、思想をとりいれながら、自発的、実践的でしかも創造的な自己概念をつくりあげていく。

エリクソンは、学齢期の子どもを特徴づけることばとして「私は学ぶ存在である（I am what I learn）」（エリクソン1975：101）をあげる。どのような文化であろうと、この年齢段階にある子どもは、種々の系統だった指導を

受けるようになる。この過程で、認知能力を発展させ、外界にある新しい事物への好奇心の広がりを背景に、「物をつくり完成する、物をいっしょにつくる」など、物を生産することによって認められることを学ぶ。さらに、絶えざる努力と忍耐によって「仕事を完成させる」喜びを自分のものにしていく。つまり、「生産性（勤勉性 industry）」の獲得であり、自分で行なう力があるという自己への信頼、いいかえれば「有能感（competence）」（鑪 1979：204）を獲得していく。

エリクソンは、この自信・有能感を子どもが獲得するにあたって、教師の役割が重要だとしている。すなわち、子どもは教師をはじめ周囲の人との暖かい信頼関係のもとに、自尊心（セルフ・エスティーム）や達成動機を高め「生産性」という資質を身につけていくのである。他方で、子ども自身の自己評価は、ミードも示唆しているように、他人の評価に左右される面が大きい（Mead 1934）。したがって親、教師や仲間の評価を意識しながら自分を位置づけるようになる。他人からの否定的な評価を受けたり、また「うまくできなかった」「仲間に負ける」などのこだわりが心のなかに蓄積されると、自分への強い劣等感が形成され、とくに小学校高学年以降にさまざまな精神的な危機が生じるといわれる。そして、この自己不全感、自己への否定的感情が継続するとき、次期の青年期における自己同一性（self-identity）の形成確立に支障をきたすことになる。

◉ パーソナリテイの発達的特徴

学童期は、人格の基礎的形成が行なわれる幼児期と性的成熟が進み「自己同一性（self-identity）」が確立する青年期との間にあって、心身共にもっとも安定した時期といわれる。フロイトは、人格の発達過程からみて、対人関係を主とする精神的問題を引き起こすほどの強い性的葛藤は表面化しないとの見方から、この時期を潜伏期（latent period）と名づけている。たしかにこの時期の疾病率、死亡率も、他の時期にくらべて低い。しかし、学童期のすべての期間が心理的な発達からみて一定して平穏とはいえず、心の動揺をともないながら成長していく。

三宅和夫によれば、学童期における発達的課題は、知的技能の達成、仲

間との交友関係の確立、教師との関係の形成、性役割基準を身につけることにあるという（三宅1968）。

学童期の各時期ごとに、その主要な発達的特徴を表3-9に示してある（Ames et al. 1952、越智1972）。一般的には、情動的に安定し、外部世界への関心、好奇心を高める時代といわれるこの時期も、表3-9からわかるように関心を外部へ（外拡）、また自己へ（内向）と移しながら、さらに情動の動揺と安定を反復しながら発達する。学童期は、幼児的心性を多分にとどめる学童前期（小1～3年生）と、少年少女らしさを身につけ、しかも、前思春期的な徴候の現われる学童後期（小4～6年生）に区分することができる。

◉ **学童前期**

新しい学校生活を体験しはじめた1年生の多くは、ひとつの発達的な変わりめの時期を迎える。この時期、たとえば、ものを認知するとき、分析的・総合的な見方がだんだん可能になる。また自己の行動を吟味するなど合理性も芽生えるが、まだ自己統制力は全般に弱い。精神、身体機能の両面にわたり動揺の激しい時期でもある。学童前期の対人関係は個人主義の

表3-9 学童期の発達的特徴

1年	外 拡 的	心理的、身体的に動揺の激しい年齢、利己主義、爆発的、攻撃的な激しい情緒、強情さと敏感な傷つきやすさを併せもつ。
2年	内 向 的	おちつき、専心の時期、経験を内在化する、他人への愛着・関心、他人の態度への敏感さが増す、教師に個人的な親和を求める、批判的能力、一般化の能力増す。
3年	外 拡 的	活動的、精力的、拡張的な時期、短気で利己的、評価を好む、大人への強い関心、感受性強く傷つきやすい、蒐集欲、知識欲さかんとなる。
4年	外 拡 的	3年の行動傾向がより明らかに現われる、おちつき、安定、自発性の時期、自己評価進む、感情の深みが増す、友人志向、知識の秩序づけを好む。
5年	内 向 的	4年の特徴の完成期、子ども脱出への方向転換期、自己統制進む、率直で実際的、仕事は早く、エネルギー配分上達、個性明確となる、ユーモアの理解、大人に従順で同調的。
6年	前思春期	学童期の総仕上げの時期、科学的因果関係の理解、論理的思考、知識欲旺盛、被暗示性強い、失敗・めんつを失うことの恐れ、不安をもつも隠そうとする、親の絶対的威信は崩れる。

（注）Ames et al.（1952）、越智（1972）らを参照してまとめた。「外拡的」「内向的」は学童期のロールシャッハ・テストにたいする反応で見出された特徴である。

時代といわれる。大人への愛着が強く、母親にたいするのと同様に教師への1対1の愛着を強く求める。大人との個人的関係をとおして指示に従順な時期でもある。また、低学年の子どもたちの遊びは幼児後期に引き続き、高次の連合遊びが主流であるが集団での社会的な遊びも増加してくる。

3年生時期は幼児的心性を抜け出し、少年らしさが身につく学童後期への転換期ともいえる。この時期は外向的で精力的ともいえる活動性が強まり粗野な行動も目立ってくる。情動も多様で複雑化し、短気で利己的になったり、感受性が強く傷つきやすいなど、学童期をつうじてもっとも動揺の激しい時期である（表3-9）。また、親への批判的言動も強まることなどから中間反抗期として知られている。少年非行における窃盗など累犯非行の初発年齢もこの時期が多い。一方で外界にたいする認知・思考機能は、8～9歳ごろを境に質的な変化がみられ客観性・論理性が高まるとともに、自己統制力、共感性などにも向上がみられ、個人差も顕著になる（越智1972）。ただ、思考機能の質的な変化や自主性の向上はすべて子どもが順調であるとはいかず「9歳の壁」として知られている。

● 学童後期

小学校4～5年生ごろは、表3-9からも明らかなように学童後期における安定期である。すでに芽生えた仲間意識は増大し、いわゆる徒党時代（ギャング・エイジ）を迎える（本章第4節1参照）。友人志向が一段と高まる一方、親や教師への絶対的信頼感は崩れはじめ批判的傾向が芽生える。知識生活時代ともよばれるように、さきの「生産性（勤勉性）」「有能感」を獲得する中心的な時期である。小学校6年生は、知識欲・記憶力が一段と増し、科学的因果関係の理解や論理的思考活動も進むなど、学童期の総仕上げの時期といわれる。他方、情動面では過敏性、被暗示性、自己不全への不安が強まるなど安定性が崩れはじめ、前思春期的徴候がはじまる。また、最近注目されている学童の自殺もこの時期に多い。

3 パーソナリティの発達と環境

子どものパーソナリティは、社会化（socialization）と個性化（individualiza-

図3-8 親にたいする見方の変化
(出典) 井上 1975。

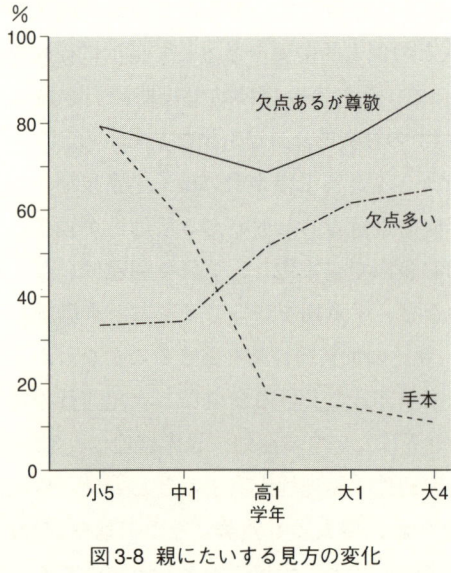

tion) の過程をたどりながら発達していく。社会化とは、子どもの所属している社会特有の生活・行動様式・言語・価値基準などの諸規範を学習し、社会的共同生活を営むのに必要な現実的行動を発達させる過程と定義される（依田編1976：118）。また、個性化は、その子どもらしい性格・行動特徴や価値的態度を習得する過程である。いずれも生後の環境的要因の影響を受ける面が大きい。

パーソナリティ形成におよぼす生後の環境的要因は多様だが、とくに成長過程にある子どもにとって、家庭的要因が重要であることはすでにのべられた。家庭のもつ機能は時代とともに変遷するが、その機能は、社会が子どもにたいして加える社会的圧力を防ぐ保護機能と、社会にかわって社会の要求を子どもに伝達する社会生活の媒介機能（社会化）という2つの側面があるという（依田編1976：117）。

● 親子関係とパーソナリティ

学童期の親子関係は、学校生活における教師や仲間関係の発展とともに時間的・空間的にも乳幼児期にくらべるとより間接的になる。しかし、学童期においてもパーソナリティ発達に意味深い影響を与えていくことは否定できない。親の養育態度と子どものパーソナリティとの関連性については、すでに幼児期の章（第Ⅱ章）で扱っているので、ここでは別の観点から親子関係のあり方をとらえてみよう。

親子関係は親と子の相互交渉過程であり、子どもの自我の発達とともに

親自身の対応も変化しながら、相互関係そのものが質的に変容し発達していく。親の保護に全面的に依存していた乳児が、2～3年後には自己の存在を主張して反抗し、10数年たてば親の言動に批判的になるなどの事実（井上1975：96）は、子どもの親にたいする見方の変化の現われである。図3-8は、小学校5年生から大学4年生にいたる年齢段階にある児童・青年を対象に、子どもの親にたいする見方の発達的変化を調べたものである（井上1975：97）。小学校5年生ごろでは、批判的な芽生えはあるが、まだ親にたいして全面的な信頼感を抱く段階である。だが、やがて批判力・客観的判断力・理想主義的潔癖感などの発達にともない親の欠点に注目しそれに批判的態度を強めていく高校1年生を中心とする青年前期・中期をへて、欠点のなかにも人間性を理解し寛容性を示す段階へと発達する。このように、図3-8には、児童期から青年期にかけて、各時期それぞれの特質を反映しながら親にたいする見方が変化する傾向がよく示されている。

　近年、子どものパーソナリティの形成や親子関係の発展にとって、子どもの認知する親の態度が重要視されている。子どもにとって望ましいと親自身が考える行動や態度が、子どもにとってはかならずしも望ましいとは限らないからである。ここでは、親と子の認知のちがい、意識のずれが、親子関係を危機に追い込むことも指摘されている。たとえば、親側に、親子の断絶が非行をもたらす原因となるとの意識があり、必要以上に「話のわかる親」になろうと努めるなどの場合である。

　小学校5年生・中学校2年生とその母親1500人を対象とした調査で、2つのタイプの対照的な親のイメージを示し、母親としてどのタイプでありたいか、また、子どもとしてあってほしい親のタイプが求められた。親の2つのイメージ型は、①何でも気軽に話せる友人のような親、②子どもにたいして権威があって、多少はこわい親である。両学年および男女間に差異はなく、子どもたちは、①型を選んだもの約52％、②が約48％であったのにたいし、母親は①の「友人のような親、話せる親」でありたいが約82％にのぼった（井上1975：99-100）。これは母子相互の認知の差を示す一例であり、母親自身がよしとする親のイメージより、むしろ権威のある親を望む傾向

が、この調査が対象とした小、中学生のほぼ半数を占めていた。この結果は、友だちのように親が子に近づくことで親子間の距離を縮めることにはならないわけで、子どもは親として自然にそなわる厳しさ・強さを求めていることを示唆してもいる。ここに、親としての自己への自信と親自身の成長の必要性が求められるのであろう。

● 父子関係

最近多発している登校拒否（不登校）や家庭内暴力などの発生要因のひとつに「父性の欠如、父―子関係の希薄化」があげられ、児童臨床の分野を契機として父子関係の重要性が指摘されている。

父と子との情緒的結合は、母子関係についで発達するというのが一般的な見方である。父子関係に注目した最近の研究によると、乳児と母親との交渉が主として養護・しつけ中心であるのにたいして、父親は遊び中心に乳児とかかわる。この父親との交渉が、乳児の認知・運動能力や好奇心など環境にはたらきかける感覚の発達にとって有効な促進効果をもたらすという（Michael 1976）。

父子の積極的な交渉は、ほぼ1歳半～2歳ごろから開始され、父母の持ち物を区別したり父親との遊びに興ずることをはじめる。このころ多くの子どもに父母イメージが確立され、性差意識や自我形成のモデルとして重要な意味をもってくる。2歳～2歳半にかけて父親への親しみは一段と増し、父子相互関係の基礎が形成される。ついで、ほぼ3歳以降から学童期にかけて、両親との強い感情的な結びつきをもとに、両親を同一視の対象とするようになる。この過程で、とくに男児は3歳ごろから同一視の対象を母親から父親に移していくことから、このころは女児にくらべ性同一視が不安定だが、年齢とともにむしろ男児のほうが確固としたものになる（Lynn 1959）。こうして、男児にとってとくに父親のあり方が重要なものとなり、父親が愛情深く統制力がある場合に、息子の男性度は高まるとの報告がある（109ページ参照）。

表3-10は、登校拒否児と家庭内暴力児の父親像をまとめたものだが、いずれの場合も家庭内における父親の権威の不足、父子関係の希薄化が見出

表3-10 父親の養育態度対比表

登校拒否	家庭内暴力
自信欠如	自信欠如
他人との接触回避	やさしい、ものわかりがよい
決断力を欠く	まじめ、誠実
男らしさに乏しい	包容力が弱い
情緒未熟	父親の役割欠如
小心	子との心理的距離が遠い
内向的	母親を心理的に支持しない
	家庭生活母親まかせ
	仕事優先型

(注) 村田ほか (1975)、蔭原 (1979) の資料をもとに筆者作成。

せる。小嶋らは、家族関係調査票 (FRI) を小児臨床の場に適用し、登校拒否児の親は子どもの取り扱いにおいて父親優位性が低く母親優位であることを見出している (小嶋ほか1986)。子どもは成長の過程で父親との抗争・葛藤を体験しながら社会や権威とのかかわり方、厳しさ、自律性や能動性などの諸特性を獲得していく。これの失敗は、自我の未成熟さをもたらし、共生的ともいえる濃厚な母子結合が形成されるという。こうして母親との密着した関係のなかにうずもれてしまい、家庭・母親からの離脱・自立化に失敗したひとつの姿が家庭内暴力であるとの見解がある。西田博文は、「核家族化にともなう家庭機能の縮小化は、残された紐帯として愛情しかなくなり、現代社会は濃厚なゲマインシャフト的な、情緒的結合体へと変化せざるをえない。その結果、情緒的密着度の強い母子関係が普遍化され、いつまでも子どもを手放そうとしない母親の支配性と父親の無力化とから青年期の依存と独立という両面性がいつまでも解決されない」(西田1979：942) とのべ、ひとつの見方を提出している。

子どもの自我形成とその発達にとって、家庭はもとより学校をはじめ社会全般のなかに、強い父性を確立することの必要性が指摘されている。イギリスの社会学者テイラーは、現代社会における人間の態度体系に注目して、社会全体に母親主義 (matrism) が進行しているという (高瀬1981)。最

近は、子どもを「叱れない父親」モデルが一般的になっているといわれる。フランスでは、子どもと友達感覚的な父親について「こうしたタイプの父親をもった息子に自殺が多い」との報告がある（リザシェほか1997）。父親の役割の本質は「区切ること」であり、①内と外とを分かつ、社会的父性としての仕事、②正と邪を区切る、ルールを守ることを家族メンバーに指示する仕事（父性原理）、③母子の癒着を絶つこと、親と子どもの間をはっきりと区切る役割をもつといわれる（斉藤1998）。こうした役割を果たせない場合、子どもの成長にとって悪影響を与えるわけで、「叱れない父親」はそのひとつの姿であろう。こうした社会状況のもとでいかに父性を建てなおすかが、発達的課題とされる。この観点からも、子どものパーソナリティ発達と父子関係のあり方に関する組織的・実証的研究を進めることが急務であろう。

● **きょうだい関係とパーソナリティ**

　子どものパーソナリティ形成に関与する家族内の諸条件のひとつに同胞間における出生順位の問題がある。「総領の甚六」ということばは、一般に長子は次子にくらべて俊敏さが乏しいなど、長子的・次子的性格といった出生順位に応じた性格傾向があることを示唆したものである。わが国には、その文化的・伝統的習慣や価値観から、長幼序列の扱い方があり、従来から出生順位とその役割期待の相違がどのような性格を形成するかが研究されてきた。また現代のように社会の価値観をはじめ家族形態や家庭の機能が変化するなかで、親の意識に伝統的な価値観が維持されているか否か、従来から指摘されている長子的・次子的性格に何らかの変化が生じてきているかどうかも興味ある問題である

　きょうだい間には、表3-11に示すような性格特徴の差異が見出されている。依田明は、小学校5年生の児童とその母親について、1963年に行なった調査（依田・深沢1963）とほぼ同形式で再調査をした（依田1981）。約20年前との比較では、長子的性格、次子的性格に基本的に変化はなく、それぞれの特徴は社会変動の影響を受けていないとの結果を得た。長子の特徴は、面倒なことがきらい、自分の用を他人に頼んだり押しつけるなど、困難な

表3-11 きょうだいの性格特徴

対象			兄的性格	弟的性格
双生児	一卵性		自制的、ひかえめ、きちょうめん、親切、指導的、責任感が強い	快活、社交的、調子にのりやすい、依存的、多弁、こっけい
二人同胞			長子的性格	次子的性格
	1963		<u>自制的</u>、<u>話すより聞き手</u>、<u>ひかえめ</u>、<u>仕事がていねい</u>、<u>面倒が嫌い</u>、人前に出るのを嫌う、親切、気に入らないと黙り込む	<u>多弁</u>、<u>依存的</u>、父母に甘える、告げ口をする、お調子もの、<u>強情</u>、<u>しっと</u>、知ったかぶり、ひとのまねがうまい、食事の好き嫌いが多い、外で遊ぶことが好き
	1981		自分の用をひとに押しつけ頼む、きちょうめん、遠慮、母に口ごたえ、すましや	せっかち、明朗

(注) 1) 三木・天羽（1965）、依田・深沢（1963）、依田（1981）の研究資料をもとに筆者作成。
2)「二人同胞1963」欄の傍線部特性は、1981年調査においても同様に見出されたもの、「1981」欄は、1981年調査で新たに見出された特性。

事柄へのとりくみが消極的で利己的傾向が認められる。他方、仕事はていねいできちょうめん、控えめで聞き手に回るなどが目立つ。今回の調査で新たに加わった特徴（表3-11参照）からみて、大人びて気むずかしさが強調されているという。次子は、両親に甘える傾向が著しく、依存的で両親に告げ口をすることも特徴的である。強情でやきもちやきなど激しい性格傾向もあり、わがままである。前回にくらべて、外へむかう積極的・活動的な面がより明確になっている。

　きょうだい間に性格特徴の差異をもたらす要因として、親の役割期待、育児経験、自信の程度、2人きょうだいでは適当な年齢差（2年ないし4年）などがあげられている。現代でも親の意識には伝統的な「長幼序列」の考え方が依然として続いており、日常生活で「お兄（姉）ちゃん」とよばれる場合のほうが性格差が明確で、長子としての自覚の認識を高めることになるだろう。

　同胞を構成する性別が性格形成におよぼす影響も見逃せない。姉のいる女子にくらべて、兄のいる女子がより男性的行動（野心が大きく、積極的など）傾向を示し、姉がいる男子は男性らしさが少ないという（Koch 1965ab）。このことは、長子は一般に大人（親）をモデルとしやすいのにたいして、次子以下は年上の兄・姉と同一視し、その行動特性を模倣する傾向があるこ

とを物語っている。また、同胞がすべて女である男児は男らしさが強調され、同胞がすべて男である女児は女らしさが強調されるとの報告もある（詫摩ほか1961）。

きょうだい同士は、親和と反発、依存と支配などの相互体験をとおして互いに切磋琢磨しながら、他の人との人間関係を進めるための社会的技術の基礎を学びとっていく。乳幼児期からこの関係のなかで育つことの意義はいうまでもなく、最近の一家庭あたりの子ども数の減少は、現代家庭教育における大きな問題ともいえる。

● 学校集団とパーソナリティ

子どもが生活している社会集団やその社会の文化型は、直接・間接に子どものパーソナリティ発達に影響を与える。社会・文化を創るのは人間の手であり、社会・文化的条件と性格形成の問題は相互規定的な観点から理解することが必要となる。ほとんどの社会的・文化的な諸条件は、養育という過程をとおして子どもに伝達される。ここでは、学童にとっておもな生活の場である学校集団の影響をとりあげる。

学校の物理的条件、制度、組織を含む学校集団は、子どもの心身発達にさまざまな影響を与える。なかでも、教師―学童、学童相互間の関係は、とくにグループ・ダイナミックスの問題として重要な研究のテーマである。仲間相互間の問題は後述されるので、ここでは教師と学童との関係に焦点をあてよう。

教師の影響は、たとえば年齢・性別などの属性よりも、実質的な指導的態度が重要である。指導技術がつたなく、処罰的、強制的で偏愛的な教師の態度は、子どもから近親感や愛着をもたれない。これにたいし、教育技術にすぐれ、若くて活発、明朗で子どもとともに学び遊ぶ教師にたいしては、男女児ともに近親感・愛着を強く抱くことが明らかにされている（岸田1959）。小学生が、どのような先生をいい先生だと思うかをたずねた調査では、男女とも「やさしくて、おもしろい」「授業がわかりやすい」「勉強以外のことも教えてくれ、いっしょに遊んでくれる」先生をあげている（学習研究社1997）。岸田の研究とくらべてほぼ40年を経過した現在でも、子ども

が近親感・愛着を抱く基本的な教師像は変化していない。

　子どもの問題行動を手がかりに、教師の教室内での行動タイプと学童の性格行動との関連性をとらえた研究では、①拒否型の教師——子どもに反抗的または愛情を求める行動が目立つ、②過支配型の教師——自立性のとぼしさ、③過保護型の教師——独立性および忍耐力のとぼしさ、④溺愛型の教師——情緒的未成熟と自己中心性の強い行動、⑤矛盾不一致型の教師——情緒不安定、反社会的傾向の子どもが多いなどの関係が認められている（守屋1959）。

　文化の差異による教師観を調べた報告がある（総理府編1981）。日本・アメリカ・イギリス・フランス・タイ・韓国の10歳から15歳の児童を対象としたものだが、日本児は、「担任の先生が好き」「尊敬している」がそれぞれ65.4％、58.3％であり、他の諸国にくらべてもっとも低い値を示す。たとえば、「先生を尊敬している」児童についてみると、他国の児童がすべて8割以上で、とくにアメリカ、フランスおよびタイ児では、90％以上であるのと対照的である。図3-9は、教師への尊敬度について、その年齢的推移をみたものだが、日本児は年齢の

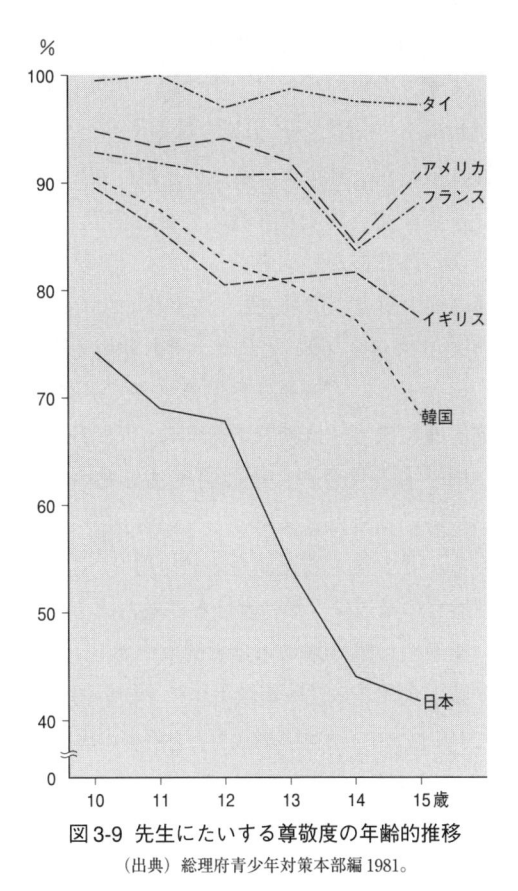

図3-9　先生にたいする尊敬度の年齢的推移
（出典）総理府青少年対策本部編1981。

上昇につれ急速度で尊敬の念を失っていく。父親観・母親観についても同様に否定的傾向が認められており、日本特有の社会現象として問題を投げかけている。

4　性の発達

受精、すなわち精子と卵子とが結合する瞬間に男女の性が決定される。性染色体（性を決定する染色体）の構成がXYであれば男性、XXの場合は女性となる。これをもとに胎児期から男女それぞれ特有の性器官（第一次性徴）の成熟が進む。

◉ 性器官の発達と第二次性徴

まず、性腺の分化については、男女の胎児が共通にもっている性腺原基が胎齢6～7週ごろに男児では睾丸へと分化し、ウォルフ管から副睾丸、精管、精のう、射精管などへ、また、女児では胎齢8～9週ごろ卵巣へと分化し、ミュラー管から卵管、子宮、膣管の上部などへの分化が行なわれ、いわゆる内性器が形成される。外性器についても、最初は男女児に共通の生殖結節からは、陰茎（男）と陰核（女）とに分化し、生殖隆起からは陰のう（男）と大陰唇（女）とにそれぞれ胎齢8週ごろから分化が行なわれる。

このように、最初は胎児のすべてが女児として発育するはずのところを、遺伝的に決定された性の方向にしたがって、男性ホルモン（アンドロゲン）が関与する場合に、その胎児は男児へと分化していくのである。そして、出生時には男児と女児としての性別をもつ正常な赤ちゃんとして生まれてくる。その後、乳児期から幼児期をへて、学童期の前半ごろまでの期間は、性器官の発達は、形の幾分かの増大はあっても、著しい変化はみられない。

やがて、思春期に入ると男女ともに、間脳・視床下部からの指令によって脳下垂体から性腺刺激ホルモンが分泌され、これが第一次性徴の発達（睾丸や卵巣を中心とする内性器と外性器の成熟）をうながすとともに第二次性徴（生殖器官以外の身体各部にみられる男女の特徴——体型、骨格から乳房、性毛など）が明らかになってくる。いわゆる男らしい体つきと、女らしい体つきになってくるのであるが、第二次性徴がはじまる時期については個人差が著

しい。全般的に女子が男子よりも1～2年成熟が早く、生活環境の影響も受ける。また、発達加速現象といわれ、この開始時期の早発化がみられる。参考までに、思春期における男女の性特徴の発達を表3-12に示しておく。

● 学童期の性意識の発達

①学童前期（7～9歳）

かなり本格的な性的関心が現われはじめる。気が合う同性の友人と、異性のことを話し合ったりする。しかし、自分の気持ちをそのままではなく、裏返したかたちで表現される。

男子は、スカートめくりやボインたっちなどを行なうことがあるが、これは見たいというよりも弱い者いじめや、からかいの気分が大きいといわれる。彼らは、極端に好きな女の子や、極端に嫌いな女の子には手を出すことが少なく、ほどほどに好きな場合が多いとされる。女の子のほうも、自分が男子に関心をもたれているという意識がないでもない。

②学童後期（10～12歳）

同性の友人と性の知識について話し合うようになる。自分の場合も含めて、裸体を意識しはじめる。表面上は、男女が分離するかたちとなり、異性の友人と親しくしていたりすると、同性からからかわれたりする。男子

表3-12 思春期における男女の性特徴の発達

満年齢	女 性	男 性
10～11	乳房がふくらみはじめる。うぶ毛の陰毛が生える。	睾丸と陰茎が多少大きくなる。
11～12	陰唇、膣、子宮などが発達し陰毛が増生する。	前立腺の発育、うぶ毛の陰毛が生える。
12～13	乳腺が大きくなり、乳首も発達する。	固い陰毛が黒く生えてくる。
13～14	腋毛生え、初経をみる（最初は排卵を欠く）。	睾丸と陰茎が急速に発達する。
14～15	女性の体型が発達し、規則正しく排卵、月経を来す。	腋毛生え、顔面のひげも生えはじめる。声変りして太い声となる。
15～16	声にふくみができる。	精子形成が行なわれる。
16～17	骨格の伸長がとまる。	顔面身体の発毛完成し、ニキビが出る（21歳にて身長の伸びがとまる）。

（出典）井上 1976。

と女子の遊びがはっきりと分かれ、互いに対抗意識をもつようになる。最近では、女子のほうがますます積極的となり、わざと男子の身体にぶつかって、すれちがいざまに性器にふれたり、男子のパンツをおろすようなこともする。なお、精神分析学では、学童期は、性的快感を求める時期としては潜在期とされるが、性意識の発達という観点からは、けっして空白の時期ではないといえる。

● **性の指導**

性教育は、赤ちゃんのときからはじめるべきだといわれる。まず、それは親子の生活をとおして自然なかたちで行なわれることが望ましい。たとえば、風呂のなかで、男女の身体つきのちがいや発達にともなう変化を気づかせたり、また、父親の仕事や母親の仕事をとおして性役割と男女平等について理解させるなど、子どもの発達に応じた指導が必要である。男女児ともに、性被害のことも知らせておくべきである。学童期になれば、学校と家庭が連携しながらの男女交際の指導が大切である。子どもの健全な性の発達のためには、まず、大人が性に関する正しい知識と考え方を身につけ、それを実行していかねばならない。

4 ── 仲間関係の発達

学童期は、幼児期にくらべてとりわけ社会性が目覚ましく発達してくる時期である。小学校といった社会的組織に入り、多くの同年齢の子どもたちと接触する機会を与えられるためである。したがって、友人との社会的行動の発達が、もっとも著しい時期でもある（中西1959：125-128）。

1　学童期の仲間関係（ギャング時代）

6歳から12歳ごろまでの学童期をギャング時代（徒党時代）ということがある。研究者によっては、9歳ごろまでを前ギャング時代、10歳ごろ以降のものをギャング時代と称して区別をする場合もある。この時期になると子どもたちは家庭生活における興味がしだいに減じ、同年輩の友人と生活す

ることを好み、仲間といっしょに行動することが楽しく、ひとりぼっちで仲間はずれにされることが何よりも大きな悲しみとなってくる。このことを子どものレファレンス・フレーム（行動の枠組）という観点からみていくと、幼児期の子どもの枠組は大人からの影響を強く受けていたのが、学童期に入って友人のもつ行動の枠組にその力を譲ってきたと考えていいであろう。各家庭の親の枠組を反映しながら育ってきた子どもたちが仲間集団を作り、集団生活が多くなるにつれて大人の枠組とは別の枠組を形成していくのである。いままでは素直に母親の言うことにしたがっていたのが、友達もそうしないからという理由でいうことをきかなくなったりするようになる。

小林さえらの調査によると、本格的なギャング・エイジはほぼ小学校4年生ぐらいからはじまり、5～6年生でピークに達し、中学に入ると、生徒たちの関心は自分の内面に向けられ、少数の親密な友人を求めるようになって、ギャング集団はしだいに解体していくことが多いという（小林1968：57-87）。ギャング集団の特徴としては、つぎのものがあげられる（岡田1978：125-126）。

① 集団の構成人員は4～5名である。
② 男女の混性集団よりも、同性集団が多く、大部分は、同級生である。
③ 集団を形成するおもな要因には、近所に住んでいるなどの地理的要因と、クラスが同じとか、親戚だからといった社会的要因がある。
④ メンバーは集団の一員であることを誇りに感じ、また集団にたいして忠誠、献身的行動を示すことがあり、その団結力は強く、排他的である。
⑤ 集団メンバーだけにつうじる合言葉（信号、暗号、隠語）などを使用したり、メンバーだけの秘密の宝物を持っていることがある。
⑥ 遊びは、年齢が大きくなるにしたがって、かくれんぼ、野球、などの運動遊戯、種々のゴッコ遊びのような模倣遊戯、つぎにトランプ、各種ゲームなどの勝負事の順で増加してくる。しかし全般的には、運動遊戯が圧倒的に多い。

⑦　遊びの場所は、家、路上、空地、広場、学校内、神社、寺院、空き家、ガード下など大人の干渉がおよばないところを選びやすい。

　ギャング集団の特徴は以上のとおりであるが、子どもの行動はまだ未熟なために、時には、盗み、飲酒、喫煙などの反社会的行動として現われる場合もある。しかし、子どもたちは、これらギャング集団のなかでの諸活動をつうじて基本的な社会的知識、技能、感情、態度を学習していく。つまり、このような活動は児童の社会性の発達にはきわめて重要な経験活動であり、将来、親から分離、独立して社会生活を営んでいくための準備的な活動であるといえるであろう（高野ほか1969：172）。ただ、筆者らの小学生を対象にした最近の調査では、学校から帰宅後の子どもたちの生活は、塾通いやおけいこごとに追われて、このようなギャング集団での遊びを経験することが少なくなっており、児童の社会的発達という観点から眺めると、深刻な事態にたちいたっていると思われる。なぜなら、遊びを忘れたり奪われた子どもたちの精神病理を、心理臨床の場であまりにも多く経験するからである。

2　学級集団での仲間関係

　クラスでの友人関係は、種々の人間関係のなかで、もっともインフォーマルなものであり、平等で自由な相互作用のできる関係であるが、新しく形成されたクラスでは、児童・生徒の多くは、お互い見知らぬ相手であることが多い。クラスでの生活が進むにつれて、子どもたちの間にはさまざまな新しい対人関係が生じてくる（安中1977：11-12）。そのさい、子どもたちはどのような相手と結合しやすいか、あるいは分離しやすいかについては、しばしばソシオメトリー（socio-metry）を用いて明らかにされる。

　ソシオメトリーというのは、社会的測定法ともいわれ、集団メンバー間の心理的構造を把握する方法として、アメリカの精神科医で、心理学者でもあるモレノ（Moreno, J. L.）やそのグループによって考案されたものである。ソシオメトリーの目的の第1は、集団成員のひとりひとりが集団の他の成員からどの程度愛好（選択）され、結合を求められているか、あるいは、どの

程度にきらわれ排斥されているか、つまり選択と排斥とのディメンジョンにおいて、どのような地位を占めているかを明らかにすることである。この集団における結合を求められている程度を社会的地位といっている。ソシオメトリーの第2の目的は、メンバーの社会的地位と選択、排斥との様相から集団全体としての社会的雰囲気やグループの構成を考察することである。この考察は、ふつう直観的に表示することによって行なわれるが、この表示方法をソシオグラムといっている（長島1962：250）。これらの目的のために、ソシオメトリーのもっとも代表的な分析法であるソシオメトリック・テストがよく用いられる。具体的には、「もし今度、クラス替えをするとすれば、あなたは誰といっしょになりたいですか。いっしょになりたいと思う人を、好きな順番に5名だけその名前を記入して下さい。またいっしょになりたくない人を、嫌いな順に同じく5名だけ記入して下さい」という質問紙に記入させ、この結果をソシオマトリックスという整理表に記入していく。つぎにこのソシオマトリックスにもとづいて、これを視覚的にとらえやすくするために選択・排斥の関係を図式化してソシオグラムを描くことになる。このような手続きをへて、集団の再構成を図っていくことにソシオメトリーの目的の一端がある。

　田中熊次郎は、幼児期・児童期・青年期・成人期にいたるまでの発達時期を幅広くとった被験者にたいしてこのソシオメトリック・テストを実施し、その結果から友人関係成立の要因をつぎのように明らかにしている（田中1975：201）（図3-10）。

① 住所が近い、いつもいっしょに遊ぶ、座席や順番が近いといった相互的接近の要因は、主として幼児期から学童前期の子どもの交友関係にみられ、年齢の上昇とともに下降していく。

② 何となく好き、感じがよい、親切で優しい、おもしろい、明朗・快活、物を貸してくれるといった有機的好感、同情・共感の要因は、小学校2～3年生ごろにピークとなり、その後は下降線をたどる。

③ 友人の学業や人格的徳性がすぐれていることを尊敬する、気が合う、性格・趣味・意見などの一致、思想の共鳴などの人格的尊敬や一致・

共鳴の要因は、幼児・学童前期は低いが、長ずるにしたがって増加していく。

④　集団的協同の要因というのは、グループ学習、クラブ活動などでチームを上手にまとめていく、あるいは助け合うなどのほか、同一目標追求のための協同的態度を示すものである。この要因による感情的統合は、学童後期ぐらいからはじまり、青年期から成人期にかけて上昇していく。

田中の例で示されるように、友人選択は、発達とともに、家が近いといった生態学的な要因から、何となく好き、感じがよいといった内的要因に影響されるようになり、成長するにしたがって、人格的徳性がすぐれているといったパーソナリティ要因や、同一目標を追求していくための協同的態度といった社会的な要因が増加していくことがうかがえよう（滝野1982：

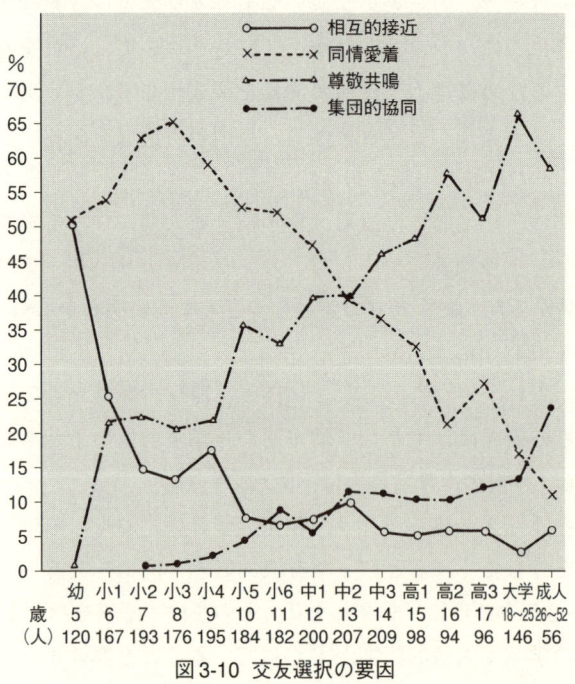

図3-10　交友選択の要因

（注）ソシオメトリック・テストの応答による。男女合計2323人。

117-118)。

3 学級集団における「いじめ」

1985年から1986年にかけて、学校における「いじめ」問題が多発し、新聞を中心としたマスメディアで、「いじめ」ということばが出なかった日がないほど注目され、社会的問題としてクローズアップされた。それから時は流れて10余年、はたして「いじめ」問題は減少したのであろうか。まずは、つぎの2つのデータをご覧いただきたい。図3-11は警察庁のいじめに起因する事件の推移であり、図3-12は文部省の発表したいじめの発生件数である。

警察庁のデータでは、1985年をピークに急減し、1986年以降、1996年にいたるまでほぼ横ばい状態にあることを示している。いっぽう、文部省の資料では1986年をピークとして漸減傾向にあるものの、1993年以後、いじめをいじめられる側から調査した結果では、1995年にはピーク時の5万2,610件を上回る約6万件が発生しており、減少どころかむしろ急増していることがわかる。つまり、いじめを第三者的、外部的にながめるならば、教育的・司法的指導によって、いじめ問題は終息したようにみえるが、いじめられる側からの主観的な判断からみると、むしろ深刻な事態にたちいたっていることが理解される。

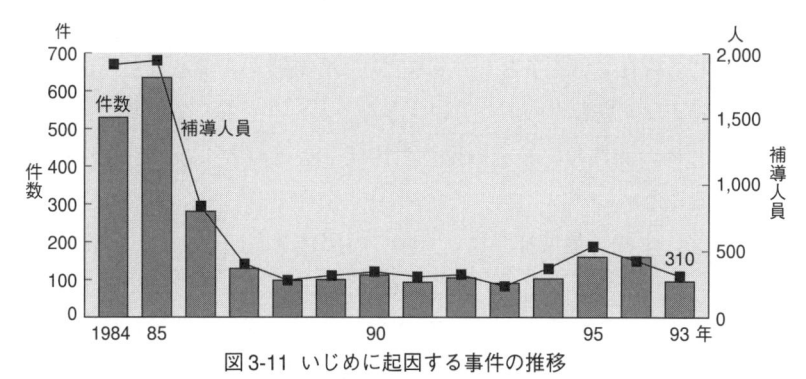

図3-11 いじめに起因する事件の推移

（注）警察庁生活安全局の資料による。
（出典）法務省法務総合研究所編 1998：205。

図3-12 いじめの発生件数

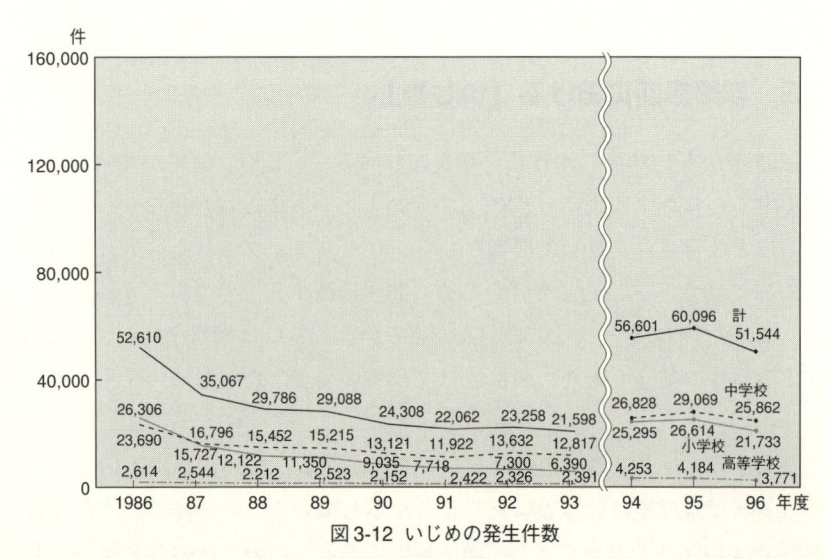

(注) いじめか否かの判断はいじめられた児童生徒の立場にたって行うよう、また、「いじめ」の定義を改め、各学校において積極的な実態把握に努めるよう徹底を図ったこともあり、発生件数について従前との単純な比較はできない。なお、1994年度、1995年度の計には、特殊教育諸学校の発生件数も含む。
(出典) 文部省（編）1998：250。

　このようないじめ問題を重視した文部省の諮問会議では、1996年、下記のような5項目にわたる緊急アピールを答申している。
① 「弱い者をいじめることは、人間として絶対に許されない」との強い認識に立つこと。
② いじめられている子どもの立場に立った親身の指導を行なうこと。
③ いじめは家庭教育のあり方に大きなかかわりを有していること。
④ いじめの問題は、教師の児童生徒観や指導のあり方が問われる問題であること。
⑤ 家庭、学校、地域社会などすべての関係者が、それぞれの役割をはたし、一体となってとりくむことが必要であること、などである。
　この緊急アピールに先立ち、文部省では1994～95年に子どものいじめ体験に関するアンケート調査を実施しているが、わが子が「いじめられた」と回答しているのに、それを知っていた親の率は、小学校37.0％、中学校

33.9％、高等学校では17.7％であった。逆に他の子を「いじめたことがある」と回答している子どもの保護者が、その事実を知っていた率は、小学校3.4％、中学校3.6％、高等学校にいたっては1.9％にしかすぎなかった。これはまさに「子のいじめ、知らぬは親ばかりなり」の状態を如実に示している。

　筆者が委嘱を受けてスクールカウンセラーをしている某通信制高等学校では、1,200名在籍中、ほぼ半数が現在不登校中か過去に不登校の経験をもっている。このうち相談室に来談する不登校経験者のほぼ90％がいじめられる体験をしていて、なかにはパニック症状や幻覚妄想が出現したり、抑うつ反応を呈しているケースもまれではない。そして過去のいじめによる心的外傷体験を少しずつカウンセラーに吐露し、対象喪失にともなう心の悲しみの作業を体験しながら人間関係を回復し、生きる勇気と希望を見出していくことが多い。

　このような重症例を見ていると、現在のいじめ問題は「いじめは昔もあった」と看過や傍観していられるほど楽観的なものではなく、心の専門家である臨床心理士を中心としたスクールカウンセラーの制度化なども早急に検討しながら、家庭・学校・地域社会が本腰を入れてかからないと、いま、日本の子どもたちが危ないことを筆者は実感している。

コラム　道徳性の発達

　道徳性をどのようにとらえるかは議論のあるところだが、一般に、社会的規範にしたがって実際に行動する道徳的行為の側面と、社会的基準や規範にそう意識としての道徳的判断による認知過程の側面とに分けて扱われてきた。道徳性の発達的研究は、後者に関するものが多い。この２つの側面は、もともと互いに関連すべきものであろうが、各側面について別個に調べた発達過程はかならずしも一致しないことが少なくない。道徳性の発達は、自己意識の発達と深く関連しており、他律的道徳（親などの善悪の

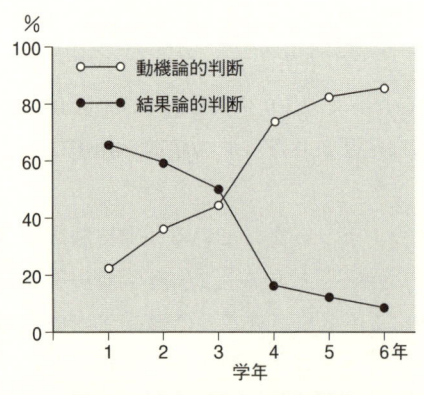

図3-13 過失に関する話の判断
(注) 成田（1949）の資料をもとに筆者作成。

考えに従う）から自律的道徳（ことの善し悪しを動機との関係でとらえ、その状況に応じたルールを守ろうとする）へ発展するといわれる。

ピアジェは、道徳的判断における認知過程を重視する。たとえば、行為の意図・動機は異なるが、結果的には罰を受けるであろう2つの二律背反的（2つの判断の結果が矛盾する）な場面の物語を子どもに聞かせ、子どもがその状況をどのように認知し、どう対応するかを判断させた一連の研究がある。それによると、年少児は行為の結果がどうかに注目した結果論的判断が多く、年長児の多くは行為の動機を基準とした動機論的判断をするようになる。図3-13は、日本児についての研究の一例だがピアジェらの知見を支持した結果を得ている。だが、子どもの生活環境（上流階層、インテリ層など）によっては、幼児期からすでに動機論的判断が可能な子どもが多いなどの報告もある。このことは、道徳的判断の発達にとって親の養育意識（オペラント学習）や集団保育での経験のあり方などが影響することも見逃せないことを示唆している。

道徳性の発達段階について、鈴木清は表3-13のような6段階を設定しており、無道徳→他律的、外面的段階→自律的段階へと進む過程が示されている。しかし、発達は矢印の方向に一方向的、段階的に発展するとはい

表3-13 道徳性の発達段階

1) 無道徳の段階（1～3歳）
2) 大人の是認と否認によって行動が分かれる段階（3～5、6歳）
3) 仲間の規約によって行動する段階（6歳ごろから）
4) 口先道徳の段階（10～14、15歳）
5) 矛盾道徳の段階（14、15～18、19歳）
6) 自律道徳の段階（青年期から大人）

(出典) 鈴木1958。

えず、各段階で非合理的な面と合理的な面を示しながら、この矛盾のなかで生じる緊張・葛藤を体験しそれに耐えることを学習していくことで道徳性の発達が進むわけである（図3-14）。

　ここで注目したいのは、道徳的判断の発達は、その社会のもつ環境の変化、子どもたちをとりまく情報化の波のなかで大きな影響を受けることである。たとえば、最近（1998年）の小学生（5〜6年生）の意識では「悪いことをしても見つからなければいい」と思う場合が66.9％にのぼるという。また、中学年代にわたり、うそをつく、約束を守らないなど、道徳的規範にたいする心理的緩みが一段と進むこともわかっている。とくに、人間関係が希薄になりつつある現代社会のなかで、あらためて道徳的規範にたいするしつけ・教育のあり方を考えてみる必要があろう。

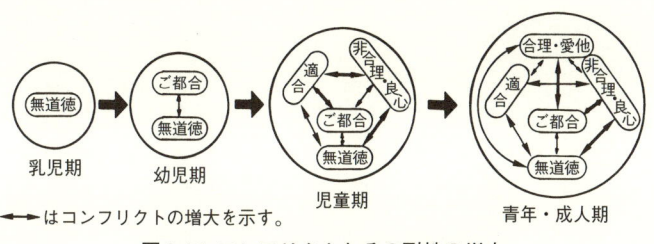

図3-14　コンフリクトとその耐性の増大
（注）岩井 1969：198。

IV 乳幼児期と学童期の臨床心理

　心身の発達は、いつも順風にそって進むとは限らない。現代社会の子どもは、文明が発展するほどに生活のなかで心を痛め、身体的・心理的・社会的なさまざまの条件によって種々の行動上の問題を引き起こしやすい状況におかれている。この章では、実際の事例をとおして子どもの心の問題を正しく理解し、よりよい発達を促す援助法について学ぶ。

1 ── 子どもの心と身体

1 心身症とは何か

最近「心身症」ということばが、がぜん脚光を浴びてきたが、心身症というのは、いったい何であろうか。日本心身医学会が編集した「心身症に関する治療指針」によれば、狭義の心身症とは「心理社会的因子が発症や経過、ないし病像に強く影響している身体疾患、病態である」と規定している（日本精神身体医学会1970：35-43、成冨1974：23）。

医聖ヒポクラテスの昔から、どの時代でも人間を心身一如の立場から病める人間の治療がなされてきた。ところが19世紀に入って顕微鏡が発明されて以来、医学の長足の進歩と裏腹に、臓器の炎症などを実際にみることから、病気は人体のある部分が悪化したため起こるもので、その治療は部分的な臓器を治せばいいと思うようになってしまった。さらに、クロード・ベルナールによって動物実験の必要性が叫ばれ、この動物実験のうえに築かれた分析医学が一段と発展をとげた。医学が進歩すればするほど、人間は臓器の部分の集積であるというふうにみなされ、目で見ることのできない心という要素が忘れられてきた感がある（成冨1974：20-22）。しかし、現在の社会の状態はどうであろうか。文明の進歩、社会の複雑化に伴い分析医学的技法だけでは治療しにくい病気が増えてきているのではないだろうか。心身症を身体面と神経症や精神病と対比して位置づけるならば、およそ図4-1のようになるが（石川1978：18）、現代ほど心身両面からの総合的治療の必要性がせまられている時代もないといっても、過言ではなかろう。

心身症の種類を領域別に列記すると表4-1（高木1973：130）のように

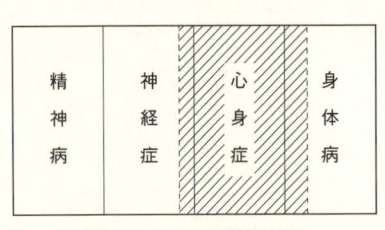

図4-1 心身症の位置づけ

表4-1 子どもの心身症、神経症として現われやすい諸症状

Ⅰ	身体反応の障害 Psychophysiologic (or Psychosomatic) disorders	中枢神経系	頭痛・偏頭痛・嘔気・失神発作
		心臓循環器系	心悸亢進・頻脈・不整脈・心臓痛
		呼吸器系	呼吸困難・気管支ぜんそく・息止め発作・神経性咳嗽（がいそう）
		消化器系	唾液分泌異常・ヒステリー球・反すう・空気嚥下（えんげ）・神経性嘔吐・神経性下痢・腹痛・便秘・遺糞症
		泌尿器系	神経性頻尿症・夜尿症・尿閉
		四肢および筋肉系	ヒステリー性運動まひ・(チック)・吃音
		感覚器系	ヒステリー性盲・ヒステリー性聾・ヒステリー性感覚鈍ま・過敏・倒錯
Ⅱ	神経性習癖 Neurotic habits	睡眠障害	不眠・夜驚・悪夢・夢中遊行
		言語障害	吃音・吶（とつ）・緘黙（かんもく）
		食事障害	食欲不振・偏食・拒食・異嗜症・多食
		身体がんろう癖	指しゃぶり・爪かみ・自瀆・チック
Ⅲ	情緒・行動の障害 Behavior disorders	情緒上	神経質傾向・不安・恐怖・憤怒・しっと・反抗・わがまま・孤独・内気・無口・白昼夢・敏感・遅鈍・内向的
		行動上	癇癪・嘘言・破壊癖・けんか癖・残酷・盗癖・無断欠席・性的非行・家出・放浪・放火

なるが、子どもたちがこのような症状を呈したとき、両親や教師はおもに身体的な病気としてとらえがちであり、その発症の原因に心理的な要因が伏在することを見逃してしまうことも多い。子どもの症状や情緒的な問題行動に心理的な要因がからんでいるとすれば、両親のしつけなり養育態度に問題があるのではないかと考えざるをえなくなり、両親とすれば、なかなかそれらを認めがたく、また認めたくないと思うのも当然であろう。心身症状の発症当初は、医療機関をめぐりめぐって、最後にようやく心理治療を受けることができるような各種の相談機関の門戸を叩くことが多いようである。筆者が関係する中野こども病院の臨床児童心理研究所へ1989年4月から1996年3月までの約8年間に来談した心因性疾患児はのべ1,146名にのぼり、これらの患者を疾病の領域別・性別に分類したのが図4-2である（杉村ほか1983：48）。この集計によれば、子どもにもっとも多い心身症は、

不登校を中心とした情緒・行動上の障害で、全体の31.3%を占めており、以下、消化器系統（腹痛・嘔吐・自家中毒・下痢・便秘など）が30.3%、泌尿器系（夜尿・頻尿など）が10.2%、呼吸器系（喘息など）が8.7%と続き、この4系統でほぼ81%にのぼっている。男・女別では心臓血管系（O・D症など）と感覚器系（ヒステリーなど）を除けば、いずれの系統においても男児が多いことを示している。

次節では心身症という病態が心理的な原因によって、なぜ発生してくるのかということについて、心と身体の結びつきという観点から考えてみよう。

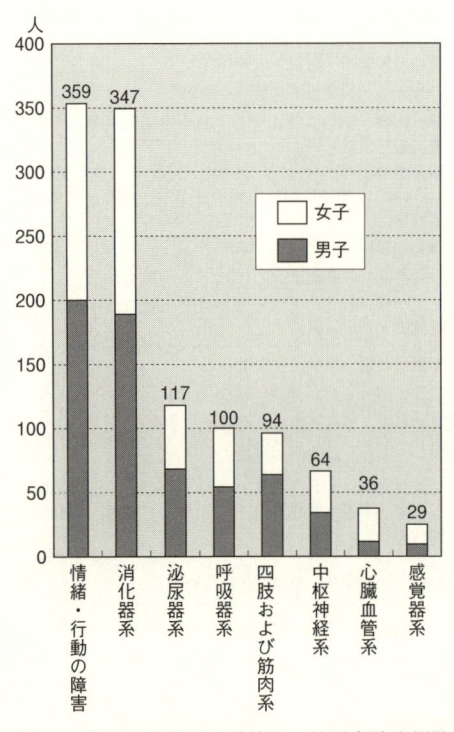

図4-2 心因性疾患児の系統別・性別来談症例数
（注）1146例。1989年4月～1996年3月。

2　身体と心

人の心と身体は密接な関係にある。心身症は「身体疾患のなかで、その発症や経過に心理社会的因子が密接に関与し、器質的ないし機能的障害が認められる病態をいう。ただし、神経症やうつ病など、他の精神障害にともなう身体症状は除外する」と定義されている（岩田1998）。

代表的な疾患例として、泌尿器系では夜尿症や敏感性膀胱、骨筋肉系では書痙やチック、皮膚系では円形脱毛症や抜毛症、小児科領域では起立性調節障害や夜驚症などがあげられる。他にも、循環器系、呼吸器系、消化器系、内分泌系、神経系、耳鼻咽喉科領域、眼科領域、産婦人科領域、口

腔領域など医学的各科にわたって症状が現われる。成人の場合、器官が特定されるものも多いが、小児の場合、心身が未分化であり、心身機能が未成熟なので、一般身体疾患と心身症、さらに神経性障害の境界が明確ではないといわれている（野原1998）。大人ほど分化・成長していない子どもは、症状が身体に出やすく、また身体不調は心理的な影響を与えると考えられる。みずからの状況を適切に表現することができず、身体的不調として訴える場合も多くみられる。

心身症はあくまで「身体病」であって、その発症や経過に心理的因子が密接に関係しているので、治療上それら因子への配慮が重要になってくるのである（成田1992）。つまり、たんなる「身体の病気」あるいは「心の問題」としてでもない、「心身一如」のものとしてみていくことが必要である。

以下に、子どもによくみられる心身症の概略を記す。

① 夜尿——寝ているときの尿意に気づかず、尿をもらしてしまうことをいう。原因として、膀胱機能の異常や自律神経異常説、心理環境異常説などがある。3歳〜3歳半が一応の基準とみられているが、5歳ごろまでは年に数回の失敗を繰り返すことは多くみられる。夜尿症の定義としては、5歳〜6歳を過ぎても引き続き見られる場合をいう（帆足1999）。

② チック——目をパチパチしたり、肩をすくめたり、喉をならしたりなどの症状がみられ、不随意的な運動を急速に繰り返すことをいう。まれな心身症ではなく、7歳〜11歳の子どもに多く、加齢とともに少なくなる。体質的要因と心理的要因が考えられるが、後者の場合、心理的緊張が高い、あるいはその緊張が続いている場合にみられる。治療にさいしては、子どもへのはたらきかけだけでなく、家族や環境へのアプローチ、また緊張の原因を取り除くことなどが必要になってくる。

③ 自家中毒症——一般に1歳〜8歳ごろの子どもが、やや興奮気味で過ごした後に、急にぐったりして嘔吐を繰り返す症状である。医学的には自律神経機能の不安定と結びつけて解釈されている。心理的には、少しの変化に過敏に反応する感じやすい子どもであったり、外からの

ストレスに対処する構えが未熟であることが推察される。
④　円形脱毛症——何らかの精神的ショックや急激な環境変化に引き続いて発症することが多い。皮膚科的治療として外用や内服などが用いられている。医学的治療に加えて、心理的アプローチも必要となる。治らないのではないかという不安や、恥ずかしい思いをしたり、劣等感に悩まされたりするなど、二次的な問題も起こってくる。患者の心理的安定を図ることが求められる。

2 ── 心身症の発生機序

　G.フロイトは、心の構造をその三分説の立場から、エス（イド）、上位自我（超自我）、自我の3つの部分から成り立っているとのべている。エスというのは、意識の外にあるそれという意味で、心の深層部分にある本能、衝動といった無意識的なものの総体であり、ここでは、欲求、衝動といったものを速やかに解放して快感を得ようとする快楽原則がはたらいている。つまり、エスは、人の心の衝動的、非合理的、非社会的な領域で、本能や衝動の座とよばれている。一方、上位自我というのは、乳幼児期から両親や社会などによって文化的、社会的な教育やしつけを受けたり、あるいはそれらから得られる価値観や社会的な規範の領域である。これは、自我理想と良心から成っており、一部は意識の世界に一部は無意識の世界にもかかわっている。上位自我は、自我にたいして、何をし、何をすべきかという道徳的な判断を下すところで、良心と理想の座ともいわれている。自我は、外的世界と接触し、その対象を正しく把握し、個体を外界にうまく適応させるために、知覚、思考、判断、学習、記憶などの精神活動をはたらかせるといった現実原則に支配されており、知性の座ともよばれている（前田 1976：12-14）。
　さて、フロイトの三分説が、心身症発生のメカニズムとどのように関係しているのかを成冨武章や池見酉次郎らの知見にもとづいて見ていきたいと思う。近年の大脳生理学のめざましい発展によって、エスは、大脳のな

かでも座辺に近い間脳という部分の周囲をとり巻く辺縁皮質（古い皮質）というところにあることが明らかにされてきた。われわれがこの世に生まれてきたときは、まだ人間らしい知・情・意の心のはたらきをする大脳の新皮質の機能が未完成なため、誕生のときからもって生まれてきた本能、すなわち食欲とか情動（怒り、悲しみ、恐れ、喜びなど）をつかさどっている辺縁皮質に主として頼って生きている状態である。この辺縁皮質は、このように脳の奥深いところにあって目立たない存在ではあるが、われわれがたくましく生きていくために一番大切な本能や欲求または情動の場であるため、非常にストレスに反応しやすく、きわめて繊細にできている。悲しいこと、恐ろしいこと、いやなこと、うれしいことなどのように、自分が体験したことなどが、ここに印象として永久に保存され、記憶として把握されている。このように辺縁皮質は神経症や心身症には縁の深い脳の部分であると同時に、自律神経を支配する力ももっていて、ここから内臓もコントロールしているリモコンのはたらきもあるので、内臓脳とよばれ、あるいは情動脳ともよばれている（図4-3参照）。一方、この辺縁皮質という狭い領域の脳を上から覆いかぶせている大脳皮質には、われわれが意識する自我の大部分が鎮座している。人間はこの大脳皮質の部分の発達がとくにめざましく、新生児から成長するにつれて、実社会に適応する技術をしだいに覚え、つぎつぎにその機能が新しく発達していくので、大脳新皮質とよばれている。このように大脳新皮質は、精神機能の最高の中枢器官として、理性や知性のはたらきをするほかに、エス領域の辺縁皮質を支配しているのであるが、この新皮質と辺縁皮質、いいかえると自我とエスのバランスが壊れて、両者が

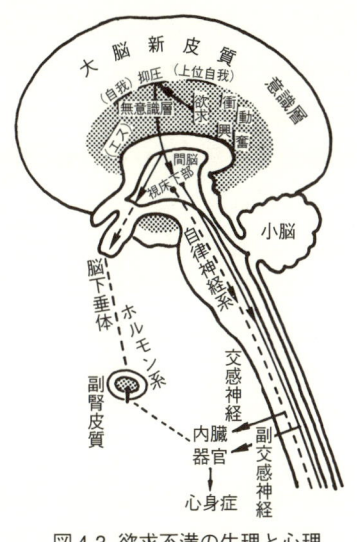

図4-3 欲求不満の生理と心理

対立することになると、いわゆる心の葛藤という状態を引き起こすことになってくる（成冨1974：26-42）。

そこでつぎに、心の葛藤や欲求不満を、身体の細胞や器官に伝達する役目を担っている自律神経についてみておこう。まず神経系には中枢神経系（脳、脊髄）と末梢神経系とが存在する。末梢神経系は、中枢神経系と身体の諸器官とを結ぶ役割をするもので、はたらきのうえから植物神経系（自律神経系）と動物神経系（体性神経系）とに分けられる。自律神経系は、消化、呼吸、血液の循環、排泄および生殖など、生命を保つのに欠くことができない身体のはたらきを調節し、人間の生命活動のなかで、植物的な部分を受けもっている。自律神経系のひとつである交感神経は、体内に貯蔵されたエネルギーを動員して、生体が活動しやすい状態をつくる方向にはたらくものである。これにたいして、交感神経とほぼ拮抗的に作用する（一部では両者が協力的にはたらいている部分もある）副交感神経があって、この役割は、交感神経の興奮によって生起した諸器官の変化をもとにもどし、消耗されたエネルギーを補充するような方向にはたらいている。一方、体性神経系は、人体を環境にうまく適応させ、いろいろな危険から身を守り、周囲にはたらきかけて、人間らしい心身の活動を可能にしている（池見1973：49-50）。

ところで、外界の刺激が強すぎて、われわれの心をゆさぶった場合、心のなかに興奮の渦が巻き起こってくる。この興奮の渦は、大脳の辺縁皮質つまり無意識層のなかのエスの領域で起こってくる。このエスの部分が刺激されて興奮すると、われわれは、衝動に駆られて欲求が生じることになる。この欲求が阻害されることを欲求阻害というが、この抑圧された欲求が逆流して心の層に氾濫すれば、神経症になるが、逆流した欲求阻害が下のほうの間脳に流れこみ、そのなかの視床下部にある自律神経の中枢にオーバーフローしてくると、そこから自律神経を伝わって、その支配下の種々の身体器官に心身症を引き起こすことになる。さらに、もうひとつの発病経路として、視床下部から神経の系路を通らないでホルモン系を通る道がある。ホルモンというのは、内分泌腺から直接血液中に分泌される物

質で、物質代謝の調節や器官の活動を調節する役目をもっている。視床下部はこのホルモン器官をもコントロールしているので、この場所からホルモン系を通って同じように心身症を引き起こす。このように辺縁皮質で起こった心の異変が、間脳の視床下部に流れこみ、ここではじめて、それまでの「心の変調」が自律神経系やホルモン系や免疫系という「肉体的な変調」に移行することになるといわれている。

以上、心身症発症のメカニズムについてのべてきたが、つぎにその治療法の概略についてみておこう。

③ 心身症の治療

子どもの心身症や神経症、あるいは種々の不適応行動を治療していくには、症状や不適応行動の形成に関与している多くの要因について多角的・総合的に考慮していくことが肝要である。

心理学の一般的法則としてつぎの公式がしばしば用いられる。

B=f（P.E）

B=Behavior（行動）、P=Person（個体）、E=Environment（環境）

すなわち、すべての心身症的症状や行動Bは、その行動の派生する原因となった環境的素因Eと、その行動主体であるその個体の人格的・体質的素因Pとの関数であると考えられる。したがって心身症的症状あるいは不適応行動を呈している患児の治療法を考える場合、なぜそのような行動が生起するのかという原因には、その患児の人格的・体質的素因Pと環境的素因Eとが相乗的に関係しているということを念頭においておく必要がある（黒丸1968：134-144）。このように、心身症といった心から起こってくる病気は、大きく分けるとつぎの2つの原因によって発症するといえるであろう（高木1967：134-142、高木1973：56-65）。

① 素質——身体的（過敏性体質など）、人格的（神経質傾向など）、年齢的なものがあり、身体的および人格的素質には、先天的なものと後天的なものがある。

② 環境——物的環境と人的環境があり、物的環境には、地理的・気象的・物理的・経済的環境などがあり、人的環境には、両親・祖父母・同胞のほかに教師・友人・近隣などとの人間関係が含まれる。

つぎに実際上の問題として、子どもの心身症の治療はどのように行なわれているかというと、おおむねつぎのような2つの方法がとられている。

1 環境の調整

心身症は環境条件からくるフラストレーションや心の葛藤などが誘因のひとつとなって起こってくるので、原因となっている環境条件が存続するかぎり、心身症は治癒しがたいといえるであろう。したがって、心因をなす環境条件が明らかになれば、この条件を除去するように努力することが望まれる。心身症や情緒的不適応を起こす環境条件というのは、その人の実存がおびやかされるような条件、つまり、身近な人間との愛情問題や現在の生活状況や、将来の希望にたいして挫折感が生じた場合である。子どもにとっては、親子、同胞、友人同士の人間関係の破綻とか、学校生活への不適応などが深刻な情緒的不安を起こして心身症発生の原因につながることもまれではない。学校生活への不適応が判明した場合は、その子どもの両親と担任教師とが連絡を密にしながら、学校生活場面での指導に万全を期する必要があろう。環境条件のなかでも、子どものパーソナリティの発達に大きな影響をおよぼすのは両親の、とりわけ母親の養育態度であって、母親にたいするカウンセリングをつうじた指導・助言は重要な意味をもっている。高木俊一郎は、問題をもつ子ども自身やその母親の特徴についてつぎの6つの点を指摘している（高木1973：140）。

① 生来、子どもの身体や精神に発育の障害や欠陥があるか、または過敏性体質傾向が強い。
② 両親が高齢で、しかもひとりっ子である。
③ 母親が父親の育児にたいする理解や夫婦間の愛情についての不満をもち、「この子こそは私のもの」という考えをもっている。
④ 母親の虚栄心とか感情的な欲求から、自分のもつ理想的状態を子ど

もに求める。

⑤　母親に真の愛情が欠乏し、支配的な傾向が強い。

⑥　母親と父親さらに祖父母との間に育児に関する調整ができていない。

これらの指摘は、心身症児の家族調整にあたって示唆するところが大きいと思われる。

筆者らの心因性疾患児の親子関係に関する研究データにおいても、心因性疾患を呈する子どもとその両親の間には、程度の差はあれ、その背後に歪んだ親子関係が伏在することを示している（杉村ほか1983：43-71）。たとえば図4-4、図4-5は心因性の喘息児と健常児の母子関係を示したものであるが、母親から見た子どもにたいする養育行動の評価では両群間に有意な差はないが、子どもから母親への評価では、喘息児群のほうが、健常児群よりも不満型（「私の母親は私の気持ちをわかってくれない」など）とか非難型（「私の母親は機嫌の悪いとき私に当たり散らす」など）、あるいは不一致型（「私のうちでは、両親のどちらかは私のしたいことを自由にさせ、どちらかはやらせ

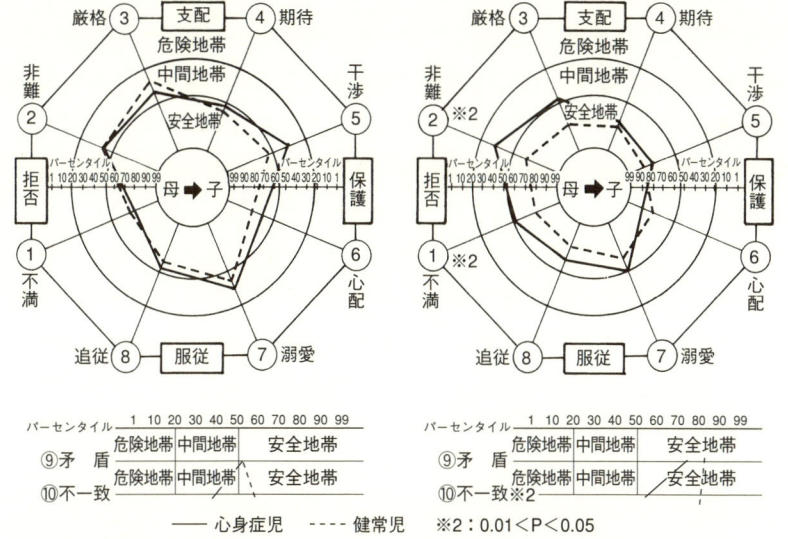

図4-4　喘息児母親の自己診断プロフィール　図4-5　喘息児からみた母親のプロフィール

てくれない」など）の程度が有意に高いことを表わしている。これらのデータから示唆されることは、心身症児群においては、養育行動についての親の認知と子どものそれとの間に大きなギャップがあることと、両親は意識していることが少ないが、子どもは両親の養育態度の不一致感を強く抱いているということである。

このように子どもの心身症や情緒・行動上の障害は、その多くが環境への不適応反応として表現されているので、子どもをとりまく周囲の人間関係の調整ということが、心身症児の治療にあたって、重要な位置を占めてくるのである。

2 子どもの心理療法

心身症の治療には、たんに前記のような環境面での調整ばかりではなく、個体Pの人格的・体質的側面を治療していかなければ根本的な問題の解決にならないことが多い。それでは、子どもの場合、どのような指導や治療がなされるかというと、それは子どもの遊びを主体とした心理療法にゆだねられることが多い。幼児の生活の大部分は遊びによって占められており、学童期にいたっても、彼らの生活は同胞・友人との相互交渉や遊び、学習などのなかにある。したがって、治療の場としては、大人のカウンセリングが、言語的なコミュニケーションを媒介として行なわれるのとはちがって、おもに非言語的なコミュニケーションである遊戯・人形遊び・ロールプレイ・フィンガーペインティング・描画・粘土細工・箱庭など、子どもの内的生活を反映しやすいような場面が用いられることになる。というのは、子どもは言語的・抽象的概念の表現能力が未熟であり、彼らの内的世界は主として遊びによって伝えられるからである。このような場面をとおして、子どもは心理的な緊張や不安から解放され、フラストレーションや葛藤を解消し、情緒的な歪みや歪曲した対人認知像を改善させ、人格の再構成をとげていくのである。年長の学童や成人の心身症にたいしては、自律訓練法、ヨーガ療法、座禅、内観法、イメージ面接法、交流分析（T.A.）、ファンタジーグループ、ゲシュタルト療法、グループカウンセリングなど

が適用される場合もある（中川四郎1974：189）。本節では、年少児、学童などに効果があるプレイセラピー（遊戯療法）に的をしぼって、以下、くわしくのべていくことにしよう。

④──── プレイセラピーとは何か

1 子どもにおける遊びの意義

　最近、大学附属の発達臨床心理学研究所、小児クリニックの臨床心理室、教育研究所、児童相談所、小・中学校の障害児学級などでよく行なわれるようになったプレイセラピー（遊戯療法）というのは、一言でいうならば、「子どもの種々の心理的、行動的な障害の治療にあたって、遊びの活動を利用して行なう子どもの心理療法（psychotherapy）のひとつの技法である」ということができる。遊びは、元来、子どもの心と身体の全体的な成長と発達に大きく寄与しているが、とりわけつぎの3点が遊戯療法の成立に関係していると思われる。すなわち、①子どもの遊びは、それ自体が、治療的要素をもっていること、②子どもが使用するおもちゃは単語であり、遊びはことばであるといわれるように、子どもの遊びは、成人における言語的表現と同様に、治療的な人間関係を成立させることに役立ち、コミュニケーションのメディアになること、③子どもの病気はその3分の1が親に問題があり、3分の1が親子双方に問題があり、あとの3分の1は子ども自身に問題があるといわれるように、子どもが遊びによってその人格を変容していくことにより、家族全体のシンタリティ（集団の性格）に変化をもたらす役割をになっていること、などである。
　遊びに含まれる治療的機能は、大人の精神療法でいうカタルシス的体験にしばしばたとえられるが、実際は、それ以上の内容を含んでいるように思われる。遊びは全身をつうじての具体的な活動であり、その体験がもたらす意味には、たんなる言語による表現以上のものがある。子どもは、いつも愛情、承認、達成、成就、保護、安定、自己存在の確認などの諸欲求

をもっていると同時に、これらが充足されない場合には、時として、攻撃、破壊、死への欲求を示す可能性もあわせもっている。しかし、子どもは、日常生活場面のなかで、これらの諸欲求の充足を阻害されることも多く、また、これらの諸欲求間に葛藤を生じることもまれではない。このような場合、種々の情動的・心身症的な問題が生起してくることになる。これらの問題の解決に大きな役割を果たしているのが遊びである。したがって、遊戯療法のめざす究極的な課題は、この遊びに含まれている治療的機能を最大限に活用する諸条件を探索するところにあるといえるであろう。

2 プレイセラピーの効用

情緒的に問題を抱えた子どもにたいして、焦らずにプレイセラピーを実施していくと、たんに子どもの感情・情緒的な問題ばかりでなく、心身症的な諸症状もしだいに減少していくことを、われわれは臨床場面でしばしば経験する。それでは、遊戯療法によって、なぜ子どもの種々の問題行動が変容あるいは治癒していくのかを、高野清純らの考えに筆者の経験をおり混ぜながら考えていこう（高野1970：271-275）。

● 成長可能性の促進

すべての子どもは、程度と特性の差はあっても、基本的な成長への可能性を秘めている。ところが不適切な環境が、この潜在的な可能性の発展過程を妨げたり退行させたりしているといってよいであろう。心身ともに障害をもつ子の親は、この子のためにいま、何かしなければならないという気持ちと裏腹に、子どもへの不甲斐なさと絶望感をあわせもっていることが多いようである。しかし、セラピスト（治療者）は、どのようなハンディを背負った子どもにたいしても、その子なりの独自の成長へのポテンシャリティをもっていることを確信している。子どもは、このセラピストの確信に支えられ、自己の存在を認識し、勇気づけられることによって、彼本来の成長への可能性や創造性を開花させていくものと思われる。そしてこのプロセスこそがプレイセラピーの過程であるといえるであろう。

● カタルシス（浄化）

多勢豊次は、プレイセラピーの効用について、おもに子どもの平素の生活のなかで受けるフラストレーション（欲求阻害）に着目した（多勢1971：53-54）。彼によれば、情緒的に障害をもつ子どもたちは、つぎのようなフラストレーションを日常生活のなかで多く経験しているという。

①不安や怖れを与えられる→与えられたくない。
②命令や干渉をされる→されたくない。
③関心を示されない→示してもらいたい。
④要求に応じてもらえない→応じてもらいたい。
⑤自己の価値を否定される→認めてほしい。

ところが、日常の家庭生活や学校生活のなかで、これらの諸欲求がかならずしも充分に充足されるとはいいがたい。これらの欲求阻害は、充足されなさすぎるところに問題があるわけで、プレイセラピーでは、これらの欲求阻害を遊びのなかで浄化していくところに治療的な機能があるといえるであろう。

● 洞　察

精神分析やカウンセリングあるいは遊戯療法が究極的にめざすところは、自己洞察である。すなわち、プレイセラピーの場で、子どもはカタルシスを行ない、充分に自己表現することによって、自己の能力、態度、欲求などを検討し、それについての知識を得ていく。このような自己についての洞察をつうじた知識そのものが治療的役割をもっている。洞察は大きく分けると、知的洞察と情動的洞察に分けることができるが、概念化の未熟な子どもには、知的洞察は困難なことが多い。したがって、遊びといったセラピストとの非言語的なコミュニケーションをとおして、情動的な洞察を促進していくことになる。子どもに大人の精神分析における解釈をしてみても、理解されることが少ない。むしろ、子どもの言語や感情を的確に反射応答していくことによって、子どもの洞察は進んでいくものといえるであろう。筆者は知的洞察ばかりではなく、体感といった身体的な側面をともなった洞察を「気づき」といっているが、この気づきが多いほど、子ど

もの心身症の治癒率は高いように思われる。

● **認知的枠組の変容**

　問題行動の原因は、事物または対象の本質についての歪められた、あるいは誤った基本的な概念の形成にあると考えられる。しかも、これらの認知的構造について、子ども自身は気づいていないか、それを当然のことと考えていることが多い。したがって、セラピーのひとつの機能は、彼らの歪んだ対象認知像を修正していくことにある。たとえば、日ごろの家庭生活のなかで、人の物をさわったり、他家へ行って不躾な行動をするといった自己表現を禁じられている子どもたちは、われわれのプレイルームを訪れてきても、最初はほとんど自由に行動することができない。たまたま興味のある玩具を見つけても「これ使ってもいいの？」とセラピストの表情をこわごわうかがったりする。また、日ごろ、ブランコなどに乗っても、こぐことができないと親からグチを言われている子どもは、プレイルームにブランコがぶら下っていても手をふれようともしない。しかし、セラピストの「この部屋では何をしてもかまわないよ」という励ましのことばによって、ようやく子どもたちは、それらの物を使って、自由に遊びはじめる。これは、子どもがこれまで、周囲の人間のネガティブな評価によって拒否していた事物にたいする認知像を改め、受容された雰囲気のなかで、これまでの物にたいする認知像を修正していったことを示すものである。このように、セラピー場面でなされる子どもの認知的枠組の変容過程もプレイセラピーの大きな機能のひとつであるといえよう。

● **新しい学習の獲得**

　プレイセラピーの第5の機能は学習であり、また既成の習慣を変容することである。心身症や神経症あるいは、他の問題行動は、好ましくない学習過程の習得の結果であるとも考えられる。一度望ましくない行動が形成されると、それを除去するのは非常に困難なことである。したがって、セラピストは、子どもみずからがそのような望ましくない習慣を変容し、他の習慣におきかえられるような学習の場を用意すればよいということになる。たとえば、厳しすぎるしつけを受けた不潔恐怖の子どもは、治療場面でも

砂やドロ水や絵具に触ったりすることを避け、少しでも汚れると手の皮がむけるほどゴシゴシと手を洗うこともある。しかし、汚れることにたいして、セラピストから注意されたり、叱られたりすることのない許容的な雰囲気の経験の積み重ねのなかで、子どもは、そのような強迫的行動から解放され、必要なときだけ手を洗うという、新しい行動をみずからの手で学習していくのである。

◉ 対人関係の変容

子どもの問題行動の原因の多くは、日常生活における重要な人物（主として両親）との人間関係に求められる。このような対人関係の基本的なパターンが形成されるのが幼児期である。この時期にどのような経験がなされたかによって、その後の子どもの対人関係の様相も相当に影響を受けていくことが想像される。したがって、プレイセラピーは、セラピストとの間に形成された基本的な信頼で結ばれた安定した人間関係によって、歪んだ対人認知像を変容していく過程でもある。たとえば、いつもルーズで、行動がのろいと母親から叱責されている子どもが、セラピー場面では、家庭場面を再現しながら、自分は母親役を演じ、セラピストに子ども役を演じさせることがある。「○○チャン、水道が出しっぱなしでしょ！　きちっとしめておかないと！　ママはいそがしいのだから！　それから、その辺が散らかっているから早く片づけなさいネ、いつもあんたはグズなんだから」と言って遊んでいる。日ごろ、大人から「させられすぎる体験」をしている子どもが、ここでは「させる体験」をしている。他人の役割を演じてみて、相手の立場に立って考えてみる体験をつうじて、多忙なときの母親の気持ちになり、「いつも、ママは叱ってばかりいる」という歪んだネガティブな対人認知像を修正し、ポジティブな認知像へと変容させていくのである。

◉ 集団の効果

プレイセラピーに集団が利用される場合、これをグループセラピーという。グループセラピーには独特のメリットがあり、それは治療集団のなかで、子どもが新しい人間関係を形成し、お互いに観察し、検討し合って、

対立と抗争、連帯と協調などを経験しながら、構成的に人間関係を変容させていくことである。たとえば、治療初期には、セラピストが接近していくと異常な恐怖を抱いて、スーッと遠ざかっていた子どもが、セラピストとの基本的な信頼関係が確立してくると、そのなかに他児が入っても、自由に遊べるようになってくる。セラピストとクライエントとのボールをぶつけ合う遊びでも、最初は、他児のボールをひったくるようにしたり、他児が自分にボールを与えてくれるのを当然と思っていた子どもが、相手からそのようにしてもらおうと思えば、自分でもボールを拾い集めて、相手に渡してやるような好意も示さなければならないことをグループセラピーのなかで学習していくのである。セラピストは、いくら幼児のイメージの世界に入っていこうと努力しても、しょせん大人が子どもの世界に入っていくにすぎない。こういう意味で、子どもは、お互いに影響を与え合い、他児を治療していく能力をそなえている。したがって、セラピストとの個人的なプレイによって、信頼関係が確立してくるにしたがって、集団の治癒能力を利用するためにグループプレイを導入することも好ましいことといえるであろう。ただし、対人関係の貧困な子どもを、治療過程のどのような時期にグループに導入するか、また相手としてどのような子どもを選択するかには、セラピストの充分な配慮が必要であろう。

3　プレイルームと遊びの特徴

● プレイルームの設備

　子どもの遊戯治療にあたって、プレイルーム（遊戯治療室）という物理的な場面設定は重要な位置を占めている。かならずしもプレイルームがなければ遊戯治療が不可能というわけではなく、たとえば空いている教室の片隅でとか、だれもいない園庭で遊具を持ち出して行なうこともできる。しかし、このような環境では、平素の子どもの生活空間の延長線上にあり、治療的雰囲気が醸成されにくい欠点がある。プレイルームは、一部の制限を除いて、すべてのことが受容され、守られた安全なひとつの空間であり、容器や箱の一種とも考えられる。いわば母親の子宮を連想させ、そこでは

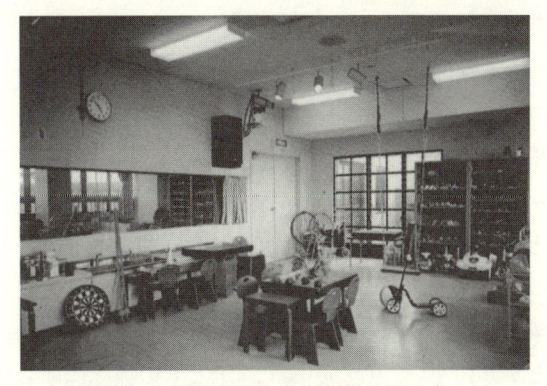

図4-6 武庫川女子大学 発達臨床心理学研究所プレイルーム

子どもが最大限に尊重され受容され、外部からの脅威にたいして安全性が確保された場所でなくてはならない（図4-6）。広さは、個人プレイの場合は約10〜17㎡、グループプレイの場合は約26〜45㎡ぐらいが必要である。プレイルームのなかには、砂場、小プール、流し、玩具棚、約2帖ほどの畳の座敷、子どもとセラピストが入ることができるぐらいの広さのハウスボックスが設置されていれば理想的である。できればプレイルームと隣接の観察室との間には、ワンサイドミラーを入れ、プレイルームのなかにはビデオカメラをセットして、観察室で録画できるようにしておくとよいであろう（杉村1980：15-26）。カウンセリングルームの音声も観察室で録音できるようにしておく。これは、治療中は、カウンセラーは両親と面接しているので、子どもの遊びの状況がわからず、一方、子どもを相手にしているセラピストは、両親のカウンセリングの進行状況がわからないので、治療終了後のカンファレンスで、スタッフがそれらの音声や画像をもとに、治療的かかわりが適切であったかどうかをディスカッションし、治療に役立てるためである。このような設備は、セラピストの教育にもずいぶん役立つものである。ただし、これらの機材を使用することが、治療効果を上げる目的であることを事前に両親に充分に説明し、了解を得ておくとともに、それらの記録の秘密保持に留意することが必要である。

● 遊びの種類と意義

　遊具を選択する基準について深谷和子はつぎの7つの点をあげている（深谷1977：191）。遊具は、①子どもの関心をひきつけるもの、②子どもとのかかわりを容易にするもの、③子どもの感情を解放するのに役立つもの、④（グループプレイの場合）メンバー間の交流を促進するもの、⑤丈夫で、乱暴な使用に耐えうるもの、⑥構成度が低く、テーマによって種々の目的に使用できるもの、⑦使用法が複雑でないもの、などである。ただし、これらの遊具は、多すぎても、子どもが遊びのおもしろさのみに没頭してしまい治療効果が上がりにくい。したがって、子どもの興味に応じて、適量をプレイルームに置いておく必要がある。また、プレイルームのなかの遊具の散らかり具合であるが、あまりきれいに整頓されすぎていると、子どもは、汚したり散らかしたりすることへの心配から、充分に動けず、一方、散らかりすぎていると、前のクライエントの遊びの影響を受けたり、破壊的な欲求が過度に促進されてしまうので、ほどほどの整頓具合が望ましいであろう。つぎにプレイセラピー場面でよくみられる遊びの種類について簡単にふれておこう（岡田1979：68-69）。

① 　ボール遊び（ドッジボール、キャッチボール、スカイピンポン、バレーボール、サッカーなど）──この遊びの意義は子どもとセラピストとの関係づけであり、合理的で統制された攻撃性の表現でもある。これらの遊びをつうじて子どもは身体的なエネルギーを充分に発散させるとともに、これまでにあまり経験されなかったであろうと想像される、勝つことによる優越感情の経験をももっていく。

② 　描画およびフィンガーペインティング──低年齢になるほど経験や意志を言語表現することが困難である。しかし描画することは比較的容易で、絵画によって日ごろの経験や、抑圧された感情をいきいきとしたイメージで伝えることができる。フィンガーペインティングは、禁止の強い子どもの内的枠組を和らげ、汚したいという子どもの欲求を充足させ、自由な想像を可能にし、抑圧された種々の感情を解放させてくれる。

③　粘土遊び——製作のプロセスに大きな意味を持ち、子どもたちは粘土をさわりながら、その皮膚をとおした感触や温かみを味わい、楽しみながら、想像力をはたらかせていきいきと自己の内的表現をしていく。この表現そのものが治療的役割をもっている。

④　箱庭——これはクライエントに砂箱のなかに玩具を使って作品を作らせ、それによって治療を進めていくサイコセラピーのひとつの技法である（河合編1969：9-13）。クライエントの意識と無意識、エゴとセルフの対話、クライエントとカウンセラーの心の対話の媒介として用いられることが多い。セラピーのなかで、ノンバーバルランゲージとしてクライエントのイメージを直接に呈示してくれる。

④　その他——チャンバラ、ボクシングなどの攻撃的欲求を解放させてくれるもの。日常家庭生活場面を再現してくれるママゴト遊び、子どものセルフコントロールを示しているプラレール、水遊び、積木、ゲーム類など。

セラピストは、これらの遊具によって表現される子どもの内的イメージの表現をさまざまな連想をはたらかせつつその意味を把握していくことが大切である。作品が作られるということは、子どもの無意識的なものが象徴的な表現をとおして意識化されることであり、そのことが治療的効果を生むものであると考えられる。同じクライエントに、異なったセラピストが相手をすると、子どもの自己表現もちがってくる。子どもは、自己の無意識的世界の表現を理解してくれるセラピストにのみ、いきいきとした内的イメージを開示して見せてくれ、そのエネルギーによって、みずからの手で自己実現をとげていくといってもいいであろう。

4　プレイセラピーの具体的技法

プレイセラピーの場は、子どもとセラピストの生きた人間関係の場であるので、その状況を言語的に表現することはきわめてむずかしいものである。あえてプレイセラピーの具体的な技法をごく端的にのべるならば、子どもが自由に好きなように遊び、セラピストはそれを温く見守り、はたら

きかけがあればこれに適切に応じていくということになる。しかし、これだけでは、たんに、日常の家庭生活場面と大差ないわけで、プレイセラピーの終極的な目的は、種々の情動的、行動的問題をかかえている子どもたちの特有な諸欲求を充足させることにより、彼らの外的世界にたいする認知構造を変容させ、新たな行動様式を学習していくことを援助することにある。プレイルームのなかで、セラピストは子どもにたいしてどのように接すればよいかについては、セラピストの理論的立場によってそれぞれ異なるが、われわれは、いままでのところ、子ども中心的なプレイセラピーを行なっている。

● プレイセラピーの基本原理

カール・ロジャーズの高弟であるバージニア・アクスラインは、プレイセラピーにおけるセラピストの行動原理をつぎの8項目にまとめている（アクスライン1972：95-96）。

① 治療者はできるだけ早くよいラポール（親和感）ができるような、子どもとの温かい親密な関係を発展させなければならない。
② 治療者は子どもをそのまま正確に受けいれる。
③ 治療者は、子どもに自分の気持ちを完全に表現することが自由だと感じられるように、その関係におおらかな気持ちをつくりだす。
④ 治療者は、子どもの表現している気持ちを油断なく認知し、子どもが自分の行動の洞察を得るようなやり方でその気持ちを反射してやる。
⑤ 治療者は、子どもにそのようにする機会が与えられれば、自分で自分の問題を解決しうるその能力に深い尊敬の念をもっている。選択したり、変化させたりする責任は子どもにある。
⑥ 治療者はいかなる方法でも、子どもの行ないや会話を指導しようとしない。子どもが先導するのである。治療者はそれに従うだけである。
⑦ 治療者は治療を早めようとはしない。治療は緩慢な過程であって、治療者はそれをそのようなものとして認めている。
⑧ 治療者は、治療が現実の世界に根をおろし、子どもにその関係における自分の責任を気づかせるのに必要なだけの制限を設ける。

5 プレイセラピーの展開過程

　子どものプレイセラピーがどのような段階をへて展開していくかについての研究は、カウンセリングの治療過程の分析の発展にくらべると、未だ充分とはいいがたい。その原因のひとつは、カウンセリングはおもに言語的コミュニケーションを介して治療がなされるのにたいして、子どもの遊戯療法は、子どもが言語的概念形成が未熟なため、遊びをつうじての非言語的なコミュニケーションに頼らざるをえないという事情があろう。また、治療を優先的に考える立場と、遊戯療法の過程分析を主眼におく分析的立場をとる場合によっても異なってくる。というのは、日ごろ、児童心理臨床にタッチする治療者は、種々の心因的な問題を抱えた子どもに遊びをつうじて治療的なかかわりをもとうとするが、一面では、観察者として、子どもの行動や態度の変容を数量的に分析していくことの誘惑にもかられるものである。治療優先的立場をとれば、おのずと分析的姿勢がなおざりになり、逆に分析的、観察者的立場に徹すれば、ややもすれば冷たくさめたセラピーとなり、治療効果が上がりにくいということになる。しかし、このような二律背反性は、セラピーやカウンセリングにはつきものであり、セラピストは、子どもとの遊びに没頭すると同時に、子どもの発達を冷静に眺めるという観察者的な眼も同時にそなえていなければならないであろう。この間の問題を克服するひとつの方法は、治療者はセラピーに注意を集中し、オブザーバーが、子どもの行動分析を行なって、治療終了後のカンファレンスにおいて、カウンセラー、セラピスト、オブザーバーなどのスタッフが、お互いに情報を交換し合いながら治療を促進していくことが好ましいと思われる。筆者らは、現在のところ治療優先的な立場を維持しているが、今後、集団成員相互作用過程分析カテゴリーなどの分析的技法の研究の導入も必要と考えている。それはともあれ、これまで、内外でなされたプレイセラピーの過程についての研究の一部を紹介しておこう。まず、ムスターカス（Moustakas, C. E.）は、その著『児童の心理療法』のなかで「セラピーの過程は、遊戯場面において、自動的に起こってくるもので

はない。それは、大人が絶えず、子どもの感情に敏感に反応し、彼の態度を受け入れ、彼を心から信頼する関係のなかで、はじめて可能になる。サイコセラピーにおける有意義な関係をつうじて、情動障害児は、情動的成長の過程を体験する。子どもは、焦点のきまらない、一般化された否定的態度——それは、人間としての潜在能力を充分に発展させない——の表現から、自分を価値のあるものと感じ、真の才能や可能性を発展させる、肯定、否定を明確化する態度の表現へと変わっていく。利用可能になった自己能力（self capacity）と回復した自己尊重（self regard）とによって、子どもは新しい体験にとびこんでいき、他人との関係のなかでその新しい意味と価値を見出していくのである」とのべ、具体的事例にもとづいて、つぎの5段階を指摘している（ムスターカス1968：36-49）。

① 第1段階——子どもの否定的態度は、焦点がなく漠然としている。
② 第2段階——子どもは不安になったかと思うとつぎの瞬間には敵意をむけてきたり、といった両面性を示したりする。
③ 第3段階——敵意の焦点が定まり、強い恐れがよりいっそう表現される。
④ 第4段階——両向性（ambivalences）がふたたび前面に出てくる。しかし今度の両向性は、肯定的態度と否定的態度が混り合っている。
⑤ 第5段階——否定的態度と肯定的態度とが、はっきり分かれてくる。

このムスターカスのプロセススケールは、不安や攻撃性、肯定的態度や否定的態度に注目しているのが特徴である。

佐藤修策・山下勲らは、治療過程を第1期—導入期、第2期—展開期前期、第3期—展開期後期、第4期—終結期の4期に区分し、各段階での行動レベルの特徴をつぎの7つのカテゴリーに分けて分析している（山下ほか1978：32-36）。①来所への動機づけ、保護者との分離、②遊び、行動の変化、③感情、不安、緊張の表出、④治療者との関係、⑤症状、問題、⑥治療者の動き、⑦親の態度。これらの記述は、治療過程を総合的に考察するにさいして示唆を与えるところが大きいものである。

東山紘久・稲浦康稔・石川富士子らのグループは、精神遅滞児の集団遊

戯療法と訓練の観察記録より因子分析を行ない、10項目、7段階からなる遊戯療法のプロセススケールを作成しているが、その10項目というのはつぎのとおりである（東山ほか1970：44-47）。①母親から分離していく過程、②不安感、緊張感の減少過程、③遊びの発展過程、④制限が理解されていく過程、⑤自己制御ができていく過程、⑥グループに適応していく過程、⑦他児との関係が深まる過程、⑧セラピスト・他児・本児の三者関係が成立する過程、⑨セラピストとの関係が深まる過程、⑩感情が解放されていく過程。これらのプロセススケールは、遊戯療法に関与する複雑な要因を因子分析によって抽出しており、おもに精神遅滞児のグループプレイについて作成されたものであるが、子ども一般に、とりわけ年少幼児にも適用できる幅広さと利便性をそなえているものといえよう。

一方、深谷和子はプレイルーム内でのクライエントとセラピストとの治療関係に焦点をあてて、セラピーの発展過程をつぎの5期に分けてのべている（深谷1977：93-94）。

① 模索期——場の理解が未成立であるため、不安や緊張が高く、探索的行動に終始する。セラピストにも警戒をゆるめず、繰り返し探りが試みられる。
② 行動化期——場の理解が確立し、防衛的態度もゆるみ、セラピストとの治療関係がしだいにできはじめる。それに支えられて行動は自由さを増し、自己表現も可能となっていく。
③ 攻撃性拡大期——セラピストとの治療関係に充分支えられ、新しい行動が展開される。しかしそれは、建設的なものではなく、多くはそれまで抑制していた攻撃性の発揮である。攻撃性の発揮は、子どもが、自己受容能力を高めたことを示している。
④ 創造と再構成期——いままでの否定的な行動は減少し、かわりに、創造的で建設的な行動が増加していく。
⑤ 離反期——日常場面でよい適応が可能になるにつれ、プレイルームの魅力が減少してくる。クリニックに来たがらなくなり、終結を待つようになる。

以上、種々の遊戯療法のプロセスについてみてきたが、各段階からつぎの段階への移行は、かならずしも明確ではなく、困難で、長期間を要する治療例ほど、治療期間を明確に区分することは困難である。むしろ、治療が終結した段階で振り返ってみると、あのセッションのクライエントのあの行動は、こういう意味をもっていたのだなと理解される場合も多い。しかしながら、セラピストは、大まかでも、治療の過程をひとつの流れとして把握しておく必要がある。これがないと、子どもが提示する象徴的な遊びの意味を見失ってしまったり、治療期間中にしばしば現われる一時的な症状の悪化や、症候移動、アクティングアウト（内的衝動が行動として表出してしまうこと）などにより、セラピスト自身が治療に意欲と自信を喪失してしまい、このことが、ひいては子どもの両親の治療へのモティベーションを低下させ、結果として中断してしまうことも多いからである。このような意味からも先述したように、各セッションの終わりには、カウンセラー、セラピスト、オブザーバー、できればスーパーバイザーを交えたインテンシブなケースカンファレンスが必要であろう。

5────サイコセラピーの実際例（小児心身症の遊戯療法過程）────夜尿症、チック症を中心として

1　緒　言

　最近とくに注目されるようになった小児の問題のひとつに小児心身症がある。心身症（psycho-somatic disease: PSD）とは前述したように「心理的要因がその発生に強く影響し、精神身体反応が一定の器官に固定して現われ、一般的治療を併行し、あるいは単独の方法で、主として心理的立場から取り扱うことに意義がある」（高木1975：2）ような諸症状をいう。神経症にも、器官神経症のように身体反応をともなうものもあるが、おもに精神症状を呈する精神神経症が多く、これらはいわば心理的な要因によるもので身体の器官に障害が起こることは比較的少ないが、心身症の場合、先述したよ

うに心理的な要因がベースにあり、身体的な諸器官に障害が起こってくるものである。したがって小児科医による診断と治療と平行して、心理療法を実施しないとなかなか治癒しないことも多いものである。

本節でとりあげる事例は、指しゃぶり、小児気管支喘息、夜尿、チック症と多彩な症状を呈した6歳男児の事例で、約11か月、28回におよぶ遊戯治療と両親のカウンセリングを平行して実施し、ようやく完治したものである。本児A君の諸症状が治癒した背景には、カウンセリングをつうじての家族内ダイナミックスの変化があることはもちろんであるが、本事例は、遊戯療法を主体としたものであるので、カウンセリングの詳細については割愛した。

A君のセラピストは遊戯療法についてはビギナーであり、A君とのかかわりは文字どおりのファーストケースであった。本事例は、仮にビギナーであっても、適切なアドバイスを得、子どものもつイメージの世界に入りこみ、ともに歩んでいく姿勢があれば、子どもは、みずからの治癒力によって成長を遂げていくことを示している一例である。

2 事例の概要

① 対象児——A君（男児）、6歳10か月、幼稚園年長組（来談当時）。
② 主訴——小児喘息、夜尿、チック（瞬目、唇をベロベロなめる）などの心身症的諸症状。
③ 治療期間——198x年3月中旬より翌年2月下旬までの約11か月間。その間、本児の遊戯治療および両親のカウンセリングを合計28回にわたって実施。
④ 家族構成——父、母、母方の祖父母、および弟（3歳7か月）の6人家族。
⑤ 成育歴——生下時体重3640gで安産。栄養人工乳。離乳開始、定頸、生歯、始語などは標準で、始歩は14か月であった。人見知り、後追い、指差し、第一反抗期などがほとんどなく、あまりぐずらない育てやすい子であった。が、友人とはうまく遊べなかった。生後まもなく小児

喘息といわれ、しばらく通院していたが、最近ではよくなっている。1歳6か月ごろから、来談5か月前まで毎晩夜尿があったが、ある日突然、夜尿がとまったと思ったら目をパチパチしたり、唇をベロベロとなめだした。眼が悪いせいかと思いH子ども治療センターで受診した。軽度の乱視と遠視があるので眼鏡をすすめられたが、あまり早くから眼鏡をかけさせるのもかわいそうと思いやめた。その後S医大附属病院でも受診し、チック症といわれ、鍼灸にも通ったがよくならなかったため、われわれの発達臨床心理学研究所に来談。

3 遊戯治療過程

以下、本文中〈 〉内の発言は来談者、「 」内のことばは治療者の発言、（ ）は治療者の印象である。《 》内は、スーパーバイザーのアドバイスあるいはカンファレンスにおける問題提起の内容である。

● 第I期　模索の時期

第1回　〈コ・ン・ニ・チ・ワ……〉　A君は母親に連れられてやってくる。治療者をちょっと見て、母親の後ろにかくれようとする。母親に「アイサツは？」と半ば強制されて、聞きとれないような小声で〈コ・ン・ニ・チ・ワ〉とつぶやく。母子分離ができないため、しばらく母親と同室する。A君が母親に背を向けている間に母親がそっと退室すると、シクシクと泣き出し、泣きやんでも指をしゃぶりながら何も言わず突っ立ったままである。治療者は少し焦りを感じ「A君、何する？」「これやってみる？」「自動車のる？」「バドミントン知ってる？」と矢継ぎ早にはたらきかけてみるが、口に指をくわえた表情は堅く、治療者はますますとまどいを感じる。このままA君に無理に近づいてもだめだと思い、反対側の戸棚に行って、治療者自身がライフル、自動車、マシンガンなどをさわってみる。A君も後についてきたので、隣りの玩具戸棚のドアーのノブを指して「開けてみる？」と言うと、彼は恐る恐るドアーを開けて中の人形にさわってみる。この後、前のクライエントが置いていた箱庭の、おもちゃの間に、戸棚から取り出したミニチュアの人形をポッポッと置いていく。独創的なものを作り出す

というより、ただ空いている場所へ人形を置いてみただけという感じである。箱庭に飽きると、机の上のパチンコをはじいてみる。治療者は横で「ああ、おしい」「ああ、入った、入った」などと言うが、A君は無言・無表情でただ指を動かしているだけである。その後スマートボールをはじいたり、スカイピンポンを打ってみたりするが、心ここにあらずといった感じで長続きしない。ふたたび玩具棚にもどって電池式のカーゲームを見つけ、立ったまま、やはり無表情でひとり遊び。終了5分ほど前になって棚の上の野球ゲームに目をつけ、そのゲームの入った箱を指さして〈あ、あ、あー〉というので、治療者が「ああ、あれがほしいの？」と言ってそれをとると、サッーとそれを持って畳の上にあがり、箱を開けて、野球ゲーム盤を取り出す。彼がゲーム盤にむかって正座するので治療者も正座して、しばらく無言で打ち合ってタイムアップ。終始、指しゃぶりと、瞬目のチックあり。

《ビギナーのセラピストが経験したA君との最初の出会いである。治療者の焦りと戸惑いがひしひしと感じられる。対人接触に自信と喜びの経験が乏しい子どもは、相手に一定距離以上に接近してこられると不安と恐怖を抱くことがある。治療者のほうが自分はけっして相手に危害を加える者ではないという気持ちで接近していっても、クライエントは、かならずしもそうは受けとらない。したがって、A君とのラポールがついて、彼が治療者を、身近に近づけても、安心しておられるような基本的な信頼関係が形成されるまで、少し距離を保つこと、また、本格的に遊ぶ気持ちがなくて、何となく玩具をさわって回るのは、この場所がどういう場所かを確認しようとするのと、場面緊張と不安を解消しようとする動きでもあることなどをアドバイスする。A君のように、外的にも、内的にもエネルギーが乏しい子どもは、変化していくのに時間がかかる。しかし、彼がみずからの内発的動機づけによって、動き出せば、かならず自己の治癒力によって、みずから決意し、それを行動に移していくものである。治療の成否は、われわれが、彼の潜在的な可能性をどこまで信じて待てるかどうかにかかっていることなどを、カンファレンスで話し合う。》

第2回〈ちがう！〉　今回は父親と来室。カウンセラーが、「むこうで遊

ぶ？」というと黙りこんだままで人差指を口元にもっていったまま、ゆっくりプレイルームへ入室。しばらく玩具棚の前で突っ立ったままであったが、治療者が「好きなオモチャ出して遊んでみる？」と言うと〈ちがう〉と小声で答えて部屋の奥へ行き、ゲーム類を物色。億万長者ゲームと生き残りゲームを治療者に取れと指で指示するので、治療者が取り出し2人で畳の上にあがりゲーム開始。A君は正座のままで、かしこまっている。沈黙がちのうちに勝敗が決すると今度は自分できっちりと片づけて、ライフル銃を手にする。棚から弾丸を取り出し、銃にこめてみるが気が変わってピストルに煙硝を込めようとする。治療者も同じことをしているうちに突然「バーン」と暴発。A君はワンテンポ遅れてから数歩後退して両耳を手でふさぐ。この爆音でいままで静かだった場の雰囲気がくずれ、共通経験をとおしてA君との関係が深まったように感じる。

《今回も全般的に言語表現が少なく、顔貌の変化も乏しいため、A君の心の動きが把握しにくい。自己表現の貧困さは、場面緊張と、内的表現をすることにたいする抑圧からくるものと思われる。》

第3回〈火薬いれて〉　父親といっしょに寄り添いながら座っている。「こんにちわ」と言うと、小声だが返事が返ってくる。しばらく治療者と畳の上でパチンコを無言でしたあと箱庭をつくる（図4-7）。ほぼ中央から左寄りに4本の木があり、右下、左下、左上にはそれぞれ、ワニ、怪獣、象の親子

図4-7　第3回の箱庭作品

ないしはペアーを置き、最後に右上隅へ一匹のゴリラをこちらに背を向けて立たせる。作り終わると電池で動くリモコンの戦車を取り出し、最初は誰もいない方向に向けてミサイルを発射。銃身をしだいに治療者に向けてきて、遂にそのうちの一発が治療者の脚に命中。逃げる治療者をなおも追撃してくる。戦車に少し飽きると今度は棚の上にあるピストルを見つけ、それをさわってみる。しかし以前に暴発したのを覚えていて、少しこわいのか〈火薬いれて〉と言うが自分ではピストルにさわろうとしない。最後に人生ゲームをすると言っていたが途中で気が変わり、〈やめる〉といってゲームに使っていた自動車を板の上で競走させて終了。今回も指しゃぶりはないが、そのかわり瞬目と口なめが頻発。

《A君が自由に振る舞い種々の自己表現をみずから行なうことに治療的意味があることを治療者にアドバイスする。カウンセラーは、両親に会った印象として2人の間にかなりテンポのズレがあることを感じ、このズレが、A君のチック症状発症の一因になっているのではないかと感じる。治療者への依存性や攻撃性が徐々に発揮されてきているので、これを焦らずに受けとめていくことにする。》

● 第Ⅱ期　創造的退行の時期

　　第5回〈胎内くぐりと哺乳ビン〉　今回の遊びの流れは、①黙って立ちんぼ、②自転車の警笛を「プッ」と鳴らしたあと子ども用自動車、三輪車に乗る、③ブランコ、④トランポリン、⑤大型カラークッションの穴くぐり、⑥蛇腹のタイムトンネルくぐり、⑦哺乳ビンに吸いつく、⑧ママゴト遊び、⑨サッカーゲーム、というように展開していく。前回の終わりに治療者は、A君のためにブランコを天井から吊り下げておこうと思っていたので、今回治療者がそれに腰かけていると三輪車を捨てたA君が近づいてきてブランコに立ってこぎ出す。大きくゆすってみるが、不安定な感じで〈こわい〉と小声で言う。ふとその横に大きな穴の開いたカラークッション（通称、アリ地獄）があるのを見つけてその中に入る。3つ重ねればA君の背丈以上になるが、彼はその中に入り込んで、出ようとすればすぐ出られそうなのに中でもがいたりして、穴の中の感触を楽しんでいるようである。つぎにア

リ地獄の横にあった蛇腹のタイムトンネルを引っぱり出し、怖る怖る一方から入ってもう一方から出てくる。少しまぶしそうな表情である。アリ地獄の横を通り、畳の上にもどって、机の上に玩具の哺乳ビンがあるのを発見し、〈のみたい〉と言って、突っ立ったままじっと見つめている。しばらく見つめていたあと、とうとうほんとうに乳首を吸いはじめる。しかしビンは密閉されているので中の白い液体は出てこない。その後、畳の上の机でママゴト遊びがはじまり、たくさん並んだママゴトの玩具の前に座り、A君が中心になって、いろいろな料理を作ってくれる。

《今回はアリ地獄およびタイムトンネルの穴くぐりや哺乳ビンに吸いつくといった一見プリミティブな行動がみられたのが特徴的なプレイである。アリ地獄やタイムトンネルの穴は、母の胎内、すなわち子宮を連想させる。幼児期には一次的子宮回帰願望として時々胎内くぐりを喜んで行なうことがある。母の胎内にいる間は、およそ欲求阻害といったことは経験しないでいられる守られた世界である。出産をつうじて人はみずから呼吸し、みずから摂食し、みずからの欲求阻害を母に伝えて、それを満たさなければならない。出産外傷とはまさに不安と恐怖と緊張との出会いでもある。守りが少ない子どもは、母性回帰を象徴的に行なって、その安定性のなかからふたたび分離、独立していかなければならない。このように見てくると、より大きな飛躍をしようとする者は母なるものにたいしてより大きな依存を必要とするといってもよいであろう。幼稚園の年長組になっても哺乳ビンに吸いつくということも、A君が口唇期的な欲求を充分に充足していなかったことを思わせる（現に母親の報告によれば、A君を出産後まもなく乳腺炎にかかり、できるだけやろうとしてもどうしても母乳を与えることができなかったという）。人は成長のために、一時的な創造的退行を必要とすることがある。いま、A君はこの守られたプレイルームのなかで、何でも受けいれてくれる治療者の温かい態度に接することにより胎内くぐりや吸乳などの退行的行動をとおして、成長をとげていきつつあると思われる。カウンセラーは治療者に、次回は本物の哺乳ビンのなかに番茶を入れておいてはどうかとアドバイスする。父親の報告では、最近、A君の様子が変わり、落ちつきが出

てきて、少し自信がついたようだ。いままでひとり遊びが多かったのが、友人とも遊べるようになった。目をパチパチする癖もなくなってきたとのことである。カンファレンスでは、A君のチックや夜尿の発症には、それなりの歴史と背景があり、一時よくなったとしても、治療初期にはよくある転移性の治癒と思われるので、ヌカ喜びしないで気長に見守っていこうと話し合う。》

　第7回〈母の臭い〉　前のケースが終わっていなかったのでA君と母親は待合室で待っている。母親は、A君がここへ通うことを楽しみにしており、S先生（治療者）大好きと言っていることや、性格が少し明るくなったようで友人とよく遊ぶようになったと語る。A君は、入室すると、まずリモコン式の戦車を出してきてすべり台の下に持って行き、登らせようとするが勾配が急で登らないため、今度はすべり降りさせようとする。流しのところへ行き哺乳ビンを見つけ、ここに本物の哺乳ビンがあることが意外な感じで、中をすかして見たりフタを取って臭いを嗅いでみたりする。吸うのかな？　と治療者が見ていると〈先生、飲み〉と自分では飲まずに治療者に飲ませる。治療者が一口飲むと安心したように遊びの続きをはじめる。ふたたび戦車を動かし治療者にむかってミサイルを発射。つぎにマシンガンを持ち出しダダダッーという音をさせながら治療者にむけて撃ち出したので治療者もこれに応戦。

　《母親の報告によると、先日、久しぶりにA君とお風呂に入ったら母親の乳房にむかって水鉄砲をむけて発射したとのこと。A君が待合室で治療者を待っているときに、たまたま治療者が脱ぎ忘れていた上着の襟元の臭いをクンクンと嗅いでいたので何となく変な感じがしたという。治療後のカンファレンスで、A君のこの行為は、一人前の男性として、女性としての治療者の臭いに興味をもっているというよりも、むしろ母親の代理者としてのgood mother image（良き母親像）をもった治療者の臭いに関心を示していることを話し合う。ただ、わが子が、他所の女性によって日に日に変化していくことに母親が感謝の気持ちと同時に、無意識の嫉妬心も抱いていることの可能性をわれわれは感じておかなければ、調子にのっていると母親

の治療への抵抗が生じることを指摘する。》

第8回〈穴掘り〉 しゃがみこんで、棚のなかのおもちゃを選んでいる。ゴムのクモを手にしてベチャと棚のドアにくっつかせようとする。治療者がヘビをもって笑いかけるとＡ君もニヤッと笑う。治療者が彼の肩にヘビをのせると、ヒヤッといった感じで笑う。畳のほうへ移動し、例の穴つきのアリ地獄の中に入り、抜け出してから今度は3段に積み上げる。ここまではひとりで脱出できたが今度は4段に積み上げたので頭まですっぽりとかぶってしまい、中でもがくが、なかなか出られない。脱出できなくなると半泣きになって両手を出して治療者に助けを求め、やっと抜け出ると〈あーあ〉といって肩で息をする。これが終わるとパーッと砂場へ駆け出し、付近にあった古タイヤを2本とも砂場のなかに放り込み〈海をつくる〉といって1本のタイヤの穴の部分の砂をスコップで掘りはじめる（図4-8）。かなり深くなったころ、ふと掘るのをやめて〈お水〉といって流しへ水をくみにいく。治療者とともにバケツで水をくみ、おもちゃの洗濯機のなかに入れて、そのホースから穴のなかに水を入れる。今度は濡れた砂を掘りはじめ、汗だくになってなおも必死で掘り続ける。「水、入れよか？」、〈まだまだ〉、「もう入れよか？」、〈ううん〉、「もっと？」、〈うん〉と言って穴のなかに水が満タンになるまで入れる。つづいてもう1本のタイヤのなかも掘り出して、ついになかで2つの穴をトンネルのようにドッキングしてしまう。終わると

図4-8 第8回の砂場遊び

ドロだらけになった裸足で畳の上に平気で上がる。初回、畳の上にあがるときには靴を脱いで、きちんと正座をしていたころの彼が嘘のようである。つぎにすべり台のほうへ行き、すべり台→跳び箱→アリ地獄→マット→ブランコというように変化に富んだ「道」をつけ、すべり台からスタートして、最後にはブランコにたどりつき、ブランコの腰かけに腹這いになって〈回して〉という（図4-9）。治療者がグルグルとロープをよじって回すが、少し心配になってきたので「もっと？」と聞くと〈もっと、もっと〉と言っておもよじれさせ、治療者が手をはなすと、グルグルと回転しはじめる。〈ウワァー〉、〈メ・ガ・マ・ワ・ル〉、〈もっと……〉と言って、何度も何度も同じことを要求する。いままでの比較的静かな、A君の遊びに慣れていた治療者は、目がまわってフロアーで頭を打つことが心配になって、5～6回まわしてから「もうこれぐらいにしとこ」とついにストップをかける。グッショリと汗をかいたので〈ああ、お茶飲も〉といって本物の哺乳ビンの乳首からお茶を吸いはじめるが、めんどくさくなったのか乳首をはずしてガブガブと飲む。プレイ中チックなし。唇もなめないのか唇の上はかわいている。

　《今回もアリ地獄に入り込み、必死の脱出を図る。しかしそういう胎内くぐりをたんに受身的に行なうのではなく、今度は積極的に土を掘り下げ海を作ろうとする。大地は「母なる大地」といわれるごとく植物を養い育

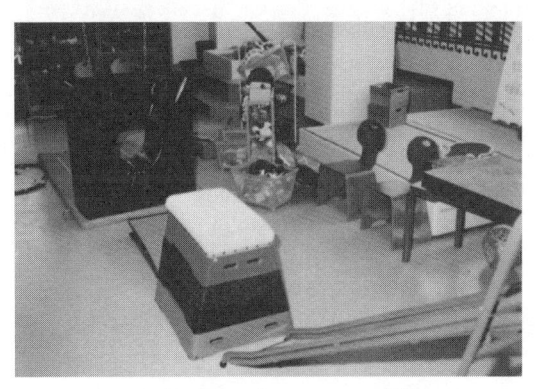

図4-9　第8回のプレイルームの模様

み、緑をなさせるエネルギーの源泉であり、母なるものの象徴的意義をもっている。信越のある地域では母なる大地の揺れる地震を「母揺れ」という（河合隼雄談）。大地が示す母なるものは、二面性をもっている（河合1977：32-33、杉村1980：147-148）。ひとつは生にいたる道と、いまひとつは死につながる道である。双方とも、包含する機能をもちながら、死にいたる道は、子どもを包み込み、呑み込んで、ついには窒息させて死にいたらしめる。一方、生にいたる道は子どもを養い育み、成長の道をたどらせる。いま、彼はアリ地獄に入り込んで脱出することによって、かろうじて窒息から免れ、今度は、能動的に母なる大地に挑み、砂場の底まで掘り下げて、その底がどのようになっているか、深遠をさぐろうとしている。その底は、無意識の深い層を表わす「海底」なのである。しかし、母なるものの深遠に直接ふれてしまった彼は、その力に当てられ、恐怖のあまり、その自分の行為を自己懲罰する意味で一種マゾヒスティックに、ブランコでの回転を治療者に求めたのではないだろうか。地獄の穴掘りのすさまじさのため、地上での母揺れを感じていたのかもしれない。すべり台からスタートして、ブランコにいたる「道」はまさに水路づけの意味をもっている。チック症を呈する子どもたちは、内的な攻撃的、破壊的欲求を抑圧し、その緊張とエネルギーの蓄積が、随意筋の不随意的運動であるチック症として発症しやすいと一般にいわれる。これらの内的エネルギーがコントロールされ「水路」を見出し、外部に奔流することによって症状が消失していく場合がある。筆者がチック症児に接したなかでも、終始、プラモデルの「線路」づくりをし、それがうまくコントロールできた段階で治癒していった患児がいた（杉村・大仲1981：31-47、杉村・大仲1982：55-102）。A君も、治療者が「手伝おうか」と言っても〈いい、自分で……〉と言いながらみずからの手で「路」を作り、内的エネルギーをコントロールしつつあるものと思われる。》

第9回〈渡河〉　マットとブランコ→ママゴト遊び→パチンコ→水漕のなかでの水遊び（ゴムのヘビ、トカゲ、怪獣、舟、水中トンネル）→鉄砲での撃ち合い→戦車ごっこといった遊びの流れの後、箱庭をつくる（図4-10）。左

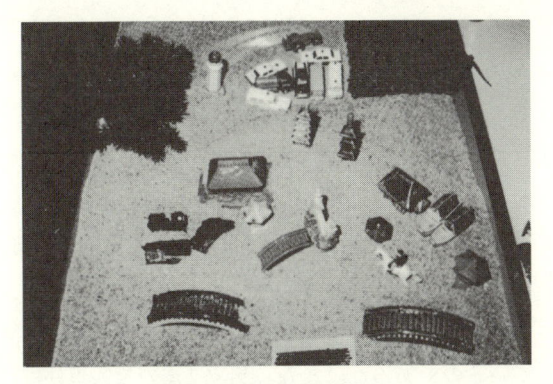

図4-10 第9回の箱庭作品

の上方（図4-10では右上）に芝生、その下に自動車を8台、その下方に塔と木を置いていく。中央上方には塔を2つ並べる。右の世界（図4-10では下方）では、橋を渡ってトンネルをくぐり抜け家にむかい、その下方でも、橋を渡って家にむかうような配置をする。彼によれば自分はこのなかにいないが橋を渡って家に帰るとのこと。2つの家は両方ともA君の家であるらしい。ともあれ、橋を渡るという渡河のテーマが現われ、トンネルの胎内くぐりをへて、目的のわが家にむかうA君の姿を想像させる箱庭である。

《父親の報告によれば、大分よくなっているので、もう通わなくてもよいのかなと思っていると、本人がどうしても行くという。いままではプレイのことを父親にも話さなかったが、この間はじめて、ここで哺乳ビンでお茶を飲んだことを話したという。チックはなくなってきているが、このごろ、毎晩のように夜尿が出だしたとのこと。》

● 第Ⅲ期　攻撃性の展開期

　第11回〈バラバラ殺人事件〉　父子ともさっぱりと散髪をして来室。アリ地獄を4つ並べ、それにタイムトンネルを接続して、例のごとく穴くぐり。その後、畳の上に正座したまま、横のカゴのなかから男女2体の人形を取り出し、〈死刑や〉と言って服も下着もつぎつぎに脱がせ、手、足をバラバラに解体してしまい、しばらく見つめていたあと、ふたたび手、足をくっつけて服を着せていく。流しへ行き水を出しっぱなしにして、水が流れるの

をじっと見ている。その横の、水が出ないポットをたたいたり、フタを開けたりして水を出そうと工夫している。治療者は、何となく水とA君の夜尿を関連づけて考えてしまった。

《いよいよ、胎内くぐりを終えて、バラバラ殺人事件の登場である。われわれは、プレイのなかで、しばしば人形での殺人事件を経験する。死と再生の儀式が、プレイのなかで表現され、その象徴的な表現をとおして、クライエントが変化し、成長をとげていく。古いものが死に、ふたたび生まれかわるということは、心のなかのこととして考えるならば、A君の内的成長を意味しているのであろう。また、男女2体の殺人事件は、両親にたいする抑圧されたA君の攻撃的、破壊的欲求の表出であろうか。父親の報告では、チックはなくて夜尿が続いているという。最近、母親に反抗するようになり、あれこれと理屈も言うようになってきた。いままで嫌いな友人とも無理に遊ばされていたが、このころ、ようやく、嫌いな友だちを避けられるようになってきたとのこと。》

夏休みに入り約2か月間中断する。

第13回〈このオモチャもあきたな〉 夏休みが明けて、丸坊主頭で来室。A君は、両目をつぶり、壁をつたって、手さぐりで入口のノブをつかみ〈あった〉と言って入室。戸棚で玩具を探しているとき、〈このオモチャもあきたな〉とつぶやく。このことばは、直接治療者にたいして言ったのではなかったが、だんだん自己表現できるようになってきたのだなと感じる。プレイの大半は億万長者ゲームで費やされる。ゲームが終わると、これまでは、ほとんど片づけていたのに、今日は放置したままである。また畳の上では正座が多かったのに、足をくずして座っていたのが印象的。

《チックは少なくなり、とりわけ唇をなめることは全然なくなっている。夜尿は一時的に集中し一晩に2回することもあるが、平均すると週に2回ぐらいに減っているとのこと。》

第18回〈やりな！〉 例のごとく目をつぶってプレイルームに入室してくるなり、サンドバッグを殴りつける。力いっぱい殴るせいか、1回ごとに〈イターー〉と言いながらも、時々回し蹴りも入れたりする。前回に、サン

ドプレイのトレイ（砂箱）のなかで、砂をフルイにかけて小石を集め、トラのエサ作りをしていたが、今回も同じように治療者といっしょにフルイにかけて小石を集める。これをダンプカーに乗せ、荷台を傾けて小石の流れ落ちるのを楽しんでいる。治療者がトレイのなかのその小石をさわっていると砂場にいたA君が〈やりな！〉と怒鳴る。治療者が「それ、さわったらあかんということ？　先生、やってもええんかと思ったワ」と言うと〈何も知らんな……、何も知らんくせに……言うな〉と強い調子で繰り返す。治療者は、A君がこのようにはっきりと自己の意思表示をしたのははじめてだったので、びっくりしてしまう。トースターでパンを焼き、うまくトースターに入らないパンにむかって〈ボケッ！〉と毒づく。後半、粘土の壺づくりに熱中する（図4-11）。A君は紙粘土、治療者はゴム粘土で、それぞれ好きなものをつくるが、紙粘土でコップをつくって〈紙コップや〉と駄洒落を言う。治療者は粘土を細い棒状に伸ばしてそれをグルグル巻きにして茶碗をつくることにする。A君ははじめのころは治療者のほうを見向きもしないで自分の製作に夢中であったが途中で、〈これはうまいこといけへん、それほしい〉と言って治療者のものをねだり、治療者の続きをつくりだす。完成すると粘土にピストルの弾丸を入れてそれをできた壺のなかに入れ、その上から4〜5色の絵の具をトグロを巻いたようにたらし、銀色の折り紙を鋏で細かく切ってその上に散らす。〈これ、今度来るまで、ちゃんととっ

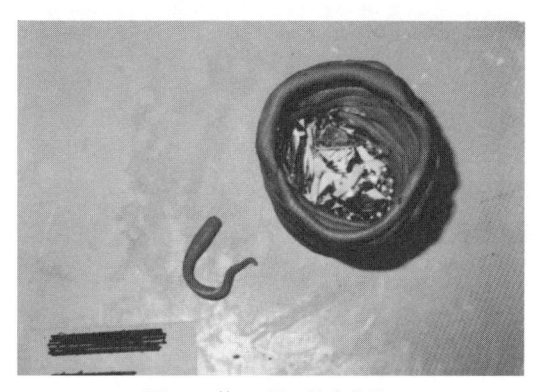

図4-11　第18回の粘土作品

といてや〉としきりに心配する。もし誰かがこれにさわると、折り紙で見えないが、〈さわったバツで、絵の具がブチュっと手につくしかけになってんねん〉と言って得意気である。

《今回は、治療者にたいする言語的表現が一段と多くなり、それも非難したり攻撃したり叱責したり、あるいは洒落を言えるまでに成長してきているのが特徴である。その一方で、その壺ほしいとねだったり、哺乳ビンをしゃぶるといった退行的で依存的で甘えの混じった幼児性も表現している。男児の心のなかに男性性、あるいは父性性といった強いものが盛り上がってきて、両親から分離、独立していくとき、相反した2つの心の傾向を意識する。ひとつは、もう自分は弱々しい男の子ではなく、怖いものにも立ちむかっていけるのだという男性的な勇気で、いまひとつは、もう一度、安心のできる母の胎内にもどって甘え依存したいという感情である。このアンビバレントな感情が心のなかに渦巻くと、心のエネルギーは依存にも独立にもむかえないで一種の停止した状態になってしまうと思われる。今回はそのような心の状態を表現したプレイではなかろうか。すべてを受けとめてくれる治療者にたいする基本的な信頼感をベースとして、〈さわりな！〉と強く攻撃性を発揮した反面、女性性を象徴する壺作りに熱中することによって、そのなかに再び回帰し、依存と甘えを経験している。今度はいままでのような単なる胎内くぐりではなくて、胎内の安定した状態を守るために、無断でさわるヤツには絵の具と折り紙でカムフラージュされた毒が仕かけられる。これは彼自身の守りの独創的で象徴的な表現であろう。このようなユニークな発想ができるA君のエネルギーに、スタッフは、思わず圧倒されるような迫力を感じる。》

● 第Ⅳ期　建設的な創造期

第20回〈街の建設〉　目をつぶっての入室後、しばらくアリ地獄の上に座って考え込んでいたが、流しのほうへ行き、故障して動かない電池式の洗濯機の修理にかかる。結局、直らないのであきらめ、今度は箱庭のトレイにむかって腕まくりをし、本格的に箱庭にとりくむ（図4-12）。「何つくるの？」と聞くと〈街や〉と言って、病院やマンションといった建物を左の

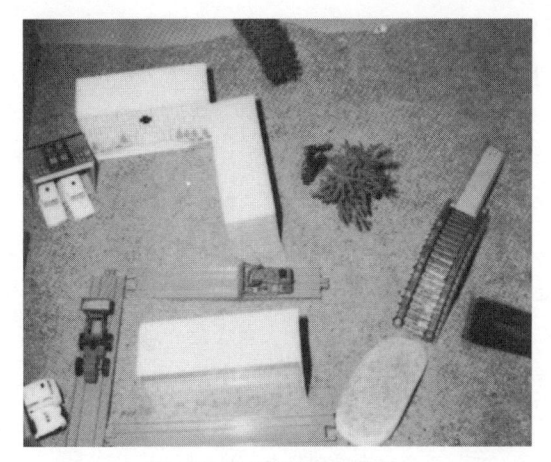

図4-12 第20回の箱庭作品

ほうに置き、マンションの右側に砂を掘って木を立てる。しかし、この木は葉がほとんど散って枯木の状態であったので、幹を再び掘り出し、棚からバラバラになった葉をかき集めて枝や葉を熱心につけていく。この木の修繕にそうとう時間をかけたあと、橋をかけ、その上にショベルカーを走らせながらマンションの間にプラレールで代用した高速道路を建設していく。車のネジを巻いてこの道路をしばらく走らせたあと、病院の横にガレージを建て、そのなかにパトカーと救急車を待機させる。最後に高速道路の橋の近くに、いましもこの橋をくぐろうとする船を置いて完成。

《いよいよ建設的テーマが出現してきたようである。ショベルカーの轟音も高く道路が建設され、車や船がダイナミックに行き交う様子は、A君の内的エネルギーが水路づけられ、コントロールされて自我にむかって雄々しく動き出したことを示しているようである。病院、救急車、パトカーなどは、万一のアクシデントのさいに人命を救助するものであり、社会的な秩序を示しているのであろう。秩序は、すなわちコントロールでもある。A君は、いま、自己をコントロールしながら社会的な規範を内在化していきつつあるものと思われる。父親の報告では、先週、2回ほど夜尿があったが量も少なく、何か峠を越したように思う。唇をなめるチックも全然なく、

不思議なことに弟の夜尿もとまってしまったとのことである。》

第22回〈手を動かさんといて〉　プレイルームのなかで三輪車を乗り回したあと、すべり台の下に3つの小さな箱を置き、上からパチンコ玉をジャラジャラと転がして落とし、下へ確かめに行って〈あっ、入ってるワ〉と呟く。つぎにガソリンスタンド付きのパーキングをフロアーの上に置き、座り込んで、カーリフトを上下させて車を地上に降ろし、プラレールの上を何度も走らせる（この間、終始、沈黙）。この遊びに夢中になりすぎたのか、これが終わるとA君は2～3度ホッと大きなため息をつく。その後ワゴンのなかにあるボクシングのグラブを見つけ、これを手にはめてみて〈ワァー、大きな手になりよった〉といって、そのまま治療者に打ちかかってくる。A君はS拳法を習っているせいか（偶然のことながら、治療者も女流拳法3段の腕前である）突きも強く、時々、蹴りを入れてくる。しかし、治療者もガードにつとめるので、なかなかあたらない。ついに業を煮やしたA君は〈手を動かさんといて〉と言って、隙をねらって治療者の胸に一発だけ突きを入れる。しばらくしてグラブをはずして投げつけ、今度は身体ごと治療者にぶつかってきて、最後は、ドカンとクッションの上に大の字に寝転がってしまう。

《ライフルで治療者を狙ったり、ミサイルで治療者に攻撃したり、ことばで敵意を示すような攻撃的行動はこれまでのプレイにもたびたびみられたが、今回のようにグラブで、あるいは身体ごとぶつかってくるような治療者への直接的な攻撃ははじめてである。しかし今回の攻撃は、ボクシングというルールに則ったスポーツのなかで表現されたものであり、その攻撃も、眼の色が変わって激昂して攻撃をしてくるという性格のものではなく、相手の女性としての弱さも配慮しながら、しかもかなわないとなると、治療者にノーガードを要求して行なうというような主体的でしかもコントロールされた攻撃性である。治療者との長期にわたって培ってきた基本的な信頼感にもとづいたポジティブな攻撃性であり、このアグレッション（攻撃性）は、彼が自立性を獲得していくためのワンステップと思われる。父親の報告によると、夜尿は目下ストップしているが、口なめのチックを思い

図4-13 第24回の箱庭作品

出したように時々しているとのこと。》

　第24回〈エースと鉄人28号〉　プレイルームで、つぶっていた目を開けるとすぐに戸棚へ行き、ピストルをカチカチいわせながら火薬を入れようとするが入らない。すべり台の上に登って億万長者ゲームを取り出し、ルールがあまりよくわからないので、2人で適当にルールを作って開始。A君が銀行家で治療者にお金を借してくれる。〈誰からやるの？〉と言うが、いつも自分からスタートしている。お金がたまってくると治療者の貯金も気になるらしく、どちらが勝っているかなと、何度か金勘定してみる。時々ズルをしたりして蓄財に余念がない。つづいて、ウルトラマンエースを持って来て、箱庭のトレイの中央に置き、〈木をおく〉と言って大木を中央上方に、枯木を中央やや右側に、青々と繁った木を右下方に植えつける（図4-13）。クレーン車でビルや白い大きな石を吊り上げ、大石を2個右上隅に配置。ついでバルタン星人などの4人の怪人を手前右側にこちら向きに寝かせ、〈正義の味方〉と言って中央に鉄人28号を寝かせる。上にエースを重ねて、ガードの意味だろうかその上にトンネルをかぶせる。最後にミサイル発射装置を備えた戦車MS-58を左側におき、リモコンスイッチで前進後退させながら空砲を撃つが、エースや28号と怪人たちの戦いは展開されずに終了。

● 第Ⅴ期　症状消失・対人関係の変容期

　第26回〈いつもボクが家でやってるのやんか！〉　父親と来談。A君は相談室でカウンセラーに会ったときから目をつぶっており、プレイルームの前でも少しぐずぐずしている。ピストルにプラスティックの弾丸をつめていたが、レボルバーの穴の数だけ弾丸がないので、ゴーカートや三輪車にのって部屋中を捜し回る。口では〈どこ？　どこにあるの？〉と治療者に尋ねるが、真剣に捜そうという姿勢はあまり感じられない。ついに最後の弾丸を見つけてそれをピストルに込めるが、いままでとちがいそれで治療者に撃ってくるような気配はない。ついでおなじみの坊主めくりになり、治療者が説明書に書いてある遊び方を読みあげると、〈いつもボクが家でやってるのやんか！〉と言って、いまさら遊び方の説明をされるまでもないといった憮然とした表情をする。このあと例の人生ゲームをしてタイムアップ。全体的にみて、プレイのなかでの盛り上がりがなく、ハッとするような表現もみられず、ごくふつうの子が遊んでいる感じである。約1年前のA君と比較すると隔世の感がある。

　《治療者も「ごくふつうの子が遊んでいる……」とのべているように治療終結間際のプレイは、お互いにルールをわきまえながら平凡なゲームに夢中になったり、一時間中、マンガの本をパラレルに読んでいるといった遊びで終始することが多い。A君もこれまでの長期のプレイで、象徴的な表現を充分なしとげ、やるべきことはすべてし終わったという印象である。父親の報告では、瞬目や唇なめのチックはすっかり消失し、夜尿は2～3週間に1回ぐらいになってしまったとのこと、学校では、いままで女の子にすらいじめられて泣いていたのが、いたずらさえできるようになり、帰宅後もひとりで遊びに出かけて、自分で友人をつくるようになってきたということである。急にプレイを終結すると、治療者との間に未練が残って再発の恐れもあるので、あと2回だけ他児を加えたグループプレイをして終結することになる。》

　第27回および最終回〈線路は続くよどこまでも……〉　別離までの2回は、同年齢の情緒的に軽度の障害をもつ男児B君とセラピスト2人のグループプ

レイとなる。第27回では、A君とB君は初対面のためか、お互いに緊張した表情で、自分の治療者といっしょに行動を共にするだけで、なかなか共同遊びがはじまらない。15分ほど経過したとき、A君が人生ゲームを取り出して治療者Aとはじめたので、しばらくするとB君も同じゲームを取り出して治療者Bと開始。しだいに2人の距離が近づき、ついにはひとつのゲーム盤で遊ぶようになる。お互いにむずかしくなると〈わからへんなあ〉と顔を見合わす。ついでB君が治療者Bの真似をしてビーチボールをバスケットボールのようにしてフロアーでつきはじめるとA君も同じように倣い、ボール突きがいつのまにか、4人でのドッジボールに変化する。

　最終回も、前半約10分ほど、同じようなボール当てゲームとなるが、A君が突然、プラレールを持ち出し、それをつないでループ状の線路を作り出す（図4-14）。B君は少し取り残された感じで、A君に他の遊びをしようとはたらきかける様子であるが、A君はプラレール作りに没頭するので、B君も仕方なしにレールの連結を時々手伝う。ループになったレールと楕円形になったレールを巧みにつなぎ合わせ、フロアーいっぱいに線路は広がっていく。駅には機関車が止まっており、これからまさに出発しようとするところである。侵入すると脱線するところには転轍機があり、これがないところには、「－」印の入った進入禁止の標識が置かれる。終了間際までA君はプラレールをつないでまわり、結局、すべてつながった状態で、エネ

図4-14　最終回のフロアーでのプラレール作品

ルギーを使い果たした感じでホッと肩で息をしてタイムアップ。最終回を告げられていたA君は割合あっさりと父親に手を引かれて帰っていった。治療者は何となく祭の後のわびしさを感じ、少し目頭が熱くなる。

《最終回のA君のプラレール作りは、劇的である。彼のプラレールは円形と惰円形が組み合わされ、それはカルフのいう「全体性の象徴」を示しているのであろう（河合編1969：15）。A君は、治療者の終始温かい受容的な態度のなかに母と子の一体性（mother-child unit）を見出し、このような一体性のなかから、彼自身のなかに眠っていた自己治癒力が蠢動しはじめ、最終回にいたって、最後の仕事として全体性の象徴としての円形表現がなされたものと思われる。この全体性の象徴はユングの自己（self）の象徴でもある。「Self は、発展していく自我の母胎となる」（河合編1969：43）といわれる。A君は、いま、selfの象徴的な表現をとおして、自我を強化し、小児喘息、夜尿、チックといった心身症的諸症状を克服し、友人と協力して遊べるまでに対人関係を改善していったのである。第8回でものべたように線路の建設は、内的エネルギーのコントロールを意味している。なぜならば線路上の列車は、中央指令室のコントロールによって規則的に運行されているものだからである。彼は、またみずからをコントロールすることによって、筋肉系（チック）、泌尿器系（夜尿）、呼吸器系（小児喘息）などの自律神経系統のアンバランスを自己治癒力によって調整し、克服していったともいえるであろう。これから駅を出発しようとしている力強い機関車は、彼の今後の発展の可能性を示唆しているようである。もはや、女の子にいじめられてメソメソ泣いている男の子ではなくて、少々の困難にも耐えて前途に立ちむかっていくA君の雄々しい姿が想像される。》

4 考　察

われわれは、A君の治療にさいして、毎回治療終結後にスタッフ間でカンファレンスを行ない、各セッションで特徴的なことや、治療の流れなどについて話し合い、筆者は自己の臨床経験にもとづいて、セラピストたちにアドバイスを行なってきた。その内容の一部については、各セッションご

とに《　》内に既述したので、ここでは、それらと一部重複する部分もあるが、総括的に考察を加えてみたい。

● **サッキング**

　A君のベロベロと唇をなめる行動や治療初期にみられた指吸いは、母親の乳房で吸乳するサッキングを連想させる。フロイトのpsychosexualなリビドー理論に対応させながら、エリクソンは、おもにpsycho-socialな面から、0歳から1歳までの時期を口唇─感覚の段階、基本的信頼と不信としてとらえている。彼はエヴァンズとの対話のなかでつぎのようにのべている（エヴァンズ1980：15-16）。

　「この段階の行動の基本様式はとりいれ（incorporative mode）である。われわれが人生において最初に学ぶ事柄は、とりいれるということである。人間は唇ばかりでなく、他の諸感覚でもとりいれる。子どもは、目でさえ『とりいれ』ようとし、ついで記憶し、さらに外部にあるものを、あたかもすでに自分の内部にあるかのようにみようとする。そこでこの段階で学習しなければならない基本的な心理─社会的な態度は、いわば、子どもが自分の母親の姿をとおして自分の世界を信頼できるようになることである。つまり、母親はすぐ戻ってきてきっと食事を与えてくれること、母親は適当な時間に適量な適切なものを与えてくれること、そして自分が不安になったとき、母親はきっと来てくれて、不安をなくしてくれること、等々のことをいうのである。その人の欲求と世界との間には対応関係があること、これが基本的信頼ということである。（中略）第一段階は、信頼が『達成される』ことだということになる。実際には、信頼と不信とが一定の割合で基本的な社会的態度に含まれることこそ、決定的要因になる。人がある状態に入りこむとき、それが、どれくらい信頼でき、どれくらい不信を抱かねばならないかを見分けられなければならない。だから、私は危険に対する準備態勢とか不安の予期という意味で、不信という言葉を使用している」。

　A君の場合、この口唇─感覚的な段階に、基本的な欲求をかならずしも充

足しえたとはいえない。したがって、彼は、指吸いや、唇をなめることによって、サッキングの代理的充足を得、プレイのなかでは、哺乳ビンに吸いつくといった遊びのなかで、それを象徴的に表現していたものと思われる。温かく受容してくれる治療者との象徴的なプレイのなかで「とりいれ」ることによって、不安や緊張を示す基本的不信から解放され、人間にたいする基本的な信頼関係を形成していったのである。この基本的信頼関係をベースとして自律が出現してくることは、すでにのべたとおりである。

● 洗濯機

第8回目に、掘った穴を埋めるためにA君はわざわざ玩具の洗濯機に水を入れそのホースから排水しており、治療者も第11回目には、水の出ないポットをたたいて工夫したり、出しっ放しの蛇口をながめているA君を見て、夜尿と水遊びが関係しているのではないかと指摘している。洗濯機のホースによる放水は、まさに放尿を連想させる。そして、この放尿の機能が故障していることを洗濯機に置きかえて、それを修繕しようとしたのではないだろうか。これは、一見、こじつけ的な解釈と思われるかもしれないが、われわれは治療過程のなかで、しばしばこのような連想にとらわれることがある。もう相当以前になるが、約1週間も排便がない3歳男児の重度の便秘を治療していたときのことである。彼は、毎時間、かならず牛乳ビンに砂を入れ、そのあとにビンの口径より少し大きい石を縦に入れてビンを振り、〈出ない、出ない〉と呟いていたが、それを繰り返しているうちに〈出た……〉と言って、約1年かかったが便秘が治癒した経験がある。したがって、このような連想をこじつけとせず、また、連想された内容を治療者が断定してしまうのではなくて、子どもの豊かなイメージ表現の可能性としてとらえ、いろいろと連想をはたらかせてみるのも、治療的意義があるものと思われる。そのことが子どもの内的世界へ接近するひとつの道ともなるであろう。

さて、この洗濯機のホースの修繕やプラレールでの道づくりが、夜尿やチックの消失と関連していることをのべたが、調整（regulation）あるいは自己統制（self-control）という観点から、いま一度これを振り返ってみたい。

先述したエリクソンによると2歳から3歳ごろを筋肉―肛門期―自律対恥・疑惑／意志力とし、肛門括約筋をはじめ全身の筋肉が成熟して、自分で身体のコントロールが可能になる時期であるという。彼は「肛門括約筋は、一般の筋肉の一部であると考えなければならない。したがって、発達的にこの時期に入る子どもは、括約筋ばかりでなく、その他の筋肉を使うことができなければならないし、さらにそれらを『意志の力でつかう』ことができることも学ばなければならない。そこで、泌尿および肛門器官は、もちろん、生理学的に心理―性的な発達と、そしてまた攻撃と結合している」(エヴァンズ1980：20-21)とのべ、また「自律性を発展させるためには、初期の信頼がしっかりと発達し、しかも納得のいくような連続性をもった発達段階が必要である」(エリクソン1973：79)と指摘している。A君の場合、治療者との基本的信頼関係に支えられ、洗濯機での放水や、ホースの修繕、プラレールでの道づくりなどの遊びをつうじて内的世界を象徴的に表現し、自己統制および調整することによって自律性(autonomy)を獲得していったものと思われる。

● **来談日前の症状出現について**

各セッションでは、あまり詳述しなかったが、本事例でも、相談室へ来談する前日ないしは前々日に、チックや夜尿の症状が出現し、一時的に悪化するような現象がみられた。それも、治療初期から中期にかけての移行期、および終結間際にそれがみられることが多いようであった。このような現象は、他の事例でもしばしば経験するので、このことについて簡単にふれておきたい。第9回目に、父親が「大分よくなっているので、もう通わなくてもよいかなと思っていると、本人がどうしても行くと言います」と報告しているように、治療初期から中期にかけて症状が好転してくると、子どものもっと遊びたいという気持ちに反して、引率してくる親側に「もういいのではないか」という来談への抵抗が生じてくることがある。このようなとき、自己主張の弱い子どもは、親の価値観を先取り的に内在化するため、プレイ中でも「ボク、いつまでここへ来るの？」と言ったりする。これを聞くとセラピストも、ようやくよくなりかけて来たのにとガッカリ

することがあるが、これはかならずしも子どもの本心であるとはいえない場合も多いようである。意識的には親の意向を察して、もう行かないという気持ちと、無意識的には、もっとあの楽しい部屋で遊びたいという気持ちがあって、この相反する感情の葛藤が、一次的に症状を悪化させる原因のひとつになっているのではないだろうか。現に、他の事例ではあるが、ある母親は「ここから帰ったあとは調子がよいので、しばらくすると私ももう行かなくてもいいと思っていると、ここへ来る2～3日前になってまた調子が悪くなり、仕方なしに子どもに手を引かれる思いで来ることもあります」とのべている。こう考えてくると、来談前の一次的悪化は、両親の治療へのモティベーションの低下と関係なきにしもあらずと思われる。また治療終結間際のそれは、治療者と離別することへの子どもの無言の抵抗でもあろう。このようなとき、終結2～3回前に、終結にすることと、終結後も、もし必要ならば、来てもかまわないということを本人に伝えることを忘れてはならないだろう。

● **フォローアップ**

治療終結後、2か月半ほど経過した4月の中旬のある日、われわれには何よりも喜ばしい、A君の父親からの手紙が届いた。それを引用することによってフォローアップに代えたいと思う。

　　拝啓　桜の花も早や葉桜となろうとしている今日此ごろ、先生には如何お過しでしょうか。長い間、たいへんお世話になりました。おかげで、Aも一段とたくましさを増してきたように感じております。この春休みの間も、勉強せず、まっ黒になるほど、外で遊びまわっております。目の症状も、口のまわりも、夜尿症もとまり、元気に過しております。4月×日の夕食の時、最近では私共も、チックの事を忘れかけていたぐらいでしたが、Aが何を考えていたのか「ボク、このごろ、目をパチパチせんようになった」と言い出しましたので、びっくりした次第です。本人が気にしないように気をつかっていたつもりでしたが、知らず知らずのうちに、気にさせていた事を知り、すまない気持ちになるとともに、A自身、ひとつのことを乗り越えたという自信が出てきたのではないかと考えております。今後、Aとともに私共も成長するよう努力したいと思います。(以下省略)

　　　　　　　　　　　　　　　　　　　　　　　　　　　　　　　敬具

（付記）本事例は両親のカウンセリングとセラピストへのアドバイスを筆者が、A君のセラピーを清水るみ子（現明石市立鳥羽小学校教諭）が、最終回間際の他児とのグループセラピーを清水と脇田圭子（元武庫川女子大学文学部助手）が担当したものである。なお本節は、1982年武庫川女子大学紀要第30集に「小児心身症児の遊戯療法過程―夜尿症、チック症を中心として」という題目で発表したものである。

コラム　カウンセリングと心理療法の諸相

　カウンセリング（counseling）というのは、相談助言、心理・教育相談ともいわれ、ある個人が環境にたいする適応上の問題や悩みを抱えていて、しかもその解決を求めているときに、専門的な知識をもち、しかるべき訓練を受けた人（カウンセラー counselor または治療者 therapist）が、おもに言語的な方法によって援助し、来談者（クライエント client）とともに問題を解決していこうとする専門的な方法である。カウンセリングと心理療法のちがいは、かならずしも厳密ではなく、同義的に使用される場合も多いが、カウンセリングの扱う問題は幅が広く、比較的に浅い問題であり、心理療法は、おもに精神病理的な深い問題を対象とするが、幅はせまいといえるであろう。

　第Ⅳ章4節では、心理療法の一技法であるプレイセラピーについてのべたが、ここでは、カウンセリングおよび心理療法の諸相について概観しておこう。

①精神分析療法（psychoanalytic psychotherapy）

　精神分析療法は、1880年代ごろにウィーンの精神科医のジグムント・フロイト（Freud, S.）によって創案され、体系化された心理療法の一技法である。最初はヒステリーの治療法として用いられていたが、その後、他の神経症や心身症の治療にも応用されるようになり、1930年代以降には、彼の多くの後継者によって性格障害、精神疾患、子どもの精神障害の治療などに用いられるようになった。

　精神分析的理論には2つの大きな骨子があり、ひとつは幼少期の体験が性格を形成するということであり、その2つめは、無意識が人間のあらゆ

る行動の原動力になっているということである。したがって、精神分析では、来談者に幼少期体験で無意識下に抑圧されているものを想起させ、それらの体験を克服していくのを援助することが治療のポイントになる。換言すれば、無意識の意識化が精神分析療法のエッセンスである。

この学派の理論的背景には、種々の見知があるが、大きく分類すると、ⓐ性格はどのように作られるか（リビドー発達的見地または性格形成論）、ⓑ性格はどのように作動しているか（力動的見地または防衛機制）、ⓒ性格はどう構成されているか（局所的見地または性格構造論）、ⓓ性格的偏奇は何によって生じるか（コンプレックス論）、の4点から成り立っており、これらを総称して精神分析的性格論（psychoanalytic theory of personality）といっている。

②臨床（指示）的療法（clinical or directive therapy）

この技法はおもに、ウィリアムソン（Williamson, E. G.）やダーレイ（Darley, J. G.）が提唱した方法であって、まず治療者が来談者の状態を症候によって分析し、つぎに来談者の抱えている種々の問題点について診断し、これに続いて来談者との面談を繰り返し行ない、さらに問題が根本的に解決するまで追指導を行なっていこうとするものである。指示的療法といっても、このような名称が特別にあるわけではなく、後にのべるロジャース（Rogers, C.）が、自分の技法を非指示的療法と名づけたことに対比して命名された名称であって、これまで行なわれてきた精神分析を中心とした伝統的な技法の総称といってもよいであろう。

上述したようにこの技法は、ⓐ分析（analysis）、ⓑ総合（synthesis）、ⓒ診断（diagnosis）、ⓓ予見（prognosis）、ⓔ相談（counseling）、ⓕ追指導（follow-up）といったプロセスにそって、治療が進められる。この理論の背景には、人間は知的な思考によって、種々の問題の原因や結果の因果関係について科学的な発見ができる理知的な存在であり、人間的な行動や可能性については、さまざまな心理学的検査によって診断が可能であるという基本的な仮説があり、「診断」が重視されるのがその特徴である。

③来談者中心（非指示）的療法（client-centered or nondirective therapy）

来談者中心的療法というのは、当初は非指示的療法といわれていたもので、1940年代にカール・ロジャースによって創始され、その後、彼とそ

のグループによって発展させられたものである。わが国でも戦後いち早く導入され、現在も、この立場あるいはその理論的な長所に依拠する治療者が多い心理療法である。

この技法における基本的な人間観は、来談者が治療者の真実で、受容的で、かつ感受性に満ちた理解的態度にふれ、自分が主体性をそなえた一個の人格であることを充分に尊重されていることを感じたときに、来談者ははじめて、自分にたいする眼を見開き、自分自身の潜在的な能力でもって、種々の不適応的な状況や悩みを打開していくような、充分に機能する人間となりうるというものである。したがって、治療者は来談者の問題を解決するために、特別な指示や方向づけ、訓戒などをせず、また精神分析で強調される感情転移や抵抗分析などの技術も使用しない。これらにかわって、来談者がみずからの問題や不適応行動を解決できるような援助的技術、すなわち、温かく、許容的で受容的な人間関係を設定することに重点がおかれる。ロジャースは、治療者の基本的態度として、ⓐ自己一致（congruence）、ⓑ共感的理解（empathic uderstanding）、ⓒ無条件の肯定的配慮（unconditional positive regard）の3つの条件を、とりわけ強調している。

④折衷的療法（eclectic therapy）

折衷的療法といっても、指示的療法と同様に、このような特別な名称があるわけではなく、来談者の問題や状況に応じて、また面接段階に応じて、臨機応変にもっとも適切な技法をとり、既存の各理論から活用できるものは何でも使用しようとする立場で、その代表者としては、ソーン（Thorne, F.）があげられる。

この立場の基本的な考え方は、ⓐ治療者は教育者である、ⓑ治療の第1歩は、新しい生活様式の学習条件の整備である、ⓒ問題の明確化、それにたいする処遇は、来談者だけでは不可能である、ⓓ治療法は科学的根拠によって裏づけされたものでなければならない、というものである。

⑤行動療法（behavior therapy）

行動療法というのは、犬の唾液分泌の実験で有名なパブロフ（Pavlov, I. P.）や、ネズミのバー押しの実験で知られるスキナー（Skinner, B. F.）などの一連の学習理論にもとづいた心理療法の一技法である。これまでの心

理療法の大部分は、種々の症状や不適応的行動は、無意識的な原因によって生起するものであって、これらの原因の発見とその除去、および人格的変容を目ざして治療が行なわれてきたが、この行動療法では、神経症的症状や、不適応的行動を、幼少時期からのまちがった学習や、不適切な条件反応の結果であるとしてとらえ、このような行動を減少させるとともに、適応的行動が学習されるように、いろいろな技法が用いられている。行動療法には、現在さまざまな技法が用いられているが、これらの技法の基礎になっているのは、レスポンデント（古典的）条件づけ（respondent or classical conditioning）とオペラント（道具的）条件づけ（operant or instrumental conditioning）の理論である。

V 思春期の発達と臨床

　子どもから大人へ成長する境目の時期「マージナルマン」、心の動揺の激しい「疾風怒濤の時代」（Strom und Drang）ともいわれる青年前期・思春期は、人間として成長していく過程での発達の節目として重要な時期である。この発達の節目にともなう身体的な変化と複雑な心理的なうごめきの姿を学ぶ。これとともに思春期特有の心の病とその心理治療について理解を深める。

1 ── 思春期・青年期とは

1　子どもから大人へ

　子どもから大人への移行の時期として、青年期（adolescence）をとらえるならば、それは、おおよそ12歳か13歳にはじまり、23歳から25歳ぐらいまでをさすのが一般的である。生理的に、第一次性徴（睾丸や卵巣を中心とする生殖器の成熟）に続いて第二次性徴（体型、骨格や乳房、性毛など生殖器以外の成熟）が起こり、社会的経済的に大人としての自立を完成したときに終わるといえる。そのはじまりは、発達加速現象によって低年齢化し、その終わりは、社会の高学歴化と晩婚化、高寿命化によってますます遅くなっている。青年期の延長とか引き伸ばされた青年期といわれている。つまり青年期は、身体の生理的成熟と社会的成熟によって規定されているといえるだろう。

　本書第Ⅰ章の最初には、「大人と対比させて子どもの独自性、異質性に注目した児童観は、昔からあったわけではない」と述べ、「19世紀末から20世紀初頭にかけて、子どもを子どもとして見直し理解を深めようとの認識が急速に高まるようになる」と記している。それ以前は、たんに大人をそのまま小さくした小型としての子どもという認識であった。大人か大人になっていないかという見方である。

　アリエス（Aries, P.）の『子どもの誕生』によると、14世紀以前には、子どもという観念は存在せず、子ども用の特別の服装、玩具、本などが現われるのは17世紀になってからであるという。乳幼児期をすぎて7歳ぐらいになると、子守や家事労働をし、親元を離れて徒弟就業のかたちで大人たちといっしょに同じ生活をしていたのである（アリエス1980）。

　ただし、大人と子どもの区別がまったくなかったかというと、そうではない。古代より成人式や成女式というべき通過儀礼（イニシエーション）が行なわれていた。通過儀礼とは、個人が成長してある段階から別の段階に

移行するための儀式である。エリアーデ（Eliade, M.）は、『生と再生』のなかで少年を部族社会に加入させる成人式の儀式についてくわしくのべている。少年は、聖所に隔離され、部族の宗教的伝承を教えられたうえで、試練のタブーに従わなければならない。そうした儀式を通過することによって、子どもは「大人」に生まれ変わって部族の大人社会に参入するのである（エリアーデ1971）。このような儀式は、現在の未開民族に広く残っている。わが国においては、武家社会では元服が、農村社会では若者宿・若者組とよばれる集団訓練が、子どもから大人への通過儀礼の役割をはたしていた。しかし、現代においては子どもから大人への生まれ変わりを可能にするような通過儀礼は存在しない。成人式の式典も心理的変容をもたらすものではない。

2 青年ということばの誕生

歴史的に青年や青年期ということばが使われるようになったのは、19世紀後半になってからである。産業革命以後の急激な社会変化、とくに学校教育の重視と在学期間の拡大が大人になる時期を遅らせるようになった。技術革新によって学ばなければならないことが多くなり、中等高等教育を受ける人口も増加する。大人になるまでに、多くのことがらを学習し身につけなければならない。子どもから大人への移行期間が必要になり、そのような学習をし続ける、すでに子どもとはいえない年齢層、つまり青年が誕生したといえる。

さらに社会のあり方は、これまでのような伝承社会とは異なって、次々と変化進歩していく。河合は、通過儀礼が成立するためには、その社会が伝承社会であることを必要としているとのべている（河合1983）。この社会が、すでにできあがったものとして存在しているなら、その社会の価値観を身につければよいのであるが、社会が進歩し変わってゆくと、以前の価値観を身につけただけでは、大人としては取り残されてしまう。

このように、歴史的に青年期を考えると図5-1のようになる。

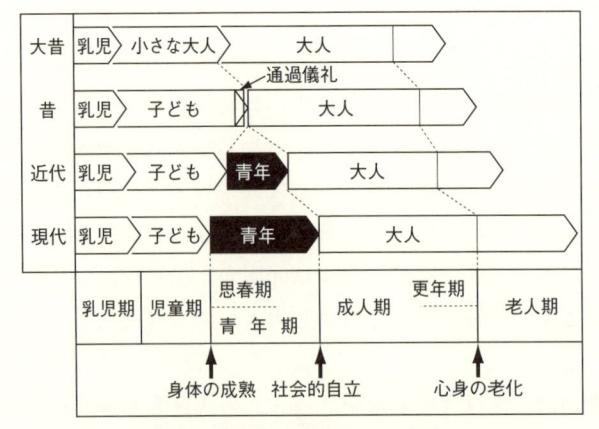

図5-1 青年期の誕生とその延長
(注) 福島（1992：28）の図を一部変更。

3　思春期の設定

　思春期は、青年期のなかに含まれその前半期をさすのが通例である。思春期（puberty）ということばは、もともとは医学用語であり、pubes（性毛）を語源としているように、第二次性徴の到来時期をさしている。青年期の前半おおよそ、15歳～16歳までを思春期として区分する。10歳台を、ローティーン、ミドルティーン、ハイティーンに分けてよぶことがあるが、ここではミドルティーンまでを思春期としてのべることにする。個人差も大きいが、およそ小学校の最終学年から中学校卒業までと考えてよい。

②──身体と性の発達

1　大人の身体への発達と男女差

　第Ⅲ章では学童期と思春期のはじまりまでの身体の発達と個人差を学んだ。ここでは、思春期の身体発達をみてゆきたい。中学生時代は、心身ともに急激に発達する時期であり、個人差ばかりでなく男女差も目立つよう

表 5-1 年齢別身長・体重・座高の全国平均値

区 分		身長 (cm)		体重 (kg)		座高 (cm)	
		男	女	男	女	男	女
小学校	6歳	116.7	115.9	21.7	21.2	65.1	64.7
	7	122.6	121.7	24.5	23.8	67.9	67.4
	8	128.3	127.6	27.7	27.0	70.5	70.2
	9	133.5	133.6	31.2	30.5	72.8	73.0
	10	139.0	140.3	34.9	34.8	75.2	76.1
	11	145.0	147.0	39.1	39.8	77.8	79.5
中学校	12歳	152.3	152.1	44.6	44.7	81.2	82.3
	13	159.7	155.1	49.9	47.9	84.7	83.8
	14	165.3	156.8	54.9	50.4	87.7	84.7
高等学校	15歳	168.5	157.4	59.7	52.0	89.9	85.1
	16	170.0	157.9	61.5	53.0	90.7	85.2
	17	170.9	158.0	62.9	52.9	91.3	85.2

(出典) 総理府青少年対策本部編 1999：124。

になる。表5-1は、1996年度の小学1年生から高校3年生までの身長、体重、座高の全国平均値である。

　身長の伸びのもっとも大きい年齢は、男子では12歳と13歳の間で7.4cmの伸び、女子では9歳～10歳と10歳～11歳の間で、ともに6.7cmの伸びである。9歳～11歳の間では、女子の身長が男子を上回っており、中学1年生でほぼ同じになっている。体重の増加のもっとも大きい年齢は、男女ともおおむね11歳と12歳の間にあって、女子の体重は、11歳から12歳の間で男子の体重を上回っている。

2　大人の身体への性的発達と男女差

　思春期の性特徴の発達は、第Ⅲ章表3-12を参照してほしい。思春期の急激な性的発達は、下垂体から分泌される性腺刺激ホルモンが活発化するためである。男子では、発育した精巣から男性ホルモンが分泌され、骨格ががっしりして筋肉も発達する。声変わりが起こりニキビが目立ち、精通が生じる。精通とは、はじめての射精のことであり、早くて10歳遅くとも15歳には経験する。マスタベーションによる場合のほか、性的な夢を見るうちに射精が生じるのを夢精という。女子では、発育した卵巣から卵胞ホルモンが分泌され、皮下脂肪によって丸みをおび、乳房が発育し骨盤も大き

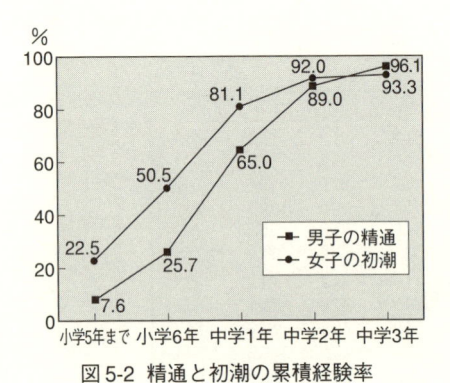

図5-2 精通と初潮の累積経験率
(出典) 鈴木・松田 1999：32。
(注) 中学3年生の回想による。

くなり、初潮が起こる。初潮は子宮内膜の脱落によるはじめての出血をいう。体格や栄養・環境の変化などによって初潮を迎える年齢がしだいに早くなっている。およそ10歳ごろからはじまり15歳ごろにはほとんどの者が終える。

図5-2は、中学3年生を対象に、いつ精通や初潮を経験したかを調査したものである。平均的には女子の初潮が男子の精通より早くはじまっていることがわかる。

また、女子の初潮のはじまりは年々低くなっており、発達加速現象が顕著に現われている。1961年から1987年までの調査による全国平均の既潮率は、表5-2のとおりである。

表5-2 初潮の累積経験率（％）と平均初潮年齢の時代にともなう変化

調査年	1961	1964	1967	1972	1977	1982	1987
小学5年	3.9	5.7	7.9	11.1	14.3	13.7	14.6
6年	23.2	24.2	31.1	40.5	44.6	43.8	45.3
中学1年	53.1	58.4	67.0	74.7	78.0	76.2	77.4
2年	84.0	88.2	90.9	93.9	94.9	94.5	95.4
3年	96.8	97.5	98.2	98.7	99.2	99.1	99.0
平均初潮年齢	13歳3か月	13歳1か月	12歳10か月	12歳8か月	12歳6か月	12歳7か月	12歳6か月

(出典) 日野林・赤井 1988。

3　思春期の性心理と行動

このような性の急激な発達を思春期の子どもはどのように受けとめるのだろうか。第二次性徴がはじまると、これまで無邪気に親に話していた子どもも、親にあまり話さなくなる。とくに、性への興味や関心は同性の親

にたいしてさえ秘密にしておく。友人のグループから、また雑誌・テレビなどのマスコミの情報によって、自分自身の性の発達を確認したり、不安になったり、また、不安を解消したりする。

日本性教育協会は、1974年以来ほぼ6年おきに全国的規模の調査を行なっている。第3回目より中学生も対象に加えている。表5-3は、中学生・高校生・大学生のそれぞれの時点で、左の欄の項目をすでに経験しているかを質問するものである。表から明らかなように、高校生・大学生に、数々の性行動の経験率の上昇がみられる。

表5-3 性についての経験率の比較（％）

経験の種類	学校	男子 1981年	男子 1987年	男子 1993年	女子 1981年	女子 1987年	女子 1993年
射精・月経	中学生		37.8	46.7		75.0	80.3
	高校生	87.1	83.8	86.0	97.2	95.5	95.1
	大学生	95.4	92.0	91.5	98.4	98.4	98.0
性的関心	中学生		52.5	53.9		45.5	48.6
	高校生	92.8	89.6	89.9	75.0	71.4	70.5
	大学生	98.2	95.9	96.7	89.0	84.5	87.9
デート	中学生		11.1	14.4		15.0	16.3
	高校生	47.1	39.7	43.5	51.5	49.7	50.3
	大学生	77.2	77.7	81.1	78.4	78.8	81.4
マスタベーション	中学生		30.0	33.0		6.9	10.1
	高校生	77.1	81.2	80.7	17.2	10.0	12.6
	大学生	93.2	92.2	91.5	28.6	21.1	25.8
キス	中学生		5.6	6.4		6.9	7.6
	高校生	24.5	23.1	28.3	26.3	25.5	32.3
	大学生	53.2	59.4	68.4	48.6	49.7	63.1
ペッティング	中学生			3.9			2.6
	高校生	13.1	17.8	18.2	15.9	14.7	16.5
	大学生	40.3	53.3	60.6	29.9	34.8	42.8
性交	中学生		2.2	1.9		1.8	3.0
	高校生	7.9	11.5	14.4	8.8	8.7	15.7
	大学生	32.6	46.5	57.3	18.5	26.1	43.4

（出典）宮原ほか1998：64。
（注）1981年は高校生・大学生のみを対象に行なわれた。その他の空白部分は、調査項目に含まれていなかったものである。また、1987年からは大都市・中都市に加えて町村部でも調査が行なわれたので、それ以前とはデータの性質が若干ことなっている。

4 思春期の性意識の各国比較

総理府総務庁発行の『世界青年意識調査報告書』のなかに、各国の青少年の「結婚前の性交渉についての考え」がまとめられている（図5-3）。

日本では「お互いに愛情があればかまわない」(70.8％)がもっとも多く、「結婚が前提であればかまわない」(15.4％)がこれについでいる。各国比較でみると、フィリピン、タイ、韓国では「どんな場合でも避けるべきだ」がもっとも多く、ほかの8か国では「お互いに愛情があればかまわない」がもっとも多くなっている。注目すべきは、「お互いに愛情があればかまわな

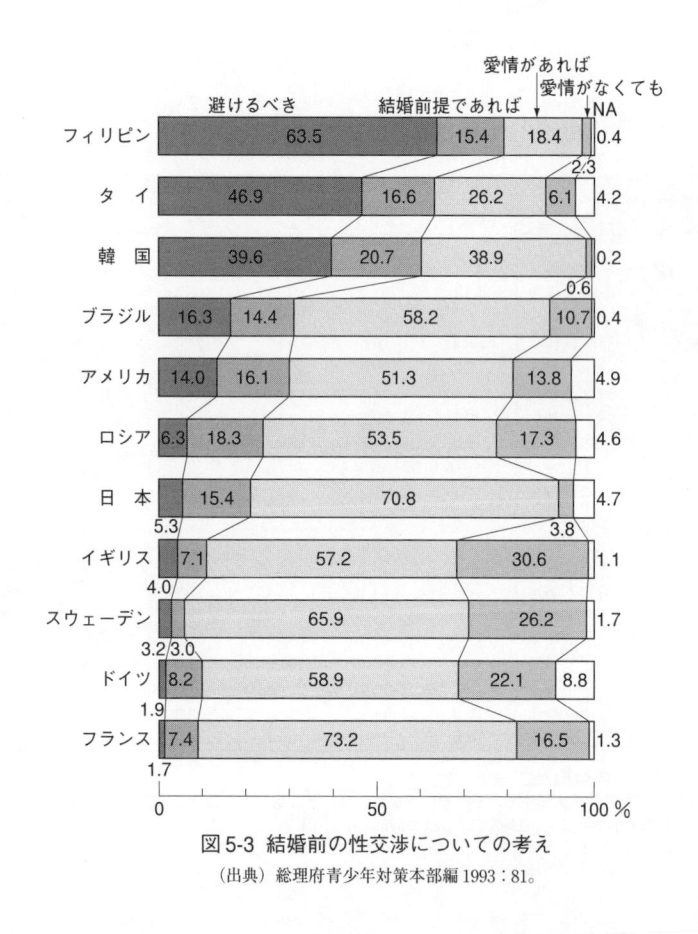

	避けるべき	結婚前提であれば	愛情があれば	愛情がなくても	NA
フィリピン	63.5	15.4	18.4	2.3	0.4
タイ	46.9	16.6	26.2	6.1	4.2
韓国	39.6	20.7	38.9	0.6	0.2
ブラジル	16.3	14.4	58.2	10.7	0.4
アメリカ	14.0	16.1	51.3	13.8	4.9
ロシア	6.3	18.3	53.5	17.3	4.6
日本	5.3	15.4	70.8	3.8	4.7
イギリス	4.0	7.1	57.2	30.6	1.1
スウェーデン	3.2	3.0	65.9	26.2	1.7
ドイツ	1.9	8.2	58.9	22.1	8.8
フランス	1.7	7.4	73.2	16.5	1.3

図5-3 結婚前の性交渉についての考え
（出典）総理府青少年対策本部編 1993：81。

い」がもっとも多いのはフランスで、日本がこれについでいることである。日本の青少年の性意識は、他の東南アジアの国々に比べてすっかり西欧諸国なみになっている。「お互いに愛情があればかまわない」の高率については、「愛情」をどのように認識し自覚するかに問題があるといえるだろう。

③── 思春期の心理的発達課題

1　わが身体との出会い

　思春期の心理的発達課題のひとつは、変化成長するみずからの身体と性を受け入れることである。すでにみてきたように、思春期の身体発達は、新生児期以来の急激な変化であり、それは第二の誕生といってもよいほどである。しかし、その発達は一様ではなく、急激に身長が伸びる時期、内臓や筋肉や神経系統の充実など、ホルモンの分泌も含めて完全に成長が止まるまではアンバランスな状態にある。けっして均一ではない発達のなかで、個人差もきわめて大きい。

　身体の発達のアンバランスな思春期には、目に見える外的な変化と目に見えない内的な変化の両方に出会わなければならない。そして、それは、男性か女性かのどちらかの性をもった自分を受け入れるという課題でもある。

　笠原嘉は、「わが身体を他人の目を借りてまじまじと見つめる目をもつのは青年である」とのべて、対人恐怖の心性を説明している（笠原1977）。周囲の人にどのように、見られ、思われているかが、過度に気になる。外面の変貌と、内面の自分では明確に把握できない漠たる衝動。それを他者の目によって確認しようとするのである。対人恐怖といわれる神経症は、人が怖いというよりは、他者の目、見られている自分の内面に生じる不安と心身不調である。つぎにのべる同性同年代の友人を獲得できにくい場合や、親子や家族に強い葛藤をかかえる場合には、このような症状が生じやすい。

　思春期青年期の女子に増加しているのは、摂食障害（eating disorder）と総称されるものである。思春期やせ症、神経性無食欲症（anorexia nervosa）や

拒食症あるいは過食症、神経性大食症（bulimia nervosa）とよばれている。やせていることが美しいという価値観からダイエットをきっかけに、やせが進行する。平均体重の15％以上の減少や月経が止まり、ほとんど脂肪がなくなり骨と皮の体型になっても、そのことをみずからは異常視しないところにその特異性がある。つまり、大人の女性としての身体をもたない自分が軽やかで活動的であると意識し、みずからの女性性を否定しているかのようである。最近は、拒食と過食嘔吐を繰り返したり、むちゃ食いのあとすぐさますべてを嘔吐する大食症（bulimia）もみられる。飽食の時代の病であるが、内的衝動が食欲と連動し、身体イメージと自己コントロールが未分化なまま連動している。わが身体を受け入れるむずかしさの現われといえる。

コラム

DSM-Ⅳによる摂食障害の診断基準（アメリカ精神医学会1995）

307.1　神経性無食欲症　Anorexia Nervosa
　A．年齢と身長にたいする正常体重の最低限、またはそれ以上を維持することの拒否（例：期待される体重の85％以下の体重が続くような体重減少；または成長期間中に期待される体重増加がなく、期待される体重の85％以下になる）。
　B．体重が不足している場合でも、体重が増えること、または肥満することにたいする強い恐怖。
　C．自分の体の重さまたは体形を感じる感じ方の障害；自己評価にたいする体重や体型の過剰な影響、または現在の低体重の重大さの否認。
　D．初潮後の女性の場合は、無月経。つまり、月経周期が連続して少なくとも3回欠如する（エストロゲンなどのホルモン投与後にのみ月経が起きている場合、その女性は無月経とみなされる）。

307.51　神経性大食症　Bulimia Nervosa
　A．むちゃ食いのエピソードの繰り返し。むちゃ食いのエピソードは以下の2つによって特徴づけられる。

(1)他とはっきり区別される時間の間に（例：1日の何時でも2時間以内の間）、ほとんどの人が同じような時間に同じような環境で食べる量よりも明らかに多い食物を食べること。
　　(2)そのエピソードの間は、食べることを制御できないという感覚（例：食べるのを止めることができない、または何を、またはどれほど多く食べているかを制御できないという感じ）。
　B．体重の増加を防ぐために不適切な代償行為を繰り返す、たとえば、自己誘発性嘔吐、下剤・利尿剤・浣腸またはその他の薬剤の誤った使用、絶食、または過剰な運動。
　C．むちゃ喰いおよび不適切な代償行為はともに、平均して、少なくとも3か月間にわたって週2回起こっている。
　D．自己評価は、体型および体重の影響を過剰に受けている。
　E．障害は、神経性無食欲症のエピソード期間中にのみ起こるものではない。

307.50　特定不能の摂食障害　Eating Disorder Not Otherwise Specfied
　特定不能の摂食障害のカテゴリーは、どの特定の摂食障害の基準も満たさない摂食障害のためのものである。例をあげると、
　1．女性の場合、定期的に月経があること以外は、神経性無食欲症の基準をすべて満たしている。
　2．著しい体重減少にもかかわらず現在の体重が正常範囲内にあること以外は、神経性無食欲症の基準をすべて満たしている。
　3．むちゃ食いと不適切な代償行為の頻度が週2回未満である、またはその持続期間が3か月未満であるということ以外は、神経性大食症の基準をすべて満たしている。
　4．正常体重の患者が、少量の食事をとった後に不適切な代償行為を定期的に用いる（例：クッキーを2枚食べた後の自己誘発性嘔吐）。
　5．大量の食事を噛んで吐き出すということを繰り返すが、呑み込むことはしない。
　6．むちゃ食い障害：むちゃ喰いのエピソードが繰り返すが、神経性大食症に特徴的な不適切な代償行為の定期的な使用はない。

2 同性同年代の友人

　2つめの思春期の心理的課題は、同性同年代集団に入っているか同性同年代の友人が存在することである。前節にのべたように、思春期は他者から見られる自分を意識するなかで、自己のイメージを修正しつつ作り上げてゆく。この他者が、両親や先生など身近な大人であることもおおいにあるが、両親や先生からの評価は、すでに幼児期学童期までに体験してきたことである。思春期になって性を含んだ新たな自分に出会うには、同じ体験をしつつある友人からの評価のほうが重要になってくる。まず同性の友人との間で、自分と他者との相互のコミュニケーションを切実に求めるようになる。友人たちとの一体感のなかに安心して安らげる自分を見い出したいのである。多少の早い遅いの個人差があっても、自分も友人と同じような大人への途上にあるという漠然とした安心感であろう。このような友人集団の一体感は、ごく親しい一対一の友人関係が核となる必要がある。集団をもたなくても、親友がひとりできればかなり安定できる。逆に、集団には入っているがごく親しい友人がいない場合は、集団のなかでの居ごこちの悪さを感じざるをえないだろう。いじめが生じる可能性も残っている。

　同性の友人や集団がもてないまま、先に異性の友人や集団ができると、異性との性的交遊が一気に進むことがある。異性との交遊の進展のひとつひとつを相談する同性の友人がいないからともいえる。同性同年代の友人との関係が、異性とのより深い関係をもつ前に必要となる。

　子どもたちにとって、友人関係がどれほど必要かは、つぎの調査結果にも表われている。表5-4は、悩みや心配事の相談相手を調べたものである。小学生のときは母親であった相談相手の1位が、中学生になると男女ともに学校の友達に逆転し、15歳から17歳ではさらにその傾向が強くなっている。女子のほうが男子より早く友達を相談相手に選ぶようになり、男子より早く20歳ごろにはふたたび母親を相談相手とするようになることも特徴的である。また、表5-7（259ページ）とは、生きがいを感じるときについての高校生以降の調査であるる。男女ともに「友人や仲間といるとき」が1位であり、

表5-4 悩みや心配事の相談相手（複数回答）

男　子　%

調査対象者＼順位	1	2	3	4	5	6	7	8	9
中学生	学校の友達	お母さん	お父さん	学校の先生	兄弟姉妹	誰とも相談しない	仲のよい異性の友達	近所の友達	おじいさん、おばあさん、親類
	53.7	51.7	33.5	13.7	12.2	7.7	6.0	5.5	4.6
15〜17歳	学校の友達	母	父	仲のよい異性の友達	兄弟姉妹	誰とも相談しない	学校時代の友達	学校の先生	近所の友達
	64.4	37.3	24.1	12.9	10.8	9.5	8.5	8.1	7.8
18〜21歳	学校の友達	母	学校時代の友達	父	仲のよい異性の友達	兄弟姉妹	近所の友達	職場の同僚	誰とも相談しない
	42.2	39.4	25.9	24.1	17.5	12.9	12.1	7.5	6.3

女　子　%

調査対象者＼順位	1	2	3	4	5	6	7	8	9
中学生	学校の友達	お母さん	お父さん	兄弟姉妹	学校の先生	仲のよい異性の友達	近所の友達	学校の先輩	団体・グループなどの仲間
	74.6	55.1	14.9	13.9	13.0	9.6	6.5	4.5	3.9
15〜17歳	学校の友達	母	兄弟姉妹	父	学校の先輩 11.0 / 仲のよい異性の友達 11.0		学校時代の友達	学校の先生	近所の友達
	82.4	48.6	18.3	14.5	11.0	11.0	9.0	7.6	5.2
18〜21歳	母	学校の友達	学校時代の友達	兄弟姉妹	仲のよい異性の友達	父	職場の同僚	近所の友達	学校の先輩
	52.6	45.3	34.2	24.5	23.2	18.6	12.7	10.2	6.2

（注）総理府青少年対策本部（1996：117、118）より筆者作成。

とくに女子ではその傾向が強いといえる。上記の調査には有職青少年も含んでいるので、仕事の生きがいも含まれる。高校生に質問した、学校生活の意義をどう感じるかの調査（258ページの表5-6）でも、「友達との友情をはぐくむ」が男女共に1位であるが、女子のほうがより大きな意義を見い出していることがわかる。

4 青年期の心理的発達課題

1 自我同一性と自己意識

　自分の身体の変化成長を受け入れ、同性同年代の友人を獲得できると、つぎは大人としての自分を確立する前段階として、「自分とは何か」という問いにいたる。

　自我同一性（ego identity）は、エリクソンが提唱した概念であり、青年期に獲得しなければならない心理的な課題である。エゴ・アイデンティティとは、時間的な自己の同一性（sameness）と連続性（continuity）を他者が認めてくれていると、互いに知覚できる安心感のことで、自分が社会に是認されて将来へ歩みつつあるという自己評価の確信である。ごく簡単にいいなおすと「自分が自分であることの確かさ」である。

　またアイデンティティには、性的アイデンティティ（男性なのか、女性なのかの自分の確信）、民族アイデンティティ（日本人なのか中国人なのか）、家族アイデンティティ（自分が家族の一員であることを受け入れられるか）などのほかに、集団所属のアイデンティティや職業アイデンティティなどが考えられる。これらは「自分」というものが、その所属する集団によって定義され規定されていることであり、時間的なものにたいして空間的アイデンティティといえる。

　エリクソンは、この時期にこのような同一性が獲得できるのか、それとも同一性が拡散してしまうのかが、心理社会的課題であり危機であるとしている。

2　エリクソンの心理社会的発達図式

　青年期の心理的発達課題を臨床的に理解するには、エリクソンの人生の8周期ともいわれる発達図式（図5-4）をみておく必要がある。この図式は、乳児期からはじまる人生全体のなかでの青年期の意味を考えるために有益である。第Ⅲ章のパーソナリティの発達の箇所と合わせて学んでゆきたい。

　この図式の特徴は、それぞれの時期の課題と危機（獲得が望まれるものと同時に存在する望まれないもの）を対にしていることと、それらを直線ではなく、ななめに記述していることである。ななめに位置づけているのは、それらの課題と危機がある時期に急に現われたり消えたりするのではなく、もっとも活性化するということである。このような図式によって漸成的発達（epigenetic development）を表わしている。第Ⅴ段階の青年期とは、これま

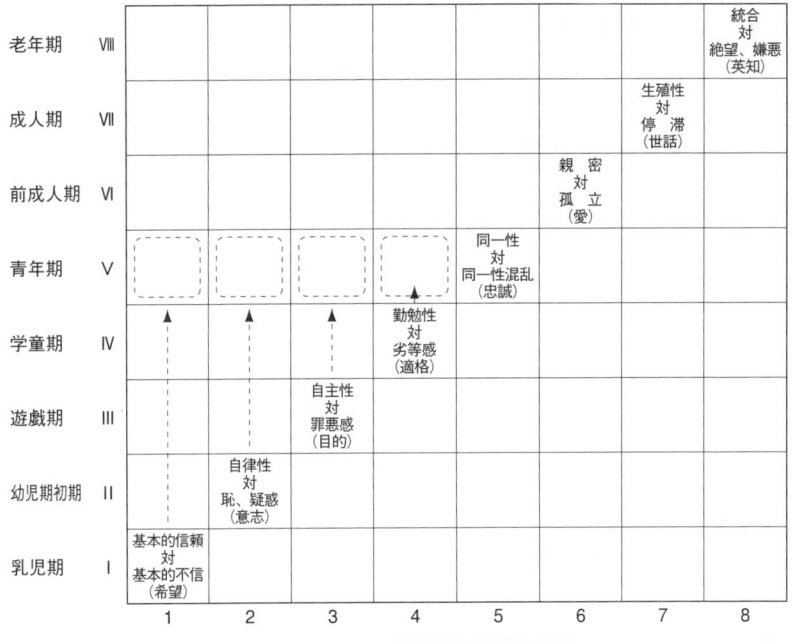

		1	2	3	4	5	6	7	8
老年期	Ⅷ								統合 対 絶望、嫌悪（英知）
成人期	Ⅶ							生殖性 対 停滞（世話）	
前成人期	Ⅵ						親密 対 孤立（愛）		
青年期	Ⅴ					同一性 対 同一性混乱（忠誠）			
学童期	Ⅳ				勤勉性 対 劣等感（適格）				
遊戯期	Ⅲ			自主性 対 罪悪感（目的）					
幼児期初期	Ⅱ		自律性 対 恥、疑惑（意志）						
乳児期	Ⅰ	基本的信頼 対 基本的不信（希望）							

図5-4　エリクソンの心理社会的発達図式
　　　（注）エリクソン（1989：73）より著者作成。

での発達段階で獲得した、あるいは不充分なまま宿題として残してきたものをもう一度見直して再獲得する時期である。そして自分とは何かというある程度の同一性をつくりあげるのが、この時期である。

これまでの発達段階で「基本的信頼感」「自律性」「自主性」「勤勉性」のすべてを確実に自分のものにできている人はいない。青年期をへて大人として成人するには、もう一度ある程度の再獲得を必要とする。その意味で青年期は第2の誕生ともいえ、充分な時間を必要とする。すでに前述したように、青年は外的には、社会の急激な変化と技術革新による新たな価値観を身につけつつ、内的には自我同一性が拡散しないように、新たな自我同一性を獲得しなければならないのである。このように多くの課題を抱えているので、エリクソンのいう大人になるための猶予期間（モラトリアム）としての青年期は、さらに延長せざるをえないといえる。

5 思春期の非行

1 病める子ども心

● 少年非行

最近の新聞の社会面は、校内暴力、家庭内暴力、青少年のシンナー・覚醒剤乱用、非行、自殺、殺人、不登校などの、かんばしくない記事でにぎわっている。

警察庁および総理府の統計によると、主要刑法犯で補導された少年の人口比を1946年から1996年まで逐年的にみると図5-5のようになり、現在（1997年〜）は、1951年、1964年、1983年についで戦後第4のピーク期にあるといわれている。

本図に示すように少年刑法犯の検挙人員と1,000人あたりの人口比は、戦後まもない1946年に111,790人（人口比6.7）であったのが、51年後の1997年には215,629人（人口比14.2）と増加の一途をたどり、人数的には1.9倍、人口比では2.1倍にのぼっている。1997年の成人を含めた全刑法犯検挙人員

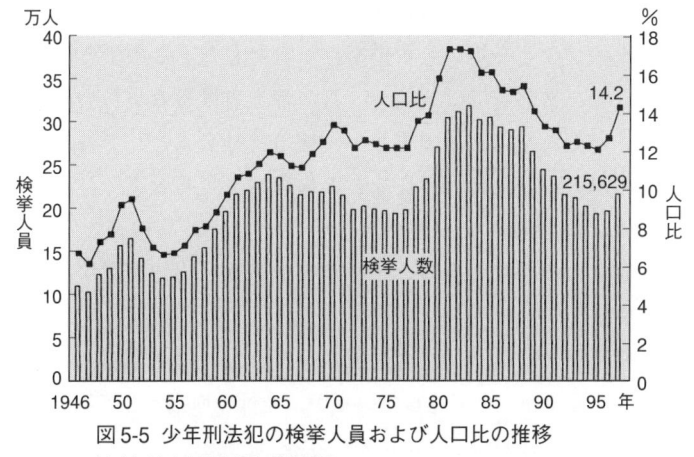

図5-5 少年刑法犯の検挙人員および人口比の推移
(出典) 法務省法務総合研究所編 1998：181。
(注) 1) 警察庁の統計および総務庁統計局の人口資料による。
2) 1970年以降は、触法少年の交通関係業過を除く。

(98万3,585人)のなかで少年が占める割合は21.9％に達している。これらの刑法犯罪のうち、粗暴犯（傷害・恐喝・暴行・脅迫）の増加は著しく（1997年には1万9,145人）、この増勢には、14～15歳の年少少年による校内暴力事件および、17～19歳の暴走族少年の増加が大きく影響していると思われる。1997年の場合、刑法犯のなかでは、窃盗犯（11万8,581人）がもっとも多く、万引き（52.2％）、オートバイ盗（18.1％）、自転車盗（15.6％）、自動車盗（1.9％）など、手段が容易でしかも動機が単純な、いわゆる遊び型非行が多いのが特徴的である。現代の青少年非行の特徴は、①低年齢化、②女子の非行・性的逸脱行動の増加、③集団化（暴走族の増加）、④凶悪化（凶悪犯・粗暴犯の増加）、⑤いきなり型非行（補導歴なし）の増加、⑥享楽・遊び型非行の増加などがあげられる。

図5-5で示した青少年の非行の第4のピーク時期の1997年3月および5月に、わが国中を震撼させた猟奇的な神戸市小学生連続殺傷事件が発生し、文部省が急遽、現地付近の小中学校に臨床心理士を中心としたスクールカウンセラーを派遣し、不安と恐怖を訴える児童とその保護者に心のケアを実施したのは、まだ記憶に新しいところである。その後、1998年1月以降、

栃木県の女教師殺害事件、東京の警察官襲撃事件など、中・高校生によるバタフライナイフなどを用いた殺傷事件が続発した。このような憂うべき状況をふまえて、文部省では1998年2月、都道府県教育委員会課長会議を開催し、①子どもたちに生命の重さ・大切さ、社会人としての基本的ルール、他人への思いやり、自己責任などの倫理観や規範意識を身につけさせてほしいこと、②学校の安全性の確保のため、所持品検査の実施も含め、毅然たる措置をとる必要があることを学校や家庭に周知徹底すること、などを強く要請した。

1995年、総理府では全国の20歳以上の成人約2,000人を対象に「少年非行問題に関する世論調査」を実施しているが、非行の原因として家庭（46.7％）、少年自身（25.4％）、社会環境（18.6％）、学校（2.0％）、その他（7.3％）など

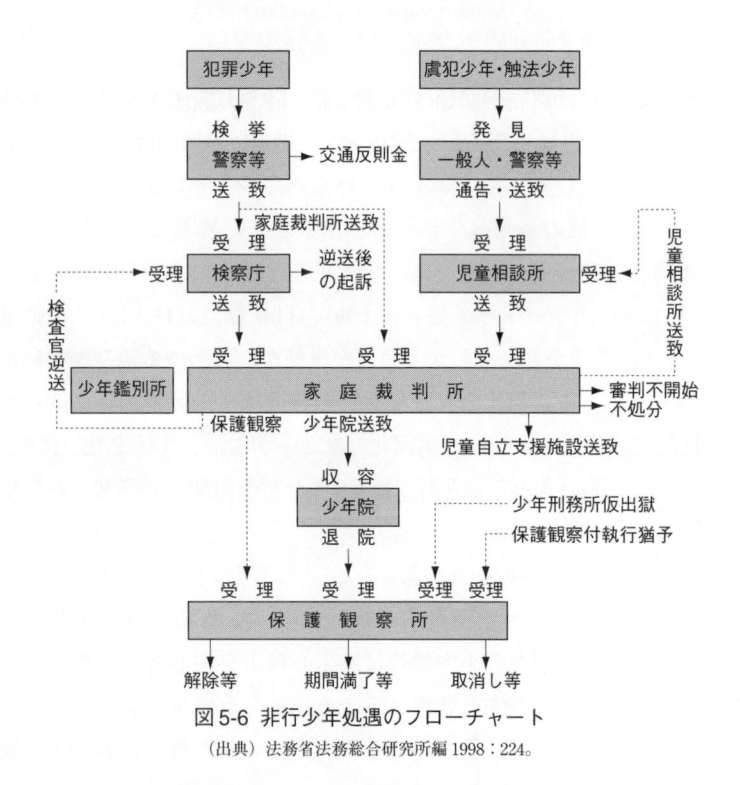

図5-6 非行少年処遇のフローチャート
（出典）法務省法務総合研究所編 1998：224。

が指摘されている。少年非行事件が発生すれば、学校は家庭に、家庭は学校と社会の問題として、お互いに原因をなすり合いしやすいものであるが、本調査の結果では、本人と家庭に問題ありとする見解は否定できないであろう。参考までに、これらの非行少年の処遇の流れをフローチャートにしたのが図5-6である。

2 校内暴力

学校内での教師にたいする暴力、生徒間暴力、器物破損による校内暴力の発生学校数と発生件数を文部省のデータにより示したのが図5-7である。

図5-7のデータで示すとおり、校内暴力は1996年度に公立中学校では全学校数の17.7％にあたる1,862校で8,169件が発生している。一方、公立高校では全学校数の22.0％にあたる918校において2,406件が発生している。合計すると、全中・高等学校の18.9％に相当する2,780校で1万575件が発生していて、1982年に調査が開始されて以来、最多の数値を示している。これらの数値からもわかるように、校内暴力事件のほとんどは中学生によるものである（総理府青少年対策本部編1981：174-218）。この現象は、教員志願者数にも影響をおよぼし、中学教員を敬遠して、小学校教員に殺到すると

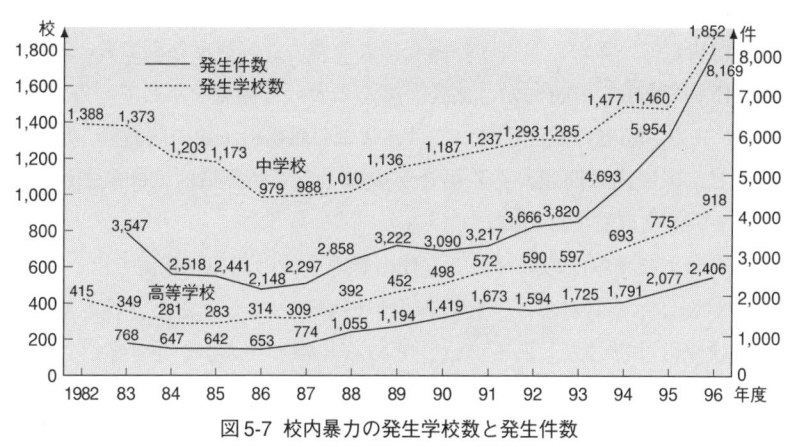

図5-7 校内暴力の発生学校数と発生件数

（出典）文部省編1998：246。
（注）文部省調べ。

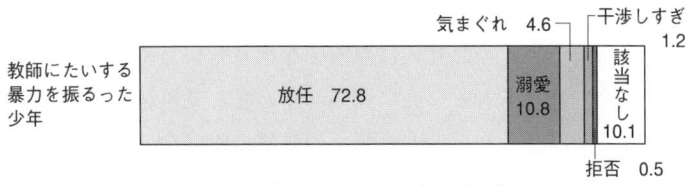

教師にたいする暴力を振るった少年： 放任 72.8 ／ 気まぐれ 4.6 ／ 溺愛 10.8 ／ 干渉しすぎ 1.2 ／ 拒否 0.5 ／ 該当なし 10.1

図5-8 校内暴力児の親の養育態度（％）
（出典）総理府青少年対策本部編1982：204。
（注）警察庁生活安全局の資料による。

いう事態も生じてきている（読売新聞1981年7月7日）。

　これら校内暴力事件に関係した生徒の性格について、文部省の過去の調査では、「気ままな生活を好み、他から規制されると反発する。自己顕示欲や自己中心性が強い」と指摘しており、校内暴力事件の原因・動機をみると、「注意あるいは厳しいしつけへの反発・仕返し」が全体の4分の3を占めており、ついで「威勢を誇示するため」が12.4％と、注意にたいする「反発」あるいは「威勢の誇示」が原因・動機の9割近くを占めている（総理府青少年対策本部編1981：201）。一方、校内暴力事件を起こした生徒の家庭について、文部省の調査では、「養育態度が放任、甘やかし、過保護である」「親が子どものしつけに自信を失い、教育力に欠ける」「母親は教育熱心で口やかましいが、父親は母親に子どもの教育を任せている」とその問題点を指摘しているが、警察庁の調査による親の養育態度をみても、72.8％が「放任」であり、10.8％が「溺愛」であるという結果を示している（図5-8参照）。また、家庭の状況については、父母の離婚、父親の飲酒癖、母親の家出など、家庭内に問題がある場合が少なくなく、経済的には恵まれないことが多いと文部省では指摘している。

　総理府および警察庁の調べによる校内暴力生徒の両親の状況では、「両親あり」が78.7％であるが、一般の青少年の場合とくらべると、校内暴力児の家庭状況は「母のみ」あるいは「父のみ」のケースがかなり多いことを示している。

　つぎに、校内暴力事件の検挙件数を警察庁のデータで示すと図5-9のようになる。これをみると、この20年間で校内暴力事件の検挙人員は、1981年

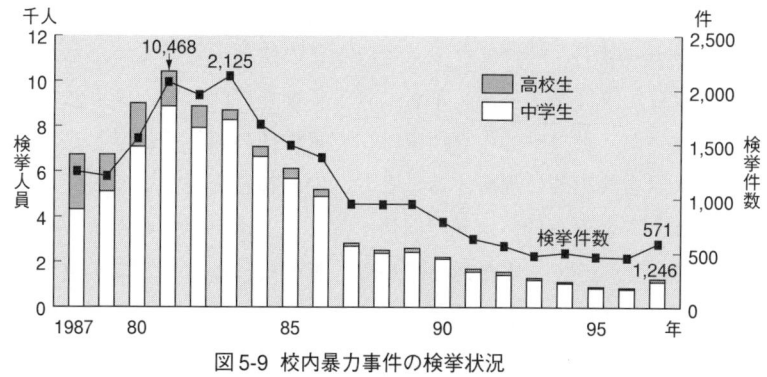

図5-9 校内暴力事件の検挙状況
（出典）法務省法務総合研究所編1998：224。
（注）警察庁生活安全局の資料による。

の1万468件をピークにしてその後急減傾向をたどったが、1997年には前年より349人（38.9％）増加して、1,246人となっている。また検挙人員は、いずれの年次においても圧倒的に中学生が多いことがわかる。

図5-7と図5-9を比較すると一目瞭然であるが、文部省のデータでは校内暴力は未曾有の増加傾向にあるのにたいして、警察庁のそれでは、急減ないし漸減・横ばい傾向にあるということである。このギャップは、多数の学校現場で校内暴力が発生しているにもかかわらず、それらが刑事司法手続きの対象とされず、学校現場で教育的指導ないし停学・退学勧告というかたちで処理されてきたことを表わしている。

1998年3月、文部省では『学校の「抱え込み」から「連携」へ——問題行動への新たな対応』と題する報告を公表した。本報告の主要なポイントを明示すればつぎのとおりである。

① 生徒指導の基本は、教員と児童生徒との信頼関係にあることを基調としつつ、時に毅然とした厳しい対応をすることも必要であること。
② 問題行動への対応について学校は万能ではなく「抱え込み」意識を捨てるべきこと。
③ 「学校における指導体制」と「学校と関係機関との連携」について、緊急対応体制の事例や連携のための手順などを具体的に提示したこと。

もう十数年前になろうが、某県の高校教員が逸脱した高校生を自宅によんで、シンナー吸引、喫煙、ウィスキーなどの飲酒をさせていたとして懲戒免職になった事件があった。筆者は青少年補導に関して、タカ派でもハト派でもないが、教員や心の専門家は、児童生徒の寂しく、空しく、傷ついた心の世界を共感的に理解することと、中枢神経を侵すようなシンナー吸引を許容するような低い次元で同情することとは、似て非なるものであることを認識すべきであると思っている。世の中にはどうしても越えてはならないバウンダリー（境界線）があることを、子どもの前に立ちはだかる社会的規範の壁として対応することが、その職務の一部であることを強調しておきたい。

3　家庭内暴力

つぎに、警察庁が家庭内暴力事件に注目して統計をとりはじめたのは、1980年であったが、同年以降、1997年までの家庭内暴力事犯少年の学識別状況を示したのが図5-10である。

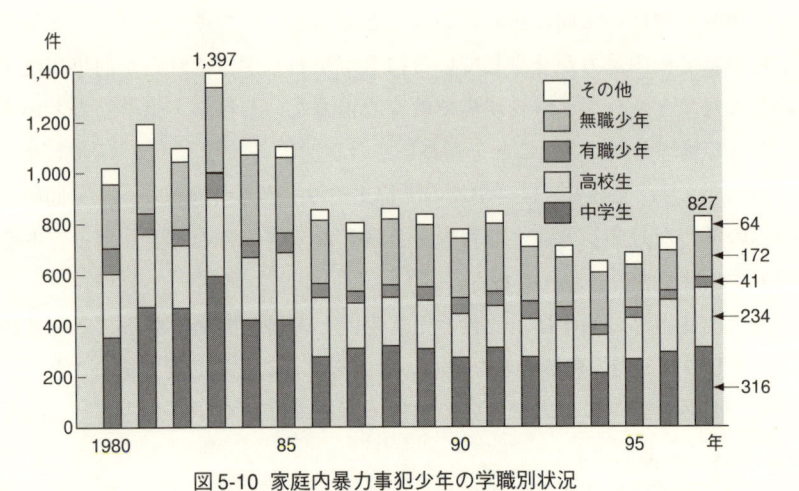

図5-10　家庭内暴力事犯少年の学職別状況
（出典）法務省法務総合研究所編 1998：202。
（注）警察庁生活安全局の資料による。

このデータによれば、1983年、1,397件でピークをむかえ、その後多少の起伏はあるものの漸減傾向をたどったが、1995年ごろからふたたび漸増傾向を示し、1997年には827件（前年比11.2％増）に達している。学識別では中学生（316件、38.2％）、高校生（234件、28.3％）で全体の66.5％を占め、以下無職少年、有職少年、その他の順となっている。

1997年度において被害の対象の大部分は母親で、59.6％ともっとも多く、ついで父親の13.2％、以下、物（家財道具など）が11.1％、同居の親族が10.3％、兄弟姉妹が4.8％、その他が1.0％の順となっている。しかし、この家庭内暴力の問題は、家庭の内部事情に関するものであるだけに、よほど大きな問題に発展しないかぎり、外部へ情報がもれないことが多く、潜在的には、もっと数が多いものと思われる。

総理府青少年対策本部編の『青少年白書』（1981年度版）によると、家庭内暴力少年の性格特性あるいは態度のベスト6は、①わがまま、②耐性がない、③反抗的、④神経質、⑤内向的、⑥依存的、となっている。両親の養育態度は、母親では、溺愛型（19.6％）、干渉過剰型（19.1％）、不安型（17.6％）が多く、父親では拒否型（17.2％）、期待過剰型（13.3％）、厳格型（12.3％）の順となっている（図5-11参照）。

また、母親と父親の養育態度が一致していない不一致型は62.3％にのぼっている。家庭内暴力児の第一反抗期の有無についての調査では、なしが21.6％、不明確が60.4％と、全体の82％を占めている。筆者が関係する発達臨床心理学研究所や、小児クリニックの臨床心理室において、種々の問題で来談する児童、生徒の生育歴についての母親への問診でも、①第一反抗期がないか稀薄、②人見知りがなかった、③後追いや指さしなどがなかった、④育てやすく、いい子であった、⑤幼稚園に入るまで、ほとんど他児と遊ばなかった、というような生育歴が多い。第一反抗期というのは、文字どおり自我形成の一過程であると考えられるので、家庭内暴力児についても自我の未熟さがうかがえよう。

また、家庭内暴力の問題のひとつとして、現代社会における家庭の孤立化が指摘されているが、家庭内暴力の起こった家庭の父母の近所づきあい

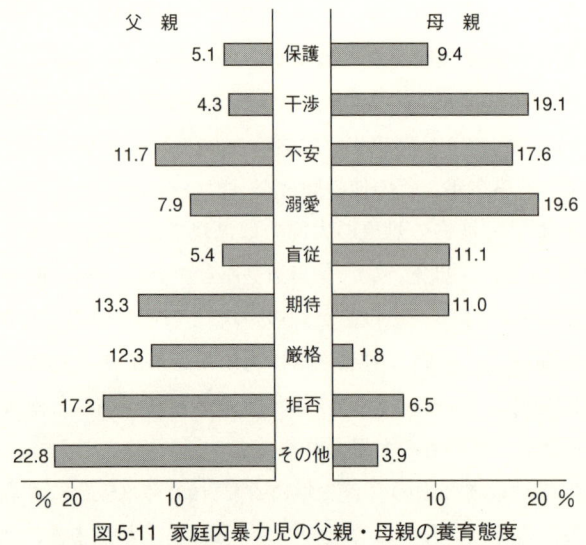

父親		母親
5.1	保護	9.4
4.3	干渉	19.1
11.7	不安	17.6
7.9	溺愛	19.6
5.4	盲従	11.1
13.3	期待	11.0
12.3	厳格	1.8
17.2	拒否	6.5
22.8	その他	3.9

図5-11 家庭内暴力児の父親・母親の養育態度
（出典）総理府青少年対策本部編1982：174-218。

は、なしが48.0％、少ないが42.6％で、9割以上が孤立していることが報告されている（総理府青少年対策本部編1981：205-218）。

　筆者の心理臨床経験では、家庭内暴力、校内暴力、窃盗などの反社会的行動の増加もさることながら、不登校、情緒障害、集団不適応、チック、夜尿、吃音などの自我の未熟さにもとづく非社会的行動や、心身症的問題を呈する児童、生徒も年々増勢の傾向にあると思われる。とりわけ、年少児の場合、心身の発達が未分化なため、ストレッサーに対応する彼らの反応は一過的、易動的、全身的であり、フラストレーションや葛藤によって情緒的に緊張すると心の問題が身体面に表出されることが多い。たとえば、登校拒否という状態像をとらえても、攻撃的段階や自閉的段階にいたるまでに、ごく初期の心気症的段階を経過することが多い。つまり、頭痛、腹痛、吐気、原因不明の高熱などによって登校できないような状態に陥る児童も多いわけである。教育の現場では、とかく身体の問題は医師に、心の問題は家庭と学校にという風潮がなきにしもあらずであるが、われわれ、教育と治療の接点である心理臨床の場に従事する者にとっては、子どもの

心と身体を含めたトータルなものとして子どもの問題行動をとらえていくことの重要性を痛感させられる。

6 ── 家族と学校のなかの思春期

1　思春期の親離れ子離れ

　家庭内暴力（violence in family）ということばは、米国では父親の妻や子どもへの暴力を意味している。日本では前述のように、子どもの親への暴力が注目され、このことばが使われるようになった。これは、思春期の親子関係に強い葛藤が存在することを示している。

　アメリカでは、1946年に出版され半世紀以上もベストセラーを続けている『スッポック博士の育児書』にも明確に書かれているように、乳児は生後6か月以内に別の部屋に寝かされる。生後すぐから親離れの準備がなされて、高校卒業の18歳を過ぎると同時に家から独立することが常識になっている。そして、18歳を過ぎても両親と同居している子どもは、デペンデント（依存的）な子どもとして問題視されるぐらいである。単純な比較によって、日本の子どもたちは依存的であるからよくないと結論づけることはできない。このような子育ての価値観は、個の自立を尊重するアメリカと、集団での協調や一体感を重視する日本の文化とのちがいの表れである。

　図5-12は、家庭での両親との会話の頻度を問うたものである。母親には男女ともにかなり話しているが、父親には男女ともあまり話さない傾向があり、年齢が上昇するにつれて父親との会話の頻度は減少している。

　家庭の問題点について13歳から19歳までと20歳以上それぞれ3,000人に行なった調査（複数回答）によると（図5-13）、20歳以上のものでは「親が子どもを甘やかしすぎている」という回答が倍増している。自分が子どもであるときには、自分の両親が自分を甘やかしていることが問題とは思わないが、20歳を過ぎると世のなかの親は甘い、しつけが不十分、放任しているなど、一般的に親の養育を批判する意見が多くなる。

252

■ 話すほう　■ 非常に話すほう　□ 話さないほう　□ あまり話さないほう

父親との会話の頻度

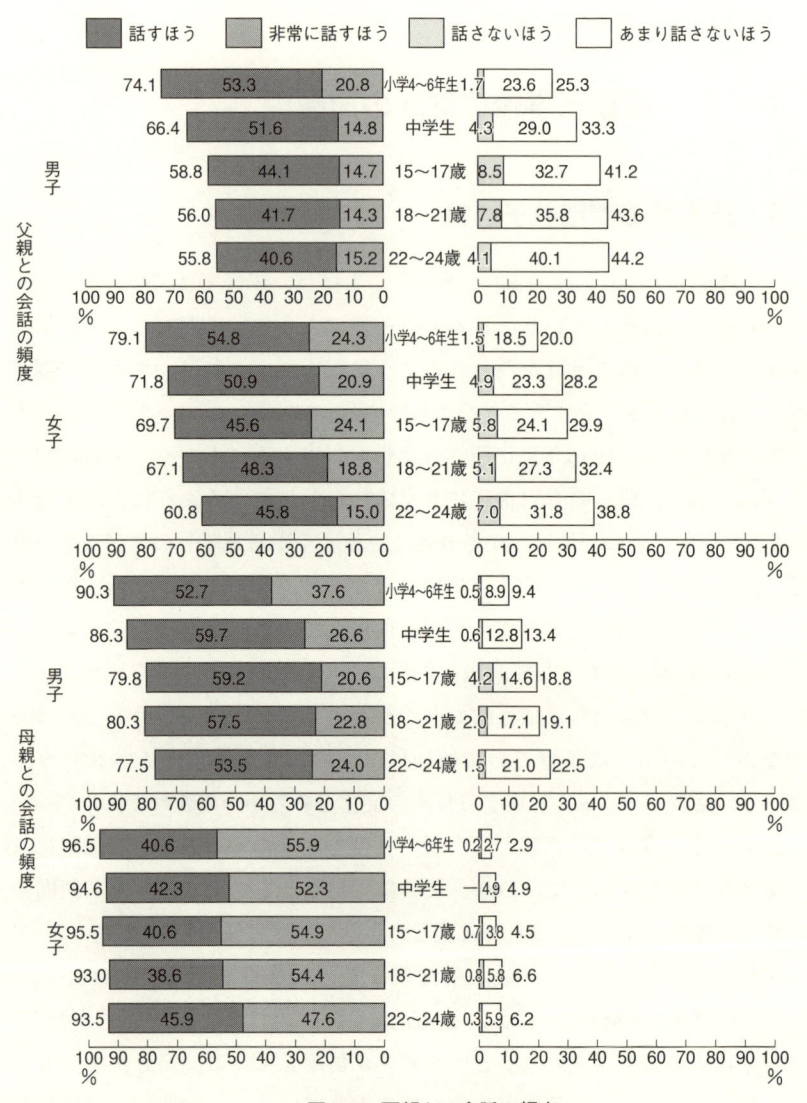

男子
- 小学4～6年生: 74.1 (53.3 | 20.8) 1.7 | 23.6 | 25.3
- 中学生: 66.4 (51.6 | 14.8) 4.3 | 29.0 | 33.3
- 15～17歳: 58.8 (44.1 | 14.7) 8.5 | 32.7 | 41.2
- 18～21歳: 56.0 (41.7 | 14.3) 7.8 | 35.8 | 43.6
- 22～24歳: 55.8 (40.6 | 15.2) 4.1 | 40.1 | 44.2

女子
- 小学4～6年生: 79.1 (54.8 | 24.3) 1.5 | 18.5 | 20.0
- 中学生: 71.8 (50.9 | 20.9) 4.9 | 23.3 | 28.2
- 15～17歳: 69.7 (45.6 | 24.1) 5.8 | 24.1 | 29.9
- 18～21歳: 67.1 (48.3 | 18.8) 5.1 | 27.3 | 32.4
- 22～24歳: 60.8 (45.8 | 15.0) 7.0 | 31.8 | 38.8

母親との会話の頻度

男子
- 小学4～6年生: 90.3 (52.7 | 37.6) 0.5 | 8.9 | 9.4
- 中学生: 86.3 (59.7 | 26.6) 0.6 | 12.8 | 13.4
- 15～17歳: 79.8 (59.2 | 20.6) 4.2 | 14.6 | 18.8
- 18～21歳: 80.3 (57.5 | 22.8) 2.0 | 17.1 | 19.1
- 22～24歳: 77.5 (53.5 | 24.0) 1.5 | 21.0 | 22.5

女子
- 小学4～6年生: 96.5 (40.6 | 55.9) 0.2 | 2.7 | 2.9
- 中学生: 94.6 (42.3 | 52.3) — | 4.9 | 4.9
- 15～17歳: 95.5 (40.6 | 54.9) 0.7 | 3.8 | 4.5
- 18～21歳: 93.0 (38.6 | 54.4) 0.8 | 5.8 | 6.6
- 22～24歳: 93.5 (45.9 | 47.6) 0.3 | 5.9 | 6.2

図 5-12 両親との会話の頻度

（出典）総理府青少年対策本部編 1996：28-30。

V 思春期の発達と臨床　253

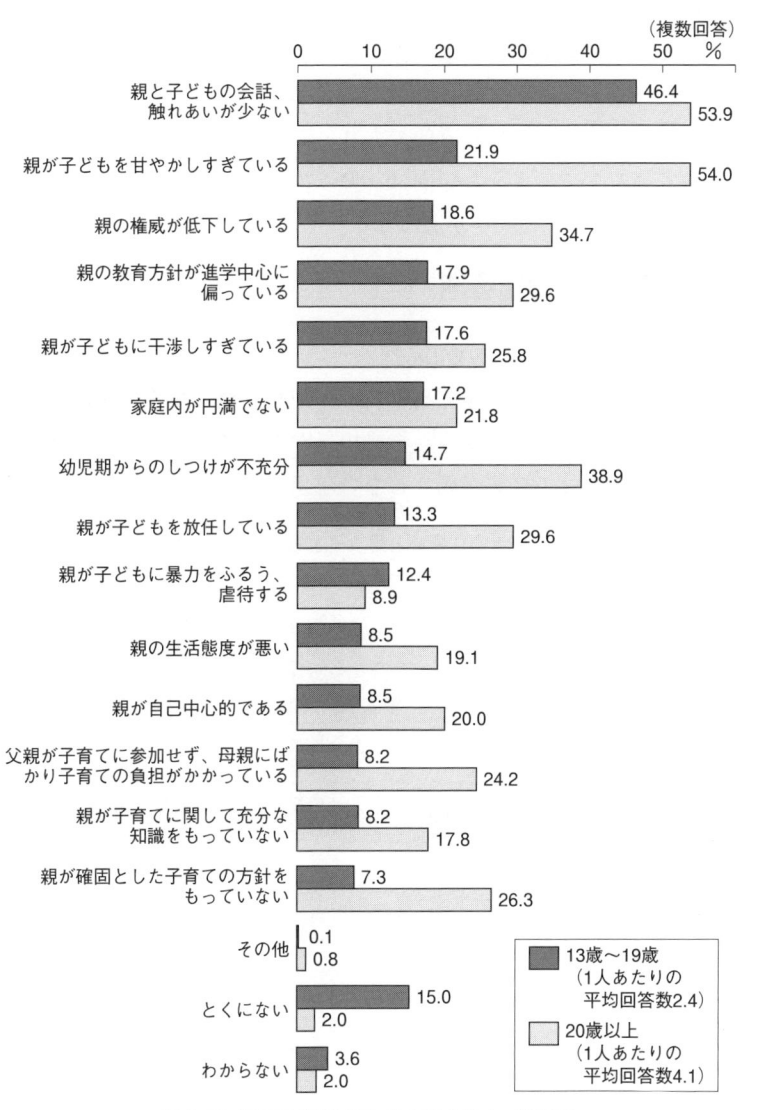

家庭の問題点	13歳～19歳	20歳以上
親と子どもの会話、触れあいが少ない	46.4	53.9
親が子どもを甘やかしすぎている	21.9	54.0
親の権威が低下している	18.6	34.7
親の教育方針が進学中心に偏っている	17.9	29.6
親が子どもに干渉しすぎている	17.6	25.8
家庭内が円満でない	17.2	21.8
幼児期からのしつけが不充分	14.7	38.9
親が子どもを放任している	13.3	29.6
親が子どもに暴力をふるう、虐待する	12.4	8.9
親の生活態度が悪い	8.5	19.1
親が自己中心的である	8.5	20.0
父親が子育てに参加せず、母親にばかり子育ての負担がかかっている	8.2	24.2
親が子育てに関して充分な知識をもっていない	8.2	17.8
親が確固とした子育ての方針をもっていない	7.3	26.3
その他	0.1	0.8
とくにない	15.0	2.0
わからない	3.6	2.0

（複数回答）
13歳～19歳（1人あたりの平均回答数2.4）
20歳以上（1人あたりの平均回答数4.1）

図5-13　家庭の問題点をどう考えるか（1998）
（出典）総理府青少年対策本部編1999：76。

親自身は子どもにたいして甘くなっているのだろうか。子どもの行為にたいする許容度の変化を中・高校生をもつ父親・母親に問うたものが表5-5である。10年前にくらべてかなり許容的な傾向がみられる。とくに服装や容姿については両親ともに許容的であり、父親は飲酒についての許容度が高くなっている。このような傾向は、個々の家庭のなかの問題というより、日本の文化として考える必要があろう。

2 学校のなかの思春期

◉ 学級崩壊とキレル心理・いじめの心理

ここ数年、中学校だけでなく小学校で深刻な問題となってきたのが「学級崩壊」とよばれるものである。学級担任がクラスの子どもたちをコントロールできなくなって授業が成立しない現象である。担任にたいする反抗

表5-5 親がとくに悪いと思う子どもの行為（複数回答）
%

選択肢／調査年		1982年	1987年	1992年
1. 友達と酒を飲む	父親	58.5	52.3	46.6
	母親	67.1	59.8	62.2
2. タバコをすう	父親	64.3	63.5	58.7
	母親	71.4	69.0	71.3
3. 学校の物をこわす	父親	59.0	54.1	52.5
	母親	64.6	58.2	62.3
4. 学校の規則に合わない服装をする	父親	57.1	41.4	32.4
	母親	61.1	38.8	34.8
5. 学校の規則に合わない髪型をする	父親	53.3	37.5	27.1
	母親	55.4	32.9	29.9
6. オートバイ・バイクに乗る	父親	43.8	38.6	33.4
	母親	54.3	43.8	43.8
7. 口紅やマニキュアをつける	父親	56.6	49.9	40.7
	母親	61.7	48.4	45.5
8. パーマをかける	父親	50.2	40.1	30.7
	母親	55.2	39.4	35.8
9. 学校をさぼってブラブラする	父親	70.1	71.6	69.2
	母親	75.7	73.5	76.6
10. 無回答	父親	18.4	15.4	17.1
	母親	14.3	12.7	8.6

（出典）総理府青少年対策本部編 1999：84。

がクラスの過半数の子どもに生じて、先生に従ったり同情を示す子どもは徹底的に排除される。このようなメカニズムは、「いじめ」に酷似している。学級内の「いじめ」を発見しそれを根絶できない教師であることが子どもに見抜かれると、学級そのものの秩序さえ失われてしまうといえる。NHKスペシャルで全国に生々しく放映され大きな衝撃を与えたNHKの調査では、12学級に1学級の割合（8％）で学級崩壊が生じている。「日本教職員組合」の調査では、小学校の教師の約5割が「自分のクラスでも崩壊の可能性がある」とのべている。1999年2月に文部省から委託された「学級経営研究会」は、学級がうまく機能しない状況にある小学校102学級の事例を分析して中間報告を出した。全体の7割は、担任の指導が柔軟さを欠いていることを指摘しているが、残りの3割は指導力のある教師をもってしても、かなり指導困難な学級が存在すると提起している。このような学級を体験した子どもが思春期に入ると、どうなるのであろうか。

中学生の衝動的暴力も注目されている。1998年の女教師刺殺事件以来連続して発生したナイフ事件によって、中学生のキレル心理が注目されている。キレルとは、何かのきっかけで頭のなかが真っ白になり、前後の見境なく通常では考えられない行動をとってしまうことである。図5-14は、青少年自身についての問題点の認識を問うものである。忍耐力がない、自分の感情をうまくコントロールできない、自己中心的であるなどが高い割合を示している。20歳を過ぎた青年層（青少年対策では24歳までを対象にしている）のほうがより高くなっているのは、自分をより厳しく見つめるようになったためと考えられる。

● **不登校と無気力**

不登校、学校嫌いの現象が、日本で問題になりはじめたのは1958年ごろからのことである。当初は、学校恐怖症というよび名がつけられ、子どものノイローゼとみなされていた。どちらかというと知能も高くこれまで親を心配させたことのない「よい子」が、急に登校時になると頭痛や腹痛、発熱、下痢を訴えて学校へ行けなくなる。やがて、なだめてもすかしてもテコでも動かない。放課後になると、家の外に出ていたり、明日は学校に

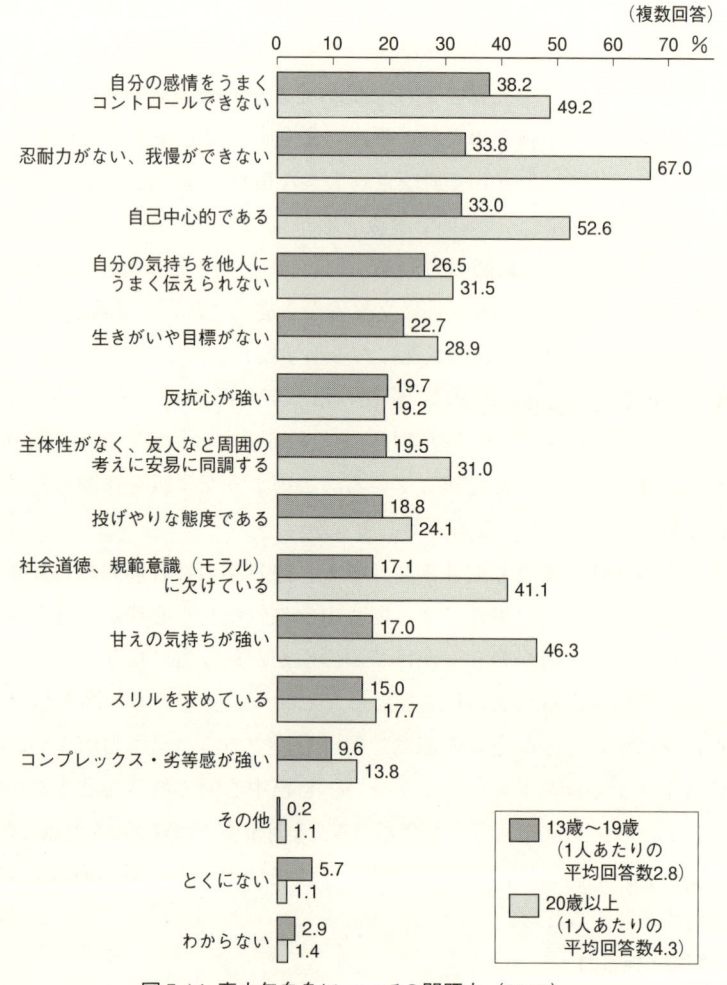

図5-14 青少年自身についての問題点（1998）

項目	13歳〜19歳	20歳以上
自分の感情をうまくコントロールできない	38.2	49.2
忍耐力がない、我慢ができない	33.8	67.0
自己中心的である	33.0	52.6
自分の気持ちを他人にうまく伝えられない	26.5	31.5
生きがいや目標がない	22.7	28.9
反抗心が強い	19.7	19.2
主体性がなく、友人など周囲の考えに安易に同調する	19.5	31.0
投げやりな態度である	18.8	24.1
社会道徳、規範意識（モラル）に欠けている	17.1	41.1
甘えの気持ちが強い	17.0	46.3
スリルを求めている	15.0	17.7
コンプレックス・劣等感が強い	9.6	13.8
その他	0.2	1.1
とくにない	5.7	1.1
わからない	2.9	1.4

（複数回答）

13歳〜19歳（1人あたりの平均回答数2.8）
20歳以上（1人あたりの平均回答数4.3）

（出典）総理府青少年対策本部 1999：34。

行くと時間割を合わせたりするが、翌朝になるとやはり行くことができない。2週間、1か月と続くと、ますます行けなくなる。

　不登校の原因については、当初は母子分離不安が有力視された。母親からはじめて離れて幼稚園や保育所などの集団に参加するときに、母親から

離れることに強い不安が生じる。小学校高学年や中学生以降の不登校を、この母子分離説で説明することはできない。しかし、不登校の子どもの背後には、社会の規範や行動原理を子どもに伝授すべき父性性が弱く、子どもを抱え込み窒息させてしまいかねない母性性の強さがあると指摘されている。このことは不登校の子どもの家庭以外でもいえることであり、弱い父性性と強い母性性が日本の文化の特徴ともいえる。

不登校は、どの家庭にも起こりうる可能性があると1990年代半ばに文部省が認めるようになった。不登校が、子ども個人の心理的特性を越えて、いじめや学級崩壊、あまりにも進学を重視する学校体制など、戦後日本の教育の歪みの現われのひとつであるという認識である。図5-15にもあるように、不登校児童生徒は1997年度には小学生では2万人、中学生では8万人を超えている。

不登校の子ども個人個人をみると、学校集団に適応できない原因は数々である。ところが不登校が長期化すると、思春期に同性同年代の友達を獲

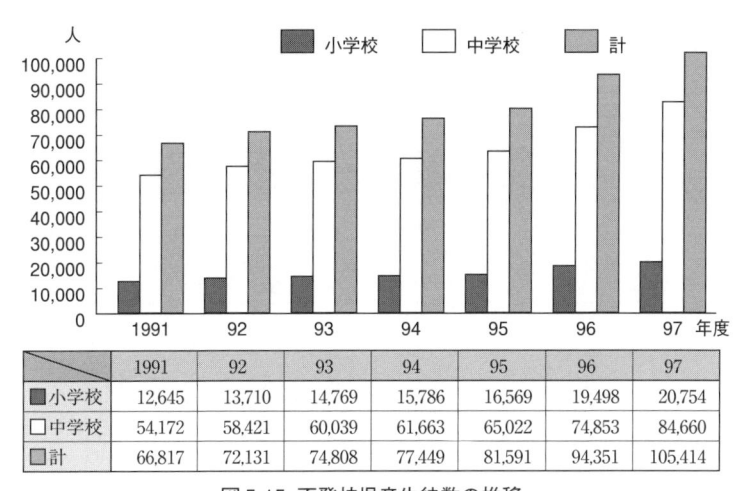

	1991	92	93	94	95	96	97
■小学校	12,645	13,710	14,769	15,786	16,569	19,498	20,754
□中学校	54,172	58,421	60,039	61,663	65,022	74,853	84,660
■計	66,817	72,131	74,808	77,449	81,591	94,351	105,414

図5-15 不登校児童生徒数の推移

(出典) 文部省1998。
(注) 1) 年度間に通算30日以上欠席した児童生徒数である。
    2) 1997年度は速報値である。

得できなくなり、自分を確立することに長く苦しむことも多い。あるいは、友達集団を失うことを恐れて友達集団からの「いじめ」にひたすら耐え続ける子どもたちもいる。そうした苦しみや心の傷こそ問題にされなければならないだろう。

思春期の子どもたちの多くは、生きがいや学校の意義を友達をつくり、友達と楽しく過ごすことに見出している（表5-6、表5-7）。子どもたちの教育の責任を家庭と学校で押しつけあいをしても解決にはならない。現在の学校教育体制をより柔軟な、複線のものにすることで魅力あるものをめざすとともに、学校以外に思春期の仲間が集える多彩な場所をつくれるよう、学校と家庭と地域社会が変わる必要があろう。

無気力の問題は、スチューデント・アパシーとして偏差値の高い国立大学を中心として問題にされている。高い学力をもちかなり自我が成熟しているのに、大学に入学すると学校には足を向けないで趣味やアルバイトのみにエネルギーを注ぐ青年である。笠原は、思春期の神経症の不登校と大学生のスチューデント・アパシーの類似点をあげ、思春期の神経症的不登

表5-6 学校生活の意義（複数回答）

男子 %

調査対象者 \ 順位	1	2	3	4	5	6
高校生	友達との友情をはぐくむ	進学や就職のため学歴や資格を得る	一般的・基礎的知識を身につける	自分の才能を伸ばす	自由な時間を楽しむ	先生の人柄や生き方に学ぶ
	53.8	49.9	41.4	20.6	18.0	9.6

女子 %

調査対象者 \ 順位	1	2	3	4	5	6
高校生	友達との友情をはぐくむ	進学や就職のため学歴や資格を得る	一般的・基礎的知識を身につける	自由な時間を楽しむ	自分の才能を伸ばす	先生の人柄や生き方に学ぶ
	71.4	59.2	53.3	21.9	17.5	10.6

（出典）総理府青少年対策本部 1996：51、52。

校を大学生のスチューデント・アパシーの前駆的形態とみて、アイデンティティをめぐる葛藤とみることができると指摘している（笠原1977）。思春期の不登校には、自分はいったい何者か、自分はいったい何をめざして何になろうとすればよいのかという悩みが潜んでいるといえよう。その意味では不登校のきっかけが、成績の急落やクラブ活動の挫折、友人仲間からの仲間外れであっても、それが自分のとりあえずのアイデンティティを失わせたと考えれば、うなずけることである。ただ、それらの出来事に耐える力が育っていない、それほど不安定であるということができる。

表5-7 生きがいを感じるとき（複数回答）

男 子 %

調査対象者＼順位	1	2	3	4	5	6	7	8	9
15〜17歳	友人や仲間といるとき 64.1	スポーツや趣味に打ち込んでいるとき 59.7	親しい異性といるとき 17.3	家族といるとき 11.5	他人にわずらわされず、ひとりでいるとき 9.5	社会のために役立つことをしているとき 7.5	仕事に打ち込んでいるとき 7.1	勉強に打ち込んでいるとき 7.1	生きがいを感じるときはない 4.4
18〜21歳	友人や仲間といるとき 61.2	スポーツや趣味に打ち込んでいるとき 58.0	親しい異性といるとき 23.9	仕事に打ち込んでいるとき 17.0	家族といるとき 10.1	他人にわずらわされず、ひとりでいるとき 8.6	勉強に打ち込んでいるとき 8.0	社会のために役立つことをしているとき 7.8	生きがいを感じるときはない 3.7

女 子 %

調査対象者＼順位	1	2	3	4	5	6	7	8	9
15〜17歳	友人や仲間といるとき 74.8	スポーツや趣味に打ち込んでいるとき 41.7	家族といるとき 20.7	親しい異性といるとき 19.3	他人にわずらわされず、ひとりでいるとき 10.7	社会のために役立つことをしているとき 9.0	勉強に打ち込んでいるとき 8.3	仕事に打ち込んでいるとき 3.1	生きがいを感じるときはない 2.8
18〜21歳	友人や仲間といるとき 68.7	スポーツや趣味に打ち込んでいるとき 42.6	親しい異性といるとき 25.9	家族といるとき 25.1	仕事に打ち込んでいるとき 17.0	他人にわずらわされず、ひとりでいるとき 10.0	勉強に打ち込んでいるとき 9.7	社会のために役立つことをしているとき 7.5	生きがいを感じるときはない 3.8

（出典）総理府青少年対策本部 1996：119。

7 ── 思春期の心の病とその治療

　思春期の心の病について、対人恐怖、摂食障害そして不登校、スチューデント・アパシーなどをのべてきた。思春期は、身体が大きく変化し心も大きく変化せざるをえない時期である。笠原（1976）の表わした思春期青年期の好発病像の図を示す（図5-16）。ここでは、それぞれの病状についてくわしくのべる余裕はないが、その治療の一部をのべることにしたい。

1　個人心理療法

　子どもの心理療法では、母子並行面接によって母親の面接に並行して遊戯治療が行なわれる。子ども自身がひとりで通えないこと、母親の養育相

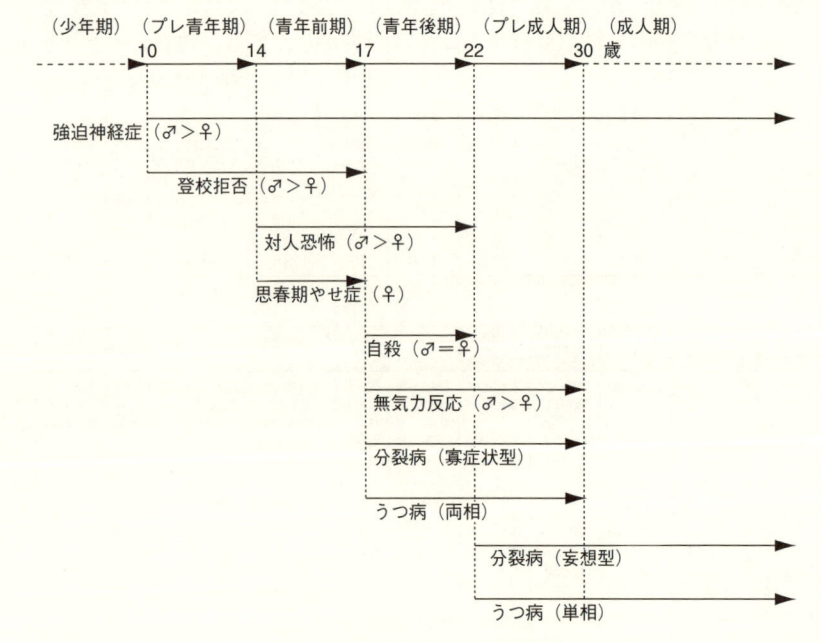

図5-16　青年期各期の好発病像

（出典）笠原ほか編 1976：19。

談に応じること、そして子どもの自然な自己治癒力、発達のエネルギーが遊びをとおして、治療者との相互関係のなかで醸成されるのを待つという意味がある。思春期以降のクライアントの場合も、基本的には同様である。ひとりで通えるなら、並行面接にする必要はない。本人が親との葛藤を意識しているなら、親が通ってくることを嫌がり拒否するかもしれない。すべての子どもが拒否するとは限らない。むしろ親もカウンセリングに通うべきだと主張する子どももいる。親のほうも不安が大きいので、親の面接にとりくむことが有益な場合も多い。

思春期のクライエントは、自分で自分のことを悩めないことも多い。ことばに出して何に困っていると訴えにくいのである。「ただなんとなく」「何かわからないけど」「べつに」という表現を多用する。直接に自分が困っている事柄をことばにできるまでに、あるいは、それがことばになってくるまでに、まずカウンセラーとの居心地のよい関係ができなければならない。自分の悩みを鋭く自覚することはむずかしくても、他者（カウンセラーももちろん含まれる）の気持ちを鋭く読みとることができるのが思春期のクライエントである。

カウンセラーとの居心地のよい関係になるには、先生でもない、親でもない、あたりまえの大人でもない、つまり「この人（カウンセラー）は、何かわからないけど、ちょっとちがう」という感じが伝わる必要がある。もちろん、自分のことに真剣になってくれ自分を大切に思ってくれているという感じが前提である。それが先生や親やあたりまえの大人とはちょっとちがうという感じである。思春期の子どもとの話題のチャンネルを見出すには、彼らが興味をもっていること、彼個人が興味をもっていることに同じように関心を向ける柔軟性も必要になる。

ことばのみのカウンセリングだけではなく、さまざま種類の描画や粘土、コラージュ、そして箱庭などの製作を試みるのはもちろん、マンガや音楽、ファッションやタレント、テレビやパソコンゲームなどへの関心が、コミュニケーションの水路を開いてくれる。

2 親面接から家族療法の試みへ

　親の面接にも、特別の技法を必要とする。子どものことで呼び出される、叱られるという感覚をどの親も、もちがちである。子どものために、いやな気持ちを押さえて来ておられる。自分の子どもが期待どおりに育っていないという悲しみ、落ちこぼれてしまったという嘆き。そうした感情は、だれもわかってくれないから、心に隠しておくというのが、親の心情である。子どもとのカウンセリングと同様に、カウンセラーとの間に、居心地のよい関係ができる必要がある。とはいっても、子ども本人とは異なって、親には、いったいどのように子どものことを考え対処したらよいのかという、差し迫った要求が生じている。思春期以降の親にとっては、そのような現実的な対応方法について応えてくれるカウンセラーこそ信頼に値すると感じることも多い。「叱ったほうがよいでしょうか」「どうしたら学校に行かせられるでしょうか」「いったい治るのでしょうか」。このような矢継ぎ早の質問に具体的に答えることができるかどうかが、治療を左右するのではない。このようにすればよいという処方箋・ハウツーがあったとしても、この子ども、この親にぴったりのものはないのである。ぴったりに思えても、そのとおりにできないからこそ親の苦しみは深いといえる。

　親自身を悩めるひとりのクライエントとして、一対一の個人療法カウンセリングとみなして、親面接を行なう方法もある。これは親自身の自分を振り返ったり、自分を変えたいという強いモチベーションを前提とする。上記の居心地のよさが、このようなモチベーションを生じさせることも多い。しかし、ハウツーを求めているのに、親のカウンセリングが必要だといわれれば抵抗したくなる親の気持ちも無理からぬことであろう。

　現在のところ、思春期の保護者面接には、家族療法的な考え方がかなり有効ではないかと思われる。家族の個人を問題にしない、つまり家族のなかの誰が悪いのかという悪者さがしをいっさいしない考え方である。家族をひとつのシステムととらえることで、そのシステムの何らかの行きづまりが、クライエントの問題や症状として生じている。いや、思春期のクラ

イエントは、そのシステムを変えようとして問題や症状を出してきている。カウンセラーは、保護者にそういう考え方を伝える。家族のあり方を、コミュニケーションや日常生活の具体例からどのように変えることができるかを、いっしょに考えてみましょうというのが家族療法の考え方である。こうした面接は、家族全員が集まらなくも、母親ひとりでも、父親ひとりであっても可能である。

コラム　思春期と学校臨床

　戦後半世紀をへて、日本の学校教育は曲がり角を迎えた。いうまでもなく、校内暴力、不登校、いじめなどの問題が、さらに進んで学級崩壊、学校崩壊ということばとしても知られるようになった。一部の学校や生徒だけの問題に限定してその解決法をさぐるという、従来の対処療法型の対応策では、対応できなくなったからである。

　大学・短大への進学率が50％を超すという高学歴社会にあって、一方では少子化現象によって、日本の総人口に占める青少年人口（0〜24歳）の割合は、1997年には29.3％にまで減少した。ますます高齢化する日本の社会の将来を支えるべき、数少ない青少年の教育が、学校教育を中心に揺らいでいる。

　日本の学校教育は、明治の学制発布、終戦後の民主教育に続いて、第3の教育改革の時代を迎えたといえる。これまでの追いつけ追い越せ型の「教える」教育から、「育む」教育への改革である。文部省の施策の基本方針は、①個性を生かす教育、②教員の資質能力の向上、③教育相談体制の整備である。この教育相談体制の整備のひとつがスクールカウンセラーを学校のなかに導入しようとするものである。

　文部省は1995年度より「スクールカウンセラー活用調査研究事業」を開始し、臨床心理士を中心とした非常勤カウンセラーが公立の小学校・中学校・高等学校に派遣されることになった。1995年度は、全国で154校、96年度は553校、97年度は1056校、98年度は1661校と、4年間で約10

倍に増加している。その90％が臨床心理士である。数年後には、すべての公立中学校にスクールカウンセラーを派遣するための施策の準備が進められている。

　閉ざされた学校組織のなかに、教員ではない中立性をもつ心の専門家の学校臨床心理士（スクールカウンセラー）がはじめて派遣されるのは、画期的なことである。とくに中学生時期は、人格形成にとって同年齢集団の存在が大きな意味をもつ時期であるだけに、学校集団に適応できない生徒個人にたいして、生きたカウンセラーが学校に存在することは大きい。教師は、内申書を作成し偏差値にしたがって進路指導をしなければならない。担任であれば、自分のクラスから1人でも落ちこぼれや問題児を出したくないという意識が強くなる。評価をしなければならない教師にとっては、授業や学校集団に入れない生徒を甘く評価することはできない。教師の業務は多彩で多忙である。そのなかで登校してこない生徒にじっくり向かいあう余裕はない。学校臨床心理士は、進級や退学、処罰にはまったく加担しない非審判者という中立の立場である。心の専門家として生徒や保護者の「心に添い」つつ、生徒や保護者に自己解決の力が生じるのをともに苦しみながら待つことをするのである。

参考文献一覧

秋山さと子　1978『ユング心理学からみた――子どもの深層』海鳴社。
アクスライン、V. M.　1972『遊戯療法』小林治夫訳、岩崎学術出版（Axline, V. M. 1947. *Play therapy*. Houghton Mifflin.）。
東洋　1964『自我の社会心理』誠信書房。
東洋ほか編　1973『心理学用語の基礎知識』有斐閣。
東豊　1993『セラピスト入門』日本評論社。
東豊　1997『セラピストの技法』日本評論社。
天岩静子　1973「Piaget における保存の概念に関する研究」『教育心理学研究』21。
アメリカ精神医学会　1995『DSM-Ⅳ　精神疾患の分類と診断の手引き』高橋三郎・大野裕・染矢俊幸訳、医学書院（American Psychiatric Association 1994 *Quick reference to the diagnostic criteria from DSM-Ⅳ*.）。
アリエス、P.　1980『〈子供〉の誕生』杉山光信・杉山恵美子訳、みすず書房。
安藤照子　1980「関係概念の発達」園原太郎編『認知の発達』培風館。
飯島篤信ほか編　1973『児童学ハンドブック』朝倉書店。
生澤雅夫ほか編　1985『新版K式発達検査法』嶋津峯眞監修ほか著、ナカニシヤ出版。
池見酉次郎　1973『続・心療内科』中央公論社。
石川中　1978『心身医学入門』南山堂。
伊東恵子　1979「新生児期、乳児期における追視行動の発達」『児童精神医学とその近接領域』20（3）。
伊藤隆二　1979「発達障害とは――心理学の立場から」『発達障害研究』1。
伊藤隆二　1981a「児童の発達課題」北尾倫彦編著『教職心理学講座2　児童心理学』第一法規。
伊藤隆二　1981b「脳と知的機能発達の障害」『教育心理』29。
稲村博ほか編　1988『性――親と教師のための思春期学2』日本報道記者会。
井上健治　1975「子どもにとって親とは何か」『東京大学公開講座17　親と子』東京大学出版会。
井上太郎　1976「生体としての女性と男性」『からだの科学』67、日本評論社。
岩井勇児　1969「道徳性の発達」岡本夏木ほか編『児童心理学講座7』金子書房。
岩田泰子　1998「子どもの心身症――入院の適応」『小児科診療』61（2）。
ヴィゴツキー、L. S.　1962『思考と言語』柴田義松訳、明治図書。
上田敏見　1953「恐れの情緒に関する発達的研究1」『奈良学芸大学紀要』3（1）別冊。
氏原寛　1975『カウンセリングの実際』創元社。
氏原寛ほか編　1990『現代青年心理学』培風館。
内山喜久雄・高野清純　1976『心理療法の技術と実際』日本文化科学社。
梅本堯夫編著　1981『教育心理学』第一法規。
瓜生淑子　1994「言語獲得の原理」横山正幸ほか『保育内容領域言葉』北大路書房。
エヴァンズ、R. I.　1980『エリクソンは語る――アイデンティティの心理学』岡堂哲雄・中園正身訳、新曜社（Evans, R. I. 1967. *Dialogue with Erik Erikson*. Harper & Row.）。
江口仁子・吉岡美智子　1966「児童の成就欲求――成就欲求と成就理由の関係」桂広介ほか監修、1971『児童心理学講座・情緒・欲求・動機』金子書房。
NHKテレビ放送局　1987「クローズアップ　知っていますか？　赤ちゃんからのメッセージ　母と子のきずな」。
エリアーデ、M.　1971『生と再生』堀一郎訳、東京大学出版会。
エリクソン、E. H.　1973『自己同一性――アイデンティティとライフサイクル』小此木啓吾

ほか訳、誠信書房（Erikson, E. H. 1959. *Identity and the life cycle*. International University Press.）。
エリクソン、E. H. 1977『幼児期と社会 I』仁科弥生訳、みすず書房（Erikson, E. H. 1963 *Childhood and society*. Norton & Company.）。
エリクソン、E. H. 1989『ライフサイクル、その完結』村瀬孝雄ほか訳、みすず書房。
大倉興司　1974『人類遺伝学入門』医学書院。
大場幸夫・沢文治・加藤一光　1976「児童の社会的行動に関する研究 II、III」『日本保育学会大会研究論文集』。
大原健士郎　1970「発達心理学的にみた欲求不満」『現代のエスプリ』41。
オールポート、G. W.　1968『人格心理学』今田恵監訳、誠信書房（Allport, G. W. 1961 *Pattern and growth in personality*. Holt Rinehart and Winston.）。
隠岐忠彦　1979『乳児の発達——ヒトからひとへの道』ミネルヴァ書房。
岡田康伸　1979「遊戯療法」藤永保ほか編『臨床心理学』有斐閣。
岡田洋子　1978「社会的発達」東京都私立短期大学協会編『児童心理学』酒井書店・育英堂。
岡宏子　1958「発達過程の研究（その3）——乳児期における精神発達過程の一研究」『日本心理学会　第22回大会論文抄』。
岡宏子　1968「言語化過程の分析（13）——干渉と促進の問題」『日本心理学会　第32回大会論文集』。
岡宏子　1970「乳児期の発達」依田新・東洋編『児童心理学』新曜社。
岡本夏木　1977「ピアジェの知能の発生的段階説」村井潤一編『発達の理論——発達と教育・その基本問題を考える』ミネルヴァ書房。
岡本夏木　1980『子どもとことば』岩波書店。
小此木啓吾　1982「親離れを考える」『教育と医学』30（3）。
越智信子　1972「児童のロールシャッハ反応の逐年的研究——幼児期より小学6年まで8年間の推移」『ロールシャッハ研究』14。
学習研究社　1997「小学生の学校生活——20年前と今の小学生比べ」『教育アンケート調査年鑑　1998版（上）』創育社。
竺原俊行・青木康子ほか　1980『母子保健』日本看護協会出版会。
笠原嘉　1977『青年期』中公新書。
笠原嘉・清水将之ほか編　1976『青年の精神病理1』弘文社。
加藤義信　1993「身体イメージ」『児童心理学の進歩』32。
河合隼雄　1965『カウンセリングの実際問題』誠信書房。
河合隼雄　1967『ユング心理学入門』培風館。
河合隼雄　1970『カウンセリングの実際問題』誠信書房。
河合隼雄　1977『昔話の深層』福音館。
河合隼雄　1980『家族関係を考える』講談社現代新書。
河合隼雄　1983『大人になることのむずかしさ——青年期の問題』岩波書店。
河合隼雄　1999「「日本人」という病」潮出版社。
河合隼雄編　1969『箱庭療法入門』誠信書房。
岸田元美　1959「児童と教師の人間関係の研究 II」『教育心理学研究』7（2）。
北尾倫彦ほか　1974『幼児の精神発達と学習』創元社。
ギル、E.　1997『虐待を受けた子どものプレイセラピー』西澤哲訳、誠信書房（Gil, E. 1991 *The healing power of play*. Guilford）。
空間認知の発達研究会編　1995『空間に生きる——空間認知の発達的研究』北大路書房。
桑原武夫　1969『ルソー』岩波書店。
黒田実郎　1975「発達段階とその諸相」藤永保ほか編『幼児心理学講座1　発達と学習』日本文化科学社。

黒丸正四郎　1968『子供の精神障害』創元社.
ケイガン，J.　1979『子どもの人格発達』三宅和夫監訳，川島書店（Kagan, J. 1971 *Personality development*. Harcourt Brace Jovanovich, Inc.）．
ゲゼル，A.　1967『狼に育てられた子』生月雅子訳，家政教育社（Gesell, A. 1941 *Wolf child and human child*. Harper & Brothers.）．
ゲゼル，A.　1968『乳幼児の発達と指導』依田新・岡宏子訳，家政教育社．
厚生省　1991『平成2年　乳幼児身体発育調査結果報告書』．
厚生省　1994『母子衛生の主なる統計』．
厚生省　1998『厚生白書　平成10年版』．
厚生省児童家庭局監修　1999『子ども虐待対応の手引き』．
厚生省大臣官房統計情報部　1999『平成10年　人口動態統計月報年計（概数）の概況』．
河野義章　1988「教師の親和的手がかりが子どもの学習に及ぼす効果」『教育心理学研究』36．
国分康孝　1980『カウンセリングの理論』誠信書房．
国立国語研究所　1972『幼児の読み書き能力』東京書籍．
小嶋謙四郎　1969『母子関係と子どもの性格』川島書店．
小嶋秀夫　1975「攻撃性」藤永保・高野清純編『幼児心理学講座3　パーソナリティの発達』日本文化科学社．
小嶋秀夫編　1989『乳幼児の社会的世界』有斐閣．
小嶋秀夫・内山伊知郎・宮川充司　1986「家族関係インベントリー（FRI）の実際的適用」『日本教育心理学会　第28回総会発表論文集』．
児玉省　1970「幼児の社会的発達の姿」日本保育学会編『日本の幼児の精神発達』フレーベル館．
小林さえ　1968『ギャングエイジ』誠信書房．
小林登　1984「母子相互作用の意義」『別冊・発達――乳幼児の発育と母と子の絆』ミネルヴァ書房．
子安増生・木下孝司　1997「『心の理論』研究展望」『心理学研究』．
斉藤学　1998「叱れない親と叱り過ぎる親」『児童心理』699．
佐々木宏子　1983「絵の理解と描画」三宅和夫ほか編『児童心理学ハンドブック』金子書房．
佐治守夫ほか編　1977『心理療法の基礎知識』有斐閣．
島田照三　1969「新生児期、乳児期における微笑反応とその発達的意義」『精神神経学雑誌』71．
清水凡生編　1999『小児心身医学ガイドブック』北大路書房．
ジャーシルド，A. T.　1952『児童心理学』小山栄一訳，金子書房．
ジャーシルド，A. T.　1972『ジャーシルドの児童心理学』大場幸夫ほか訳，家政教育社（Jersild, A. T. 1968 *Child psychology*. Prentice-Hall, Inc.）．
ジング，R. M.　1978『野生児の世界』中野善也訳，福村出版．
ジンバルドー，P. G.　1983『現代心理学II』古畑和孝ほか訳，サイエンス社（Zimbardo, P. D. 1980 *Essentials of psychology and life*. Scott, Foresman and Company.）．
杉村省吾　1980『臨床児童心理学の実際』昭和堂．
杉村省吾ほか　1983「子どもの心因性疾患と親子関係（第I報）」『武庫川女子大学幼児教育研究所紀要』1983年2号．
杉村省吾・大仲重美　1981「重度心因性チック症児の心理治療過程（I）――宇奈月雪夫君（仮名）との出会い」『武庫川女子大学紀要教育学科編』1981年第29集．
杉村省吾・大仲重美　1982「重度心因性チック症児の心理治療過程（II）――宇奈月雪夫君（仮名）との別れ」『武庫川女子大学幼児教育研究所紀要』1982年第1集．
杉村伸一郎　1997「空間認知」『児童心理学の進歩』31．
祐宗省三ほか　1977「教師モデルによる園児の自己強化行動の変容（1）（2）」『日本保育学会

大会研究論文集』30。
鈴木清 1958『道徳形成の心理』明治図書。
鈴木清・豊口隆太郎 1967『青年心理学』福村出版。
鈴木康平・松田惺編 1997『現代青年心理学』有斐閣。
スターン, D. N. 1989『乳児の対人世界――理論編』小此木啓吾・丸田俊彦監訳、岩崎学術出版 (Stern, D. N. 1985 *The internal world of the infant.* Basic Books.)。
スピッツ, R. A. 1965『母子関係の成り立ち――生後1年間における乳児の直接観察』古賀行義訳、同文書院 (Spitz, R. A. 1962 *Die Entstehung Der Ersten Objektbeziehungen-Direkte Beobachtungen an Saugtingen wahrend des ersten Lebensjahres.*)。
スピッツ, R. A. 1968『ノー・アンド・イエス』古賀行義訳、同文書院 (Spitz, R. A. 1959 *No and yes.* International Universities Press.)。
全国児童相談所長会編 1997「全国児童相談所における家庭内虐待調査報告書」『全児相』62号別冊。
総理府青少年対策本部編 1978『青少年白書 昭和53年版』。
総理府青少年対策本部編 1981『青少年白書 昭和56年版』。
総理府青少年対策本部編 1981『国際児童年記念調査最終報告書 国際比較 日本の子どもと母親』。
総理府青少年対策本部編 1993『日本の青年――第5回世界青年意識調査報告書』。
総理府青少年対策本部編 1995『青少年の意識の変化に関する基礎的研究』。
総理府青少年対策本部編 1996『日本の青少年の生活と意識』。
総理府青少年対策本部編 1997『青少年の友人関係と問題行動に関する研究調査』。
総理府青少年対策本部編 1999『青少年白書 平成10年版』。
薗原太郎 1936「生後10日間の新生児の行動観察」『実験心理学研究』3。
台弘 1979「行動と思考」渡辺格・森田弘道ほか編『神経科学講座6』理工学社。
ダウリング, C. 1982『シンデレラ・コンプレックス――自立にとまどう女の告白』木村治美訳、三笠書房。
高木俊一郎 1967『子どもの心とからだ』創元社。
高木俊一郎 1973『児童精神医学』同文書院。
高木俊一郎 1975「小児心身症の発生機転とその特徴」『小児医学――特集小児の心身症』医学書院。
高瀬広居 1981「父親にとっての家庭――父親であるための条件」『児童心理』35。
高野清純 1970「遊戯的方法」内山喜久雄編『児童臨床心理学講座3 児童の心理療法』岩崎学術出版。
高野清純ほか 1969『幼児から青年までの心理学』福村出版。
高野清純・深谷和子編 1990『乳幼児心理学を学ぶ』有斐閣。
高橋道子 1973「新生児期の微笑反応と覚醒水準、自発的運動、触刺激との関係」『心理学研究』44。
高橋道子 1974「乳児の微笑反応についての縦断的研究――出生直後の自発的微笑反応との関連において」『心理学研究』45。
高橋道子・藤田統 1977「新生児・乳児における微笑反応、注視反応の発達」異常行動研究会編『初期経験と初期行動』誠信書房。
高橋泰子 1998a「学習障害――集団での指示が理解しにくいH君」松本治雄ほか編著『言語障害 事例による用語解説』ナカニシヤ出版。
高橋泰子 1998b「自閉症 こだわりの強いK君」松本治雄ほか編著『前掲』。
滝沢武久 1972『子どもの思考のはたらき』大日本図書。
滝野伸子 1982「社会性の発達」高橋省己編著『児童心理学』主文社。
詫摩武俊 1993『青年の心理 三訂版』培風館。

鑪幹八郎　1979「精神分析と発達心理学——エリクソンを中心に」村井潤一編『発達の理論』ミネルヴァ書房。
多勢豊次　1971「性格の異常」石井哲夫編『児童臨床心理学』垣内出版。
田中教育研究所編　1987『田中—ビネー式知能検査法　1987年全訂版』田研出版。
田中熊次郎　1975『新訂　児童集団心理学』明治図書出版。
田中敏隆　1968『図形認知の発達心理学』講談社。
田中敏隆　1976『改訂増補　図形認知の発達心理学』講談社。
田原俊司　1994「幼児の話しことばの発達」横山正幸ほか『保育内容領域言葉』北大路書房。
WHO (World Health Organization)　1992『ICD-10「精神・行動の障害」マニュアル——用語集・対照表付』中根允文・岡崎祐士共訳、医学書院。
中央青少年問題協議会編　1958『青少年白書　1958年版』。
辻悟　1993「把握型をめぐって」『ロールシャッハ研究』35。
津守真・稲毛教子　1958「乳児の精神発達に及ぼす育児態度の影響」『教育心理学研究』5 (4)。
津守真・稲毛教子　1960「幼児の依存性に関する研究——依存性と親の養育態度および従順性の相互関連について」『教育心理学研究』7 (4)。
デ・ベ・エリコニン　1964『ソビエト児童心理学』駒林邦男訳、明治図書出版。
土井康生　1987「正常なベビー」『別冊・発達——ここまできた早期発見・早期治療』5。
時実利彦　1973a『人間であること』岩波書店。
時実利彦　1973b『脳の話』岩波書店。
内藤寿七郎ほか　1971『最新育児学』同文書院。
中川四郎　1974「精神身体症」佐治守夫ほか編『臨床心理学の基礎知識』有斐閣。
長島貞夫　1962『児童社会心理学』牧書店。
中島誠　1969「音声の体制化課程」岡本夏木ほか編『児童心理学講座3　言語機能の発達』金子書房。
中島誠ほか　1962「音声の記号化ならびに体制化課程に関する研究 (1)」『心理学評論』6。
中島洋子　1998「精神遅滞」松下正明総編集『臨床精神医学講座11　児童青年期精神障害』中山書店。
中西信男　1959「反抗行動の発達的研究」『教育心理学研究』6 (3)。
中西昇　1959『児童心理学』柴田書店。
中原弘文　1972「幼児の行動と家族要因 (1)」『日本保育学会　第25回研究発表論文集』。
成田公一　1949「学童の道徳判断に関する研究」牛島義友ほか編『児童の心理と能力検査』巌松堂書店。
成田善弘　1992『心理臨床大事典　心身症と身体病』培風館。
成冨武章　1974『心身症の話』時事通信社。
二木恒夫　1979「新生児期、乳児期における〈泣き声〉とその発達的意義」『児童精神医学とその近接領域』20。
西田博史　1979「現代社会と青年期の神経症的病理」肥田野直ほか編『教育心理』日本文化科学社。
西本脩　1965「幼児における基本的生活習慣の自立の年令基準」『大阪樟蔭女子大学論集』3。
日本子どもを守る会編　1990『子ども白書　1990年版』。
日本子どもを守る会編　1999『子ども白書　1999年版』。
日本性教育協会編　1981～1993『青少年の性行動』。
日本精神身体医学会医療対策委員会　1970「心身症の治療指針」『精神医』10 (1)。
日本保育学会　1970『日本の幼児の精神発達』フレーベル館。
ニルソン、L. ほか　1982『生まれる——胎児成長の記録』松山栄吉訳、講談社。
野原玲子　1998「子どもの心身症と精神分析」『小児科診療』1998年2号。
ハーベイ、G.　1977『児童心理学入門』依田明編訳、学習研究社（Harvey, G. 1975 Child

psychology. John Wiley & Sons, Inc.）。
ハーロック、E. B. 1971『児童の発達心理学』小林芳郎ほか訳、誠信書房（Hurlock, E. B. 1964 *Child development*. McGraw-Hill）。
バウアー、T. G. R. 1979『乳児の世界――認識の発生・その科学』岡本夏木ほか訳、ミネルヴァ書房（Bower, T. G. R. 1974 *Development in infancy*. W. H. Freeman & Company.）。
ハッペ、F. 1997『自閉症の心の世界』石坂好樹ほか訳、星和書店。
繁多進 1990「親子間の愛着の成立と展開」『こころの科学』30。
ピアジェ、J. 1954『児童の自己中心性』大伴茂訳、同文書院（Piaget, J. 1948 *Le language et la pensee chez, l'enfant*.）。
ピアジェ、J. 1978『知能の誕生』谷村覚・浜田寿美男訳、ミネルヴァ書房（Piaget, J. 1948 *La naissance de l'intelligence chez l'enfant*, 2nd.）。
東山紘久 1982『遊戯療法の世界――子どもの内的世界を読む』創元社。
東山紘久ほか 1970「精神薄弱児の遊戯治療と訓練過程」『臨床心理学研究』9（2）。
肥田野直編 1970『講座心理学9 知能』東京大学出版会。
日野林俊彦・赤井誠生 1988「女子初潮年齢の動向について――第7回全国初潮調査より」『日本心理学会 第52回大会発表論文集』。
平井信義 1979『乳幼児の発達』新曜社。
平井誠也 1989『青年心理学要論』北大路書房。
広田君美 1975「子どもの攻撃行動と仲よし行動――その集団的・社会的影響について」『教育と医学』23（12）。
フォーリー、V. D. 1984『家族療法初心者のために』藤縄昭ほか訳、創元社。
深谷和子 1974『幼児・児童の遊戯療法』黎明書房。
深谷和子 1977「プレイルームの設備」佐治守夫ほか編『心理治療の基礎知識』有斐閣。
蕗原孝 1979「校内暴力・家庭内暴力」『教育心理』日本文化科学社。
福島章 1992『青年期の心』講談社。
藤木典生 1977「遺伝と遺伝相談」船川幡夫ほか編『乳幼児保健3』医学書院。
藤崎眞知代 1990「母子相互作用過程とその発達」『こころの科学』30。
藤谷智子 1990「幼児(1)――身体・運動、認知、言語」川上清文ほか編『図説乳幼児発達心理学』同文書院。
藤永保ほか編 1975『幼児心理学講座3 パーソナリティの発達』日本文化科学社。
藤野武 1978「豊かな感情を育てる教師」『児童心理』32（12）。
船川幡夫ほか編 1977『乳幼児保健3』医学書院。
ブルーナー、J. S. 963『教育の過程』鈴木祥蔵・佐藤三郎訳、岩波書店。
古川雅文 1985「教師の勢力資源に関する児童の認知と教師の影響性」『教育心理学会 第27回総会発表論文集』。
ヘッブ、D. O. 1975『行動学入門』白井常監訳、紀伊國屋書店（Hebb, D. O. 1972 *Textbook of psychology*. W. B. Saunders Company.）。
帆足英一 1999「遺尿症」清水凡生編『小児心身医学ガイドブック』北大路書房。
法務省法務総合研究所編 1998『犯罪白書 平成10年度』。
星野命・明田芳久 1975「欲求とフラストレーション」藤永保・高野清純編『幼児心理学講座3 パーソナリティの発達』日本文化科学社。
細谷文雄 1998「機能的構音障害――『センセイ』を『テンテイ』と言ってしまうF君」松本治雄ほか編著『言語障害 事例による用語解説』ナカニシヤ出版。
堀内英雄 1984「知恵の基礎形成」岩川淳ほか『子どもの発達心理』昭和堂。
ポルトマン、A. 1961『人間はどこまで動物か――新しい人間像のために』高木正孝訳、岩波書店（Portmann, A. 1951 *Biologische Fragmente zu einer Lehre vom Menschen*. Verlag Benno Schwabe & Co.）。

前田健一　1994「幼児の書きことばの発達」横山正幸ほか『保育内容領域言葉』北大路書房。
前田研史　1998「被虐待児の心理療法について」『神戸女子大学文学部紀要』31。
前田重治　1976『心理面接の技術──精神分析的心理療法入門』慶応通信。
前田重治　1978『心理療法の進め方──簡易分析の実際』創元社。
前田重治　1998『図説臨床精神分析学』誠信書房。
正高信男　1992「声が言葉に変わるとき」『言語』4。
松田惺　1973「幼児の母親模倣行動における母子関係の影響」『心理学研究』44。
松村康平　1970「幼児の情緒的発達の姿」日本保育学会編『日本の幼児の精神発達』フレーベル館。
三木安正・天羽幸子　1965「兄的性格・弟的性格と双生児における兄弟の取扱いについて」『東京大学教育学部紀要』。
光安文夫・横山正幸・山口茂嘉　1979「幼児の欲求不満耐性と父親の養育態度」『日本保育学会大会研究論文集』32。
南憲治　1987「言語機能の獲得過程」関口茂久ほか『発達と学習の心理学』ブレーン出版。
三宅和夫　1968『児童発達心理学』川島書店。
三宅利夫　1974「三歳からでは遅すぎるか──発達の臨界期」『季刊現代教育心理』。
三宅廉・黒丸正四郎　1971『新生児』日本放送出版協会。
宮原忍　1998「若年者の性についての意識と行動に関する研究」『日本子ども家庭総合研究所紀要』34。
宮本実　1977「人間の初期経験と初期行動──知能の発達に及ぼす施設経験の影響」異常行動研究会編『初期経験と初期行動』誠信書房。
ムスターカス、C. E.　1968『児童の心理療法』古屋健次郎訳、岩崎学術出版（Moustakas, C. E. 1959. *Psychotherapy with children; The living relationship.* Harper & Raw.）。
無藤隆　1992『子どもの生活における発達と学習』ミネルヴァ書房。
村井潤一編　1979『発達の理論』ミネルヴァ書房。
村田孝次　1969「語いと構文の発達」岡本夏木ほか編『児童心理学講座3　言語機能の発達』金子書房。
村田正次ほか　1975『臨床心理学』啓林館。
村松常雄ほか　1972「児童年齢期における神経症並びに神経症類似の諸症状とその各年齢層に見られる特性について」村松常雄編著『神経症』金原出版。
村山貞雄ほか　1987「知的発達」村山貞雄『日本の幼児の成長　発達に関する総合調査』サンマーク出版。
メイヤー、H. W.　1978『児童心理学三つの理論──エリクソン／ピアジェ／シアーズ』大西誠一郎監訳、黎明書房（Maier, H. W. 1969 *Three theories of child development: The contributions of Erik H. Erikson, Jean Piaget, Robert R. Sears and their applications.* Harpar & Row.）。
森しげる　1971「集団保育のグループ・ダイナミックス」『現代幼児教育』2。
森しげるほか　1965「保母のリーダーシップと幼児の集団行動について」『広島県立保育専門学校　児童学雑誌』14。
守屋光男　1959「問題児をつくる先生」『児童心理』13。
文部省編　1997『学校保健統計調査報告書　平成9年度』。
文部省編　1998『わが国の文教施策　平成10年度』。
文部省・厚生省児童家庭局編　1999『幼稚園教育要領　保育所保育指針（原本）』チャイルド本社。
安中興子　1977「学級集団のダイナミックス」成瀬悟策監修『教育心理学』ブレーン出版。
谷田貝公昭ほか　1975「親の養育態度に関する一試論Ⅱ　その1〜その5」『日本保育学会　第28回大会研究論文集』。

山口俊郎　1977「身体イメージの発達と心の発達」『教育と医学』25 (6)。
山崎晃資ほか　1995「発達障害の概念と精神療法的アプローチ」『精神療法』21。
山下勲・佐藤修策　1978『講座心理療法2　遊戯療法』福村出版。
山下俊郎　1949『児童心理学』光文社。
山下俊郎　1966『幼児心理学』朝倉書店。
山下俊郎　1970『幼児の心理的発達』フレーベル館。
山下俊郎ほか　1977『乳幼児心理学』東京書籍。
山中康裕　1978『少年期の心――精神療法を通してみた影』中央公論社。
山村賢明編　1988『思春期とは何か　親と教師のための思春期学1』日本報道記者会。
湯川良三　1983「記憶」三宅和夫ほか編『児童心理学ハンドブック』金子書房。
湯沢正通　1997「幼児による因果推論の制約――生物に関する人為不介入の原理の理解」『発達心理学研究』8 (2)。
横山正幸・山口茂嘉　1977「幼児の欲求不満耐性と母親の育児指導」『日本保育学会大会研究論文集』30。
依田明　1981「出生順位と性格」『家庭教育研究所紀要2』小平記念家庭教育研究所。
依田明編　1976『発達心理学』大日本図書。
依田明・深沢千賀子　1963「出生順位と性格」『教育心理学研究』11 (4)。
依田新ほか　1961「質問紙による幼児の依存性の研究」『教育心理学研究』9 (1)。
リーバート，R. M. ほか　1978『発達心理学　上巻』村田孝次訳、新曜社（Liebert, R. M. et al. 1977 Development psychology, 2nd ed., Prentice Hall）。
リザシェ，E. ／C. ラバット　1997『自殺する子どもたち――自殺大国フランスのケア・レポート』白根美保子・中井珠子訳、筑摩書房。
臨床教育研究所（虹）　1999「乳幼児期の子どもの変化――『学級崩壊』の背景」『教育アンケート調査年鑑　1999年版（上）』創育社。
Ainsworth, M. D. S. 1963. The development of infant-mother interaction among the Ganda. in B. M. Foss (ed.), *Determinants of Infant Behavior* II. Wiley, pp.67-112.
Ainsworth, M. D. S., M. C. Blehar, E. Waters and S. Wall 1978. *Patterns of attachment*. Lawrence Erlbaum Associates.
Ambrose, J. A. 1961. The development of the smiling response in early infancy. in B. M. Foss (ed.), *Determinants of Infant Behavior* I. Wiley, pp.179-201.
Ames, L. B. et al. 1952. *Child Rorschach responses*. Paul B. Hoeber.
Apgar, V., D. A. Holady, L. S. James, I. M. Weisbrot and C. Berrien 1958 Evaluation of tha newborn infant: Second report. *Journal of American Medical Association* 168:1985-1988.
Barnes, K. E. 1971. Preschool play norms: A replication. *Developmental Psychology* 5: 99-103.
Beller, E. K. 1955. Dependency and independence in young children. *J. Genet. Psychol.* 87: 25-35.
Bowlby, J. 1951 Maternal care and mental health. *WHO. Monographs*, No. 2. Geneva.
Bowlby, J. 1958. The nature of the child's tie to the mother. *J. Psycoanalysis* 39: 350-373.
Brazelton, T. B. 1973. Neonatal behavioral assessment scale. *Clinics in Developmental Medicien* 50.
Bridges, K. M. B. 1932. Emotional development in early years. *Child Dev.* 3: 324-341.
Burt, C. 1966. The genetic determination of differences in intelligence: A study of monozygonic twins reared together and apart. *Brit. J. Psychol.* 57: 137-154.
Cole, P. M. 1986. Children's spontaneous control of facial expression. *Child Development* 57: 1309-1321.
Crandall, V. J. 1963. Achievement. in H. W. Stevenson (ed.), *Child Psychology*. NSSE.
Diamond, A. 1985. Development of the ability to use recall to guide action, as indicated by infants' performance on AB. *Child Dev.* 56: 868-883.
Fantz, R. L. 1961. The Origin of Form Perception. *Scientific American* 204(5).

Field, J., D. Muir, R. Pilon, M. Sinclair and O. Dodwell 1980. Infant's orientation to lateral sounds from birth to three months. *Child Dev.* 51: 296-298.

Freedman, D. G. 1964. Smiling in blind infants and the issue of innate vs. acquired. *J. Child Psychol. Psychi.* 5: 171-184.

Freud, A. and D. Burlingham 1944. *Infants without families.* George Allen & Unwin Ltd.

Gelman, S. A. and K. E. Kremer 1991. Understanding natural cause: Children's eplanations of how objects and their properties originate. *Child Dev.* 62: 396-414.

Gesell, A. and H. Thompson 1929. Learning and growth in identical infant twins: An experimental study by the method of co-twin control. *Genet. Psychol. Monogr.* 6: 1-124.

Goodenough, A. L. 1931 *Anger in young children.* Minnesota Press.

Harlow, H. F. 1959. Love in infant monkeys. in H. F. Harlow (ed.), *Scientific American Resource Library, Psychology* 1. W. H. Freeman & Company, pp.175-178.

Harlow, H. F. 1967. The nature of love. in M. L. Haimowitz and N. R. Haimowitz (eds.), *Human Development.* Thomas Y. Crowell Company, pp.219-230.

Harlow, H. F. and M. K. Harlow 1962. Social deprivation in monkeys. *Sci. Amer.* 207: 136-146.

Harris, J. A., C. M. Jacksons, D. G. Paterson and R. E. Scammon 1930 *The measurement of man.* University of Minnesota.

Hebb, D. O. 1949. *The organization of behavior.* Wiley, pp.156-170.

Heron, W. 1961. Cognitive and psycological effects of perceptual isolation. in P. Solomon et al. (eds.), *Sensory deprivation.* Hervard Uuiv. Press.

Hess, E. H. 1959. Imprinting in animals. *Scient. Amer.* (異常行動研究会編 1977『初期経験と初期行動』収録、誠信書房)

Hunt, J. McV. 1965 Intrinsic motivation and its role in psychological development. in D. Levine (ed.), *Nebraska symposium on motivation.* Nebraska Univ. Press, pp. 189-282.

Izard, C. E. 1979. *The maximally discriminative facial movement coding system* (Max). Univ. of Delaware, Instructional Resources Center.

Jersild, A. T. 1968. *Child psychology,* 6th ed., Prentice-Hall.

Kanner, L. 1943. Autistic disturbance of affective contact. *Nerv. Child* 2: 217-250.

Klaus. M. H. and J. H. Kennell 1982. *Parent Infant Bonding,* 2nd ed., C. V. Moseoby.

Koch, H. L. 1965a. Attitudes of children toward their peers as related to certain characteristics of their siblings. *Psychological Monographs* 426: 70.

Koch, H. L. 1965b. Some emotional attitudes of the young child in relation to characteristics of his siblings. *Child Dev.* 27: 393-426.

Lorenz, K. 1952. *King Solomon's ring.* Thomas Y. Growell.

Luria, A. R. 1959. The directive function of speech in development and dissolution, part 1: Devlopment of the directive function of speech in early childfood. *Word* 15: 341-351.

Luria, A. R. 1961. *The role of speech in the regulation of normal and abnormal behavior.* Pergamon Press.

Lynn, D. B. 1959. A note on sex differences in the development of masculine and feminine identification. *Psychol. Rev.* 66: 126.

Mahler, M. S., F. Pine and A. Bergman 1925. *The psychological birth of the human infant.* Basic Books.

Maslow, A. H. 1954 *Motivation and personality.* Harper & Row.

Mead, G. H. 1934. *Mind, self and society.* University of Chicago Press.

Mead, M. 1935. *Sex and temperament in threepr imitive societies.* Morrow.

Meltzoff, A. N. and R. B. Borton 1979. Intermodal matching by human neonates. *Nature* 282: 403-404.

Michael, E. L. 1976. *The role of the father: An overview: The role of the father in child development.* John Wiley & Sons, pp.1-63.

Moltz, H. and L. J. Stettner 1961. The influence of patterned-light deprivation on the critical period for imprinting. *J. comp. physicol. Psychol.* 54: 279-283.

Mussen, P. H., J. J. Conger and J. Kagan 1963 *Child development and personality*, 3rd ed., Harper & Row.

Nelson, K. 1973. Structure and stratagy in learning to talk. *Monographs of the Society Research in Child Development* 38 (2, Serial No.149).

Nissen, H. W., K. L. Chow and J. Semmes 1951. Effects of restricted opportunity for tactual, kinesthetic and manipulative experience on the behavior of a chimpanzee. *Amer. J. Psychol.* 64: 845-507.

Parten, M. and S. W. Newhall 1943. Social behavior of preschool children. in R. G. Barker, et al. (eds.), *Child behavior and development*. McGraw-Hill, pp.509-525.

Piaget, J. and B. Inhelder 1956. *The child's conception of space*. Routledge & Kegan Paul.

Provence, S. and R. C. Lipton 1962. *Infant in institutions*. International Univ. Press.

Robson, K. S. 1967. The role of eye-to-eye contact in maternal-infant attachment. *J. Child Psychol. Psychi.* 8: 13-25.

Rutter, M. 1981 *Maternal deprivation reassessed*, 2nd ed. Penguin.

Sarbirn, T. R. 1962 A preface to a psychological analysis of the self. *Psychol. Rev.* 59: 11-22.

Schaffer, H. R. 1963. Some issues for research in the study of attachment behavior. in B. M. Foss (ed.), *Determinants of Infant Behavior* II. Wiley, pp.179-199.

Schaffer, H. R. and P. E. Emerson 1964. The development to social attachments in infancy. *Monographs of the society for reseach in child development* 29(3).

Sears, R. R., E. E. Maccoby and H. Levin 1957. *Patterns of child rearing*. Row, Peterson and Co.

Sears, R. R., L. Rau and R. Alpert 1966. *Identification and child rearing*. Tavistock Publication.

Shirley, M. 1933. Locomotoor and visual-manual function. in C. Murchison (ed.), *Handbook of child psychology*, 2nd ed., Clark Univ. Press.

Stratz, C. H. 1922 *Körper des Kindes und seine Pflege*. Enke.

Thomas, A., S. Chess and H. G. Birch 1970. The origin of personality. *Sci. Amer.* 223: 106-107.

White, B. L. 1968. Informal education during the first months of life. in R. D. Hess, et al. (eds.), *Early education: Current theory, research and action*. Aldine Publishing Company, pp.143-169.

White, B. L. 1971. *Fundamental early environmental influences on the development of competence*. Paper presented at the Third Western Symposium on Learning: Cognitive learning at Western Washington states College.

White, R. W. 1959. Motivation reconsidered: The concept of competence. *Psychol. Rev.* 66: 297-333.

Widdowson, E. M. 1951 *Mental contentment and physical growth*. Lancet.

Winterbottom, M. R. 1958. The relation of need for achievement to learning experiences in independence and mastery. in J. W. Atkinson (ed.), *Motives in fantasy, action and society*. Van Nostrand, pp.453-478.

Wolff, P. H. 1963. Observations on the early development of smiling. in B. M. Foss (ed.), *Determinants of Infant Behavior* II. Wiley, pp. 113-138.

Wolff, P. H. 1969. The Natural history of crying and other vocalizations in early infancy. in B. M. Foss (ed.), *Determinants of Infant Behavior* IV. Wiley, pp. 123-132.

Zazzo, R. 1975. La genése de la conscience de soi. in E. Angelergues et al. (eds.), *Psychologie de la connaissance de soi*. P. U. E., pp.83-91.

事項索引

ア行

アイデンティティ　66, 240, 259
アクティングアウト（行動化）　197, 198
遊びの種類　192
アタッチメント　50, 71-74, 111
後追い　71, 106, 199, 249
穴掘り　206, 208
アニミズム的思考　59
アプガー指数　36
甘やかし　93, 246, 251
家出　246
いきなり型非行　243
意識と無意識　193
いじめ　117, 161, 167-169, 216, 218, 238, 254, 255, 257, 258, 263
威勢の誇示　246
一語発話（一語文）　55
一次的子宮回帰願望　204
遺伝子　33, 34
イド（エス）　66, 95, 97, 98, 149, 178-180, 191, 228, 236
意味論　134
イメージ面接法　184
因果推論　60
因子分析　99, 197
飲酒癖　246
産声　29, 53
運動遊戯　163
エス→イド
円形脱毛症　176, 178
嘔吐　176, 177, 236, 237
オートバイ盗　243
オブザーバー　195, 198
オペラント（道具的）条件づけ　226
オペラント学習　170
音韻論　134

カ行

階段のぼり　7, 8
快楽原則　178
抱え込み　247, 257
学習　4, 6, 8, 9, 13-16, 18, 19, 33, 58, 67, 71, 86, 93, 94, 104, 106-108, 110, 117, 119, 120, 139, 142, 143, 146-148, 152, 158, 164, 166, 170, 171, 178, 184, 188-190, 194, 219, 225, 226, 229
──過程　143, 188
──障害（LD）　134, 138, 140
──優位説　9
学童期　19, 46, 60, 89, 125-130, 135, 136, 142-144, 146, 148-151, 154, 160-163, 173, 184, 230, 238
──の親子関係　152
学童後期　150, 151, 161, 166
学童前期　150, 161, 165, 166
家族内ダイナミックス　199
家族療法　262, 263
ガソリンスタンド　214
カタルシス　185, 187
学級集団　164, 167
学級崩壊　100, 101, 254, 255, 257, 263
学校集団　146, 158, 257, 264
葛藤　13, 75, 149, 155, 171, 180, 182, 184, 186, 222, 235, 250, 251, 259, 261
家庭教育　158, 168
家庭内暴力　154, 155, 242, 248-251
過敏性体質　181, 182
過保護　93, 159, 246
眼科領域　176
環境　4, 6-10, 14, 16, 30, 35, 44-46, 67, 78, 81, 85, 91, 92, 94, 95, 103, 107, 115, 129, 130, 142, 147, 151, 152, 154, 161, 170, 171, 177, 178, 180, 182, 184, 186, 190, 223, 232, 237, 244
──条件　8, 9, 84, 90, 102, 182
──的素因　181
──の調整　182
観察者の立場　195
間脳　32, 86, 160, 179-181
カンファレンス　191, 195, 198, 200, 201, 205, 218
緘黙　134
器官神経症　198
期待過剰型　249
喫煙　35, 164, 248

吃音　133, 250
気づき　60, 61, 95, 96, 140, 187
規範意識　244
基本的信頼感　67, 114, 242
基本的な信頼関係　190, 201, 220
逆もどり現象　13
ギャング・エイジ　151, 163
ギャング時代　162
凶悪化　243
教育研究所　100, 185
鏡映文字　51
恐喝　243
共感的理解　225
教師と学童　158
きょうだい関係　156
協同的態度　166
脅迫　13, 86, 243
享楽・遊び型非行　243
局所的見地　224
拒否型　159, 249
起立性調節障害　176
近親婚　34
クーイング　53
具体的操作期　136
クライエント　190, 192, 193, 197, 198, 200, 201, 210, 223, 261, 262
グループプレイ　190-192, 197, 216
警察　167, 242, 244, 246-248
刑法犯罪　243
ゲシュタルト療法　184
結果論的判断　170
下痢　176, 255
厳格型　249
言語獲得理論　134
言語的概念形成　195
言語表現　18, 85, 112, 192, 202
現実原則　178
原始反射　41, 58, 94
健常児　100, 183
建設的テーマ　213
建設的な創造期　212
構音（調音）　56, 83
交感神経　86, 180
攻撃　17, 87, 104-106, 109, 111, 117, 118, 186, 192, 196, 197, 203, 208, 210, 212, 214, 221
　——性拡大期　197

　——性の展開期　209
　——的段階　250
　——的欲求　193
口腔領域　176
口唇期的　204
肯定的態度　196
行動化（アクティングアウト）　197, 198
　——期　197
行動の枠組（レファレンス・フレーム）　163
行動療法　225, 226
校内暴力　242, 243, 245-247, 250, 263
神戸市小学生連続殺傷事件　243
肛門括約筋　221
交流分析（T. A.）　184
効力の動機　146
呼吸器系　176, 218
刻印づけ　15, 16
心の異変　181
心の変調　181
個人差　10, 11, 13, 14, 26, 30, 44, 45, 48, 55, 58, 74, 76, 93-95, 120, 126, 128, 129, 133, 138, 144, 151, 160, 230, 235, 238
個人療法　262
個性化　98, 151, 152
骨筋肉系　176
子どもの虐待　111, 112
語用論（実用論）　134
混性集団　163
コンプレックス論　224

サ行

在胎期間　26, 35
座禅　184
サッキング　219, 220
殺人　209, 210, 242
三者関係　197
酸素欠乏症　36
産婦人科領域　176
自我　11, 67, 74, 76, 77, 85, 92, 99, 152, 154, 155, 178, 179, 213, 218, 240, 242, 249, 250, 258
　——同一性　240, 242
自家中毒　176, 177
始語　199
自己一致　225
自己顕示欲　246

事項索引　277

自己実現　193
自己制御　197
自己責任　244
自己尊重　196
自己治癒力　218, 261
自己中心性　60, 77, 135, 159, 246
自己中心的言語　131
自己懲罰　208
自己洞察　187
自己統制　150, 151, 220, 221
自己能力　196
自殺　92, 151, 156, 242
次子的性格　156
思春期の非行　242
思春期やせ症　235
視床下部　144, 160, 180, 181
質問紙　165
実用論→語用論
自転車盗　243
指導・助言　182
自動車盗　243
児童心理臨床　195
児童相談所　62, 112, 185
自発的運動　31, 41, 49
自発的驚がく様運動　32
自発的口唇運動　32
自発的使用の原理　14, 103
自発的微笑運動　32
耳鼻咽喉科領域　176
自閉症　62, 63, 65
自閉的段階　250
死への欲求　186
始歩　199
ジャーシルドの発達原理　14
社会化　66, 71, 85, 98, 102, 104, 142, 144, 151, 152
社会的・文化的刺激の遮断・剥奪　16
社会的基準　169
社会的規範　169, 248
社会的行動　17, 98, 146, 162, 164, 250
社会的動機　91, 146
就巣性　3
集団化　243
集団成員相互作用過程分析カテゴリー　195
集団生活　120, 163
集団的協同　166

集団の性格（シンタリティ）　185
集団の効果　189
集団保育　74, 121, 170
出産外傷　204
循環器系　176
上位自我（超自我）　178
浄化　187
傷害　86, 142, 243
消化器系　176
症候移動　198
症状消失・対人関係の変容期　216
情動　9, 10, 13, 14, 18, 66, 68, 71, 78, 79, 82-87, 89, 91, 104, 110, 111, 117, 120, 121, 142-144, 146, 150, 151, 179, 186, 187, 194, 196
　──障害児　196
　──的洞察　187
小児科領域　176
小児気管支喘息　199
少年非行　151, 242-245
情報化　171
初期学習　16, 18
初期経験　14-18
植物神経系　180
初語　54, 55
助詞　56
女子の非行　243
所持品検査　244
自律訓練法　184
自律神経　144, 177, 179-181, 218
自律性　76, 91, 99, 118, 155, 221, 242
自律的道徳　170
人為不介入の原理　60
心因性の喘息児　183
人格的・体質的素因　181
人格の再構成　184
心気症的段階　250
神経系　4, 8, 16, 19, 22, 27, 35, 36, 84, 142, 144, 176, 180, 181, 218, 235
神経質傾向　181
神経症　144, 174, 176, 179-181, 188, 198, 223, 226, 235, 258
神経性大食症　236, 237
神経性無食欲症　235, 236, 237
人工論　60
心身症　174-182, 186, 188, 198, 199, 218, 223, 250

──児　183, 223
──児群　184
新生児　3-5, 10, 19, 26, 29-33, 35, 37-41, 46, 49, 53, 58, 78, 79, 82, 94, 179, 235
──反射　49, 58
心臓血管系　176
身体疾患　174, 176, 177
身体的虐待　113
身体病　177
シンタリティ→集団の性格
診断　28, 47, 63, 134, 140, 141, 199, 224, 236
人的環境　182
心的外傷後ストレス障害　114
シンナー・覚醒剤乱用　242
シンナー吸引　248
新版K式発達検査　41, 140
心理社会的因子　174, 176
心理的虐待　113
心理的ケア　114, 115
心理療法　122, 184, 185, 195, 199, 223, 225, 260
親和感（ラポール）　194, 201
随意筋　86, 208
水路　208, 261
──づけ　208, 213
スーパーバイザー　198, 200
スクールカウンセラー　169, 243, 263, 264
ストレス　114, 115, 134, 178, 179
ストレッサー　250
性意識　144, 161, 162, 234, 235
性格形成論　224
性格構造論　224
性格障害　223
性格的偏奇　224
生下時体重　199
性器官の発達　160
性教育　162, 233
生歯　199
成熟　2, 3, 6-10, 18, 20, 26, 29, 40, 41, 68, 74, 84, 102, 148, 149, 155, 159-161, 177, 221, 228, 258
──優位説　7, 9
青少年白書　249
青少年非行　243
成人期　19, 127, 165, 166
精神疾患　223

精神神経症　198
精神病　164, 174, 223
精神分析　14, 71, 104, 146, 162, 187, 223-225
──的性格論　224
──的理論　223
──療法　223, 224
成長可能性　186
性的逸脱行動　243
性的虐待　113
青年期　19, 95, 126, 138, 143, 149, 153, 155, 165, 166, 228-230, 235, 240-242, 260
生理的早産　3, 40
世代間伝達　114
摂食障害　127, 235-237, 260
折衷の療法　225
セラピスト　114, 123, 186-195, 197-199, 201, 216-218, 221, 223
染色体　33-35, 160
漸成的発達　241
前操作的思考　59
喘息　100, 176, 183, 199, 218
全体性の象徴　218
線路　208, 216-218
総合　10, 93, 128, 150, 174, 181, 196, 224
操作的認知　10
創造性　117, 186
創造的退行の時期　203
創造と再構成期　197
相談　18, 47, 48, 62, 63, 112, 123, 140, 141, 169, 175, 185, 216, 221, 223, 224, 238, 260, 263
相貌的知覚　59
ソシオグラム　165
ソシオメトリー　164, 165
ソシオメトリック・テスト　121, 165
素質　10, 181
粗大運動　41, 48
粗暴犯　243

タ行

第一次性徴　160, 228
第一反抗期　199, 249
胎芽期　27, 28, 35
胎児　26-28, 30, 33, 35, 37, 41, 53, 160
──期　3, 19, 27, 28, 33, 39, 40, 49, 160
対人関係の変容　189, 216

事項索引　279

対人接触　201
対人認知像　184, 189
体性神経系　144, 180
胎内くぐり　203, 204, 207, 209, 210, 212
第二次性徴期　39
大脳新皮質　32, 142, 143, 179
大脳生理学　178
大脳皮質　11, 13, 22, 36, 41, 47, 82, 86, 179
　──の発達　11, 41, 86
大脳辺縁系　144
ダウン症（ダウン症候群）　34, 138
抜毛症　176
他律的道徳　169
男女の性特徴　161
男性性　212
知・情・意　179
知覚　14, 16, 17, 48-51, 59, 70, 76, 94, 129, 130, 178, 240
　──的認知　10
知識生活時代　148, 151
知性の座　178
チック　176, 177, 198-201, 203, 205, 207-210, 213, 214, 216, 218, 220-223, 250
知的障害　86, 133, 138-140
知的洞察　187
知能検査　7, 130, 138-140, 147
知能指数　139
中間反抗期　151
中枢神経　32, 41, 248
　──系　4, 16, 19, 22, 180
調音→構音
超自我→上位自我
長子的性格　156
調整　29, 129, 132, 182-184, 218, 220, 221
治療期間　198, 199
治療者　186, 194-196, 200-208, 210-212, 214-218, 220-225, 261
治療的機能　185, 186
治療的な人間関係　185
治療的役割　187, 193
治療場面　188
治療優先的立場　195
追指導　224
通過儀礼　228, 229
低年齢化　228, 243
溺愛　246
　──型　159, 249

転移性の治癒　205
動機論的判断　170
東京の警察官襲撃事件　244
統語論　134
洞察　57, 59, 187, 194
同性集団　163
頭足画　61
道徳性の発達　169, 171
　──段階　170
道徳的規範　171
道徳的判断　6, 169-171
動物神経系　180
渡河　208, 209
栃木県の女教師殺害事件　244
徒党時代　151, 162
トラウマ　113, 114

ナ行

内観法　184
内臓脳　179
内的イメージ　193
内的表現　193, 202
内的枠組　192
内発の動機づけ　90, 146, 201
内分泌系　176
仲間関係　62, 115, 116, 118-120, 122, 152, 162, 164
仲間集団　120, 163
泣き声　32, 53, 66, 82
喃語　54, 66, 70, 72
二次的＝就巣性　3
ニューロン　22, 23
二律背反的　170
人間関係　66, 104, 114, 142, 146, 158, 164, 169, 171, 182, 184, 185, 189, 190, 193, 225
認知過程　169, 170
認知像　184, 188, 189
認知的構造　188
ネグレクト　113
粘土遊び　193
粘土細工　184
脳幹　32
ノンバーバルランゲージ　193

ハ行

バウンダリー　248
破壊　186, 192

——的欲求　208, 210
箱庭　　184, 193, 200-202, 208, 209, 212, 215,
　　261
発生機序　178
発達
　　——加速現象　161, 228, 232
　　——課題　20, 21, 126, 235, 240, 241
　　——曲線　6, 38, 39
　　——検査　41, 47, 48, 138-140
　　——指数　140
　　——段階　3, 6, 11, 12, 18-20, 40, 45, 126,
　　140, 170, 221, 242
　　——の原理・法則性　10
　　——の方向　41
　　——臨床心理学研究所　185, 200, 249
母と子の一体性　218
母なる大地　207, 208
母なるもの　204, 208
母揺れ　208
場面緊張　201, 202
バラバラ殺人事件　209, 210
非行の第4のピーク　243
微細運動　41, 48
泌尿器系　176, 218
否定的態度　196
人見知り　72-74, 83, 84, 199, 249
非離型　183
皮膚系　176
秘密保持　191
描画　60, 61, 136, 137, 184, 192, 261
敏感性膀胱　176
頻尿　176
不安　13, 67, 68, 73-75, 77, 86, 91, 97, 107,
　　115, 120, 122, 123, 140, 144, 146-148, 151,
　　154, 159, 177, 178, 182, 184, 187, 196,
　　197, 201, 203, 204, 219, 220, 233, 235,
　　243, 249, 256, 257, 259, 261
ファンタジーグループ　184
不一致型　159, 183, 249
フィンガーペインティング　184, 192
風疹　35
フォローアップ　222
副交感神経　180
不潔恐怖　188
父子関係　154, 156
不随意運動　41
父性性　212, 257

父性の欠如　154
物的環境　182
不登校　154, 169, 176, 242, 250, 255-260,
　　263
不満型　183
フラストレーション　77, 87, 92, 93, 101,
　　105, 182, 184, 187, 250
プレイセラピー　114, 122, 123, 185-189,
　　192-195, 223
プレイルーム　188, 190-192, 194, 197, 202,
　　204, 210, 214-216
プレジャーサイン　54
フロイトの三分説　178
フローチャート　245
プロセススケール　196, 197
分析　14, 32, 54, 71, 94, 98, 99, 104, 119,
　　146, 150, 162, 165, 174, 184, 187, 195-197,
　　223-225, 255
辺縁皮質　179-181
便秘　176, 220
防衛機制　224
暴行　112, 113, 243
暴走族　243
放任　246, 251
ボール遊び　192
母子分離不安　256
母性回帰　204
母性性　257
保存性　135
補導歴　243
哺乳ビン　52, 203-205, 207, 209, 212, 220
ホルモン系　180, 181

　　　　　　　　　マ行

マザリーズ　54
末梢神経系　180
ママゴト遊び　193, 203, 204, 208
万引き　243
三つの山問題　60
無気力　255, 258
無条件の肯定的配慮　225
無様式知覚　49, 50
免疫系　181
模索期（模索の時期）　197, 200
物の永続性　59
模倣遊戯　163
モラトリアム　242

ヤ行

夜驚症　176
野生児　4, 8, 11, 16
夜尿　176, 177, 198-200, 205, 209, 210, 213, 214, 216, 218, 220-223, 250
遊戯治療過程　200
有機的好感　165
遊戯療法　185-187, 195-199, 223
　──のプロセススケール 197
有能感　149, 151
指さし　131, 201, 249
指しゃぶり　199, 201, 203
養育行動　18, 67, 104, 105, 111, 183, 184
養育態度　93, 95, 104, 107, 152, 175, 182, 184, 246, 249
幼児期　13, 14, 19, 25, 35, 37, 38, 40, 45, 51, 56, 59, 66, 77, 78, 85, 86, 89, 90, 92, 94, 95, 97, 98, 104, 116-118, 129, 130, 133, 142-144, 149, 152, 158, 160, 162, 163, 165, 170, 173, 178, 189, 204, 228, 238
ヨーガ療法　184
良き母親像　205
予見　224
欲求阻害　180, 187, 204

ラ行

来談者中心（非指示）的療法　224
ラポール→親和感
卵体期　26
力動的見地　224
離婚　246
離巣性　3, 4
離乳開始　199
離反期　197
リビドー発達的見地　224
リビドー理論　219
良心と理想の座　178
臨界的問題　20
臨床（指示）的療法　224
臨床心理学的問題　144
臨床心理士　141, 169, 243, 263, 264
倫理観　244
レスポンデント（古典的）条件づけ　226
レディネス　8, 9
レファレンス・フレーム→行動の枠組

略語

DSM　236
LD→学習障害
O・D症　176
T. A.→交流分析

人名索引

ア行

アクスライン　Axline, V. M.　194
天岩静子　136
アリエス　Aries, P.　228
安藤照子　136
池見酉次郎　178, 180
石川中　174
石川富士子　196
伊藤隆二　9-11
稲浦康稔　196
ヴィゴツキー　Vygotsky, L. S.　131
ウィリアムソン　Williamson, E. G.　224
エヴァンズ　Evans, R. I.　219, 221
エリアーデ　Eliade, M.　229
エリクソン　Erikson, E. H.　11, 19, 67, 90, 126, 148, 149, 219, 221, 240-242
大倉興司　34
岡宏子　13
岡田康伸　192
岡田洋子　163

カ行

笠原嘉　235, 258-260
カナー　Kanner, L.　62
河合隼雄　193, 208, 218, 229
ギル　Gil, E.　90, 115
クランドール　Crandall, V. J.　146

クレマー　Kremer, K. E.　60
ケイガン　Kagan, J.　89, 146-148
ゲゼル　Gesell, A.　4, 7, 8, 81, 98, 101, 103
ゲルマン　Gelman, S. A.　ゲルマン 60
小林さえ　163

サ行

佐々木宏子　61, 137
佐藤修策　196
ジャーシルド　Jersild, A. T　14, 97, 103, 117, 143
スキナー　Skinner, B. F.　225
杉村省吾　175, 183, 191, 208
杉村伸一郎　60
鈴木清　140, 148, 170
スターン　Stern, D. N.　50

タ行

ダーレイ　Darley, J. G.　224
高木俊一郎　174, 181, 182, 198
高野清純　116, 164, 186
滝野伸子　166
田中熊次郎　117, 165, 166
田中敏隆　10, 51
時実利彦　144

ナ行

中川四郎　185
中島洋子　139
長島貞夫　165
中西昇　77, 162
成冨武章　180
ニイセン　Nissen, H. W.　16
西田博文　155
ネルソン　Nelson, K.　55

ハ行

ハーロウ　Harlow, H. F.　17, 68, 90
バウアー　Bower, T. G. R.　58
ハヴィガースト　Havighurst, R. J.　20, 21
パブロフ　Pavlov, I. P.　225

ハント　Hunt, J. McV.　15
ピアジェ　Piaget, J.　6, 11, 19, 57, 59, 74, 90, 131, 136, 148, 170
東山紘久　196, 197
ヒポクラテス　Hippocrates　22, 174
ファンツ　Fantz, R. L.　50
フィールド　Field, J.　49
深谷和子　116, 192, 197
ブルーナー　Bruner, J. S.　9
フロイト　Freud, S.　14, 19, 104, 110, 149, 178, 219, 223
ヘス　Hess, E. H.　15
ヘッブ　Hebb, D. O.　14
ベルナール　Bernard, C.　174
ボートン　Borton, R. B.　49
ポルトマン　Portman, A.　3, 40
ホワイト　White, B. L.　9, 90

マ行

前田研史　114, 178
正高信男　54
三宅和夫　20, 149, 150
ムスターカス　Moustakas, C.　195, 196
無藤隆　132
村田孝次　56
メルツォフ　Meltzoff, A. N.　49
モレノ　Moreno, J. L.　164

ヤ行

安中康子　164
山下勲　86, 98, 196
湯沢正通　60
依田明　15, 152, 156

ラ行

リーバート　Liebert R. M.　135
ルソー　Rousseau, J. J.　2
ルリア　Luria, A. R.　132
ローレンツ　Lorenz, K.　15
ロジャース　Rogers, C.　224, 225

■著者一覧

岩川　淳（いわかわ　じゅん）
　京都女子大学大学院発達教育学研究科元教授。おもな著作:『心理学』（共著、協同出版）、『教育心理学入門』（共著、学術図書出版）、『幼児教育の手引書　1・2・3・4の5ろうちゃん』（第一法規出版）など。

杉村省吾（すぎむら　しょうご）
　武庫川女子大学大学院文学研究科教授。おもな著作:『臨床児童心理学の実際』（昭和堂）、『子どもの心と身体』（培風館）、『痩せと肥満の心理』（共訳、川島書店）など。

本多　修（ほんだ　おさむ）
　武庫川女子大学文学部教授。おもな著作:『幼児保育とカウンセリング・マインド』（共著、ミネルヴァ書房）、『障害者の心理』（共著、一橋出版）、『交流分析のカウンセリング』（共訳、川島書店）など。

前田研史（まえた　けんし）
　神戸女子大学文学部教授。おもな著作:『家族と福祉領域の心理臨床』（分担執筆、金子書房）、「被虐待児と虐待する親の病理と治療」（『心理臨床学研究』）、「子どもが引きこもるとき」（『女性ライフサイクル研究』）など。

大上律子（おおがみ　りつこ）
　武庫川女子大学講師。おもな著作:『災害と心の癒し』（共著、ナカニシヤ出版）など。

糠野亜紀（こうの　あき）
　常磐会短期大学幼児教育科講師。

髙橋泰子（たかはし　やすこ）
　大阪河﨑リハビリテーション大学言語聴覚学専攻准教授。おもな著作:『言語障害　事例による用語解説』（共著、ナカニシヤ出版）、『言語聴覚療法』（共著、建帛社）など。

子どもの発達臨床心理　新版

2000年6月20日　初版第1刷発行
2017年3月20日　初版第16刷発行

著　者　　岩川　淳・杉村省吾
　　　　　本多　修・前田研史

発行者　　杉田啓三

〒606-8224　京都市左京区北白川京大農学部前
発行所　　株式会社　昭和堂
振替口座　01060-5-9347
TEL(075)706-8818/FAX(075)706-8878

©岩川　淳ほか 2000　　　印刷　中村印刷
ISBN 978-4-8122-0013-1
＊落丁本・乱丁本はお取替え致します。
Printed in Japan

著者	書名	本体価格
井上美智子 著	幼児期からの環境教育 ―持続可能な社会にむけて環境観を育てる	本体4200円+税
杉村省吾 編	発達障害親子支援ハンドブック ―保護者・先生・カウンセラーの連携	本体1800円+税
高石浩一 他訳	ユング派の学校カウンセリング ―癒しをもたらす作文指導	本体2500円+税
ジョン・アラン 他著		
鵜野祐介 著	伝承児童文学と子どものコスモロジー ―〈あわい〉との出会いと別れ [新装版]	本体2600円+税
杉村省吾 著	臨床児童心理学の実際	本体2621円+税
亀井伸孝 編	遊びの人類学ことはじめ ―フィールドで出会った〈子ども〉たち	本体2400円+税

昭和堂刊

昭和堂のホームページは www.showado-kyoto.jp です。